Neue
Kleine Bibliothek 244

Kemal Bozay / Hasan Kaygısız

DER NEUE SULTAN

Die Türkei zwischen
Repression und Widerstand

PapyRossa Verlag

© 2017 by PapyRossa Verlags GmbH & Co. KG, Köln
Luxemburger Str. 202, 50937 Köln
Tel.:   +49 (0) 221 – 44 85 45
Fax: +49 (0) 221 – 44 43 05
E-Mail: mail@papyrossa.de
Internet: www.papyrossa.de

Cover: Verlag, unter Verwendung
         eines Fotos von pictue alliance / dpa

Druck: CPI – Clausen & Bosse, Leck

Die Deutsche Nationalbibliothek verzeichnet diese Publikation in
der Deutschen Nationalbibliografie; detaillierte bibliografische
Daten sind im Internet über http://dnb.d-nb.de abrufbar

ISBN 978-3-89438-636-8

Inhalt

Vorwort

»Es war einmal eine Demokratie«, titelte *Der Spiegel* im Juli 2016 und bezog sich dabei auf die Auseinandersetzung zwischen dem »hilflosen« Westen und der Türkei unter Recep Tayyip Erdoğan. Auf dem provozierenden Cover ist mit knallrotem Hintergrund ein Stacheldraht zu sehen, dahinter ein untergehender türkischer Halbmond. Über den Aufmacher ist sicherlich zu streiten. Mehr noch ist aber anzumerken, dass in der medialen und politischen Diskussion gerne das Bild vermittelt wird, die Türkei wäre auf dem Weg der Demokratie gewesen, habe sich aber durch die plötzliche Machtübernahme von Erdoğan und seiner AKP immer mehr in eine Diktatur verwandelt.

Einer solchen Betrachtungsweise möchte dieser Band entgegentreten: Erdoğan betrat keineswegs über Nacht die politische Bühne, sein Auftreten und die gegenwärtigen Verwerfungen in der Türkei sind vielmehr Resultat einer jahrzehntelangen »defekten« Demokratie des Landes. Ohne einen historischen Rückblick ist die heutige neoliberale, neo-osmanische, islamische und nationalistische Politik der AKP nicht hinreichend zu verstehen. Weiter zentral bleiben jedenfalls die Spannungs- und Spaltungslinien in der Frage rund um die kurdische, armenische und alevitische Frage, um den sunnitischen Islam und den Laizismus sowie um die Menschenrechte, Meinungsfreiheit und Demokratiebewegung. Der von Atatürk gegründete kemalistisch-laizistische Staat wird immer mehr demontiert, und an der Schnittstelle zwischen Europa und Asien entsteht ein Land, das sich zunehmend in eine Präsidialdiktatur unter türkisch-islamischen Vorzeichen verwandelt. Was Erdoğan 1997, also noch vor der Regierungszeit der AKP, unter Rückgriff auf einen spätosmanischen Gelehrten verkündete, scheint Gestalt anzunehmen: »Die Demokratie ist nur der Zug, auf den wir aufsteigen, bis wir am Ziel sind. Die Minarette sind unsere Bajonette, die Kuppeln unsere Helme, die Moscheen unsere Kasernen und die Gläubigen unsere Soldaten.«

Dieses Buch möchte unter anderem fragen: Wie konnte es unter der AKP zum Bruch mit dem Kemalismus bei gleichzeitiger osmanischer Rückorientierung kommen? Inwieweit war eine »türkisch-islamische Synthese« bereits vor der Ära Erdoğan angelegt? In welchem Zusammenhang ist der gegenwärtige »schmutzige« Krieg in den kurdischen Regionen zu sehen? Wie sind die gezielte Eskalation nach dem gescheiterten Putsch von Juli 2016 und der darauffolgende »Gegenputsch« zu erklären? Der dazu nötige Blick in die Geschichte zeigt auch: Ungeachtet der jeweiligen Herrschaftsformen hatte man in Bonn und Berlin meist ein unbeirrtes Interesse an festen Beziehungen zur Türkei.

Unbenommen ist, dass die mehr als 100-jährige deutsch-türkische Freundschaft unter den derzeitigen Entwicklungen leidet. Nahezu täglich überschlagen sich die Ereignisse mit anhaltenden Belastungsproben für die wirtschaftlichen, politischen und internationalen Beziehungen. Noch am wenigsten anfällig, und auch das ist bezeichnend, ist die ebenfalls über hundertjährige deutsch-türkische Waffenbrüderschaft: Weder die militärische Bündnispolitik noch Waffenlieferungen bzw. Rüstungskooperationen stehen ernsthaft auf dem Spiel.

Derweil werden Konflikte aus der türkischen Innenpolitik über Medien und Lobbyorganisationen nach Deutschland importiert und dort weiter forciert. Je mehr Erdoğan außenpolitisch polemisiert, umso mehr Rückendeckung bekommt er innenpolitisch, nicht zuletzt durch seinen prinzipiellen Bündnispartner, die rechtsnationalistische MHP.

Seit dem gescheiterten Putsch vom Juli 2016 wird das Land durch Ausnahmezustandsgesetze regiert, mit denen wesentliche Befugnisse des türkischen Parlaments außer Kraft gesetzt wurden. Durch die faktische Abschaffung der parlamentarischen Immunität von PolitikerInnen wurden zudem Abgeordnete der pro-kurdischen HDP wie auch der sozialdemokratisch-kemalistischen CHP festgenommen. Verhaftungen von Oppositionellen, Massenentlassungen aus dem Staatsdienst, Verfolgung kritischer Medien, eine heilige Jagd auf politische Gegner: All das gehört zum Alltag in der Türkei.

Und die Alternative dazu? Die Gezi-Park-Proteste von 2013 und die »Gerechtigkeitsbewegung« von 2017 zeigen, dass eine politische Perspektive in Form demokratischer Gegenwehr möglich ist. Sie setzt ein breites Bündnis von fortschrittlichen Kräften, Gewerkschaften und demokratischen Bewegungen voraus, um wirkungsvoll zu sein.

Am Schluss bleibt, jenen zu danken, die am Zustandekommen dieses Buches mitgewirkt haben. Dem PapyRossa Verlag ist zu danken, der diesen Band aufgenommen und mit großem Engagement betreut hat. Orhan Mangitay hat durch seine Recherche und Unterstützung einen wichtigen Beitrag zum Gelingen dieses Projekts geleistet. Letztlich brachten alle Beteiligten die nötige Geduld auf, die für die besondere Herausforderung des Themas notwendig ist: Da die politischen Auseinandersetzungen in der Türkei nahezu täglich neue Konturen annehmen, galt es, gleichzeitig das aktuelle Geschehen abzubilden, die tiefer liegenden Entwicklungen aufzuspüren und eine politische Perspektive aufzuzeigen. Letzteres erschien uns am nötigsten.

I.
Das Erbe des Osmanischen Reiches

Gründung der Republik und die Ära Atatürk

Ein Blick in die Geschichte zeigt: Auch die Türkei konnte sich dem gesellschaftlichen Umbruch der europäischen Neuzeit nicht entziehen. In
den Jahren 1917/18 brachen innerhalb kürzester Zeit drei Großreiche
zusammen, die jahrhundertelang die Geschichte der Region zwischen
Ost-, Mittel- und Südosteuropa sowie dem Nahen und Mittleren Osten und Zentralasien mitbestimmt hatten: das Habsburgische, das Osmanische und das Zaristische Reich. Auf dem Balkan entstanden neue
Ordnungen, das Russische Reich wurde auf Grundlage der Oktoberre-
volution zu einer neuen sozialistischen Republik, und in Kleinasien und
Anatolien – das auch die Brücke zu Europa bildete – gelang es der türkischen Nationalbewegung unter Mustafa Kemal Atatürk, einen neuen
Staat aufzubauen, der sich auf den türkischen Nationalismus und eine
westliche Orientierung stützte. So war das Osmanische Reich mit seiner
Geschichte und mit seinem Niedergang der wichtigste Wegbereiter der
gegenwärtigen Türkei. Um die jüngere Entwicklung in der Türkei, zumal die neo-osmanische Politik, besser zu verstehen, ist ein geschicht-
licher Rückblick nötig.

Das Osmanische Reich wurde in der heutigen Stadt Eskişehir von
Osman I. (1281-1326) als ein turkmenisches Fürstentum gegründet.
Diese Dynastie wurde nach ihm benannt. 1453 eroberte Sultan Meh-
met II. Konstantinopel, das spätere Istanbul. Unter Sultan Süleyman

(1520–1566) erreichte das Osmanische Reich seine größte Expansion. Nachdem sein Vater Selim I. (1512–1520) 1517 Kairo erobert hatte, wurde ihm die religiöse Würde des Kalifen übertragen – ein Titel, den er neben dem weltlichen führte.[1]

Die Nachfolger von Sultan Mehmet konnten das Reich nicht mehr ausdehnen, sondern es begann ein kontinuierlicher Prozess des Niedergangs. Vor allem mit der Niederlage vor Wien 1683 begann auch der wirtschaftliche Untergang des Reiches. Die Reformbestrebungen im wirtschaftlichen Bereich zeigten kaum Wirkung. Auch die Verkündung einer Verfassung im Dezember 1876 und die Einberufung des ersten osmanischen Parlaments konnten den »kranken Mann am Bosporus« nicht retten, weil die wirtschaftliche Lage des Reiches abhängig von Eroberungen war. Nur zwei Jahre später (1878) löste Sultan Abdülhamit II. das osmanische Parlament auf und setzte die Verfassung außer Kraft. Die Diskrepanz zwischen den Rüstungsausgaben und den Geldvorräten führte schließlich dazu, dass sich das Osmanische Reich immer stärker bei den westlichen Staaten verschuldete.[2]

Das Aufkommen der jungtürkischen Bewegung

Die autoritäre Herrschaft von Sultan Abdülhamid II. (1876–1909) führte 1889 zur Gründung einer oppositionellen Organisation unter der Führung von Ahmet Riza, des »Komitees für Einheit und Fortschritt« (ITC). Im Ausland wurden dessen Mitglieder als Jungtürken (Jön Türkler) bekannt. Zu Beginn verfolgten diese noch keinen türkisch-nationalistischen Kurs, was sich jedoch im Laufe der Jahre änderte. 1902 fand der erste jungtürkische Kongress in Paris statt. Unter den Teilnehmern waren auch arabische, griechische, armenische, kurdische, albanische, tscherkessische und jüdische Vertreter. Selbst beim zweiten Kongress 1907 war man ganz der Heterogenität des osmanischen Gemeinschafts-

---

1   Vgl. Steinbach 2012, S. 15.
2   Vgl. Steinbach 2012, S. 16 f.

wesens verpflichtet. Diese Organisation hat sich jedoch später in mehrere Gruppen gespalten.[3]

Eine Gruppe der Jungtürken forderte die Wiedereinführung der Verfassung sowie die Versöhnung und Zusammenarbeit mit den ethnischen und religiösen Gemeinschaften, insbesondere durch die Dezentralisierung und Föderalisierung des Osmanischen Staates. Eine andere Gruppe der Organisation stellte demgegenüber einen starken türkischen Nationalismus als integrierende Kraft in den Vordergrund.[4]

Nachdem sich die Gruppe im In- und Ausland organisiert hatte, forderte sie 1908 von Sultan Abdülhamid II., die Verfassung wieder in Kraft zu setzen und das Parlament wieder zu eröffnen. Auf ihren politischen Druck hin wurden diese Forderungen akzeptiert, und die Jungtürken konnten die Regierung übernehmen. Auch in den arabischen Teilen des Reiches konnte der Gebrauch der türkischen Sprache in der Verwaltung durchgesetzt werden. Im Zuge dessen wurde der Sultan von einer Militärrevolte entmachtet. Die Jungtürken bildeten zunächst nach den Parlamentswahlen gemeinsam mit den nicht-türkischen und nicht-muslimischen Kräften eine Regierung. Das Ziel der Jungtürken bestand jedoch darin, die anderen Ethnien und Religionen innerhalb des Reiches in die osmanische Nation zu integrieren.[5]

Im April 1909 wurde Sultan Abdülhamit von seinem Bruder Sultan Murat V. abgelöst, der bis 1918 regierte. Das Parlament verabschiedete anschließend eine Verfassungsreform. Dessen ungeachtet gingen die ehemaligen osmanischen Gebiete auf dem Balkan verloren. Innerhalb der jungtürkischen Regierung entstanden eine liberale und eine nationalistische Fraktion der Jungtürken. Der liberale Großwesir wurde 1913 durch ein Attentat ermordet.[6]

Anschließend übernahmen Talaat, Enver und Cemal Paşa die Macht. Großwesir wurde der ägyptische Prinz Sait Salim Paşa, der zum islamischen Flügel der ITC tendierte. Enver, der als neuer Kriegsminister zum

---

3   Vgl. Kaygisiz 2010, S. 144 ff.
4   Vgl. Steinbach 2012, S. 17.
5   Vgl. Kaygisiz 2010, S. 144 f.
6   Vgl. Steinbach 2012, S. 17 f.

Paşa gemacht wurde, errichtete eine Diktatur im Osmanischen Reich. Cemal Paşa wurde zum Militärgouverneur von Istanbul und Talaat Paşa zum neuen Innenminister ernannt.

Ein Hauptziel der neuen Machthaber war es, die anderen ethnischen Minderheiten im übrig gebliebenen Reich einzuschüchtern. Enver und Talaat Paşa propagierten das Ziel des Turanismus und Pantürkismus, in dem alle Turkvölker von der Adria bis nach Westchina in einem großtürkischen Reich vereint werden sollten. Um dieses Ziel zu erreichen, waren alle Mittel recht. Das neue Regime duldete keine Opposition mehr. Die Ideologie des Pantürkismus, der schließlich die Grundlage des türkischen Nationalstaats darstellte, schloss die Nicht-Muslime und Nicht-TürkInnen faktisch aus. Von der anfänglichen Euphorie der Jungtürken, das Reich zu reformieren und demokratisieren, war nicht mehr die Rede. 1914 wurde schließlich das Parlament aufgelöst.[7]

Im 19. Jahrhundert entwickelte sich zwischen dem Osmanischen Reich und Deutschland eine enge wirtschaftliche, politische, militärische und diplomatische Beziehung. Vor allem ging es darum, das Osmanische Reich wirtschaftlich und militärisch zu stabilisieren, auch damit es mit den anderen Ländern besser konkurrieren und die Aufstände im Lande effektiver kontrollieren und bekämpfen konnte.[8]

Das Deutsche Reich hatte das osmanische Militär modernisiert bzw. ausgebildet und erhielt dafür den Auftrag, die Bagdadbahn aufzubauen. Im Ersten Weltkrieg sah das Osmanische Reich keine andere Möglichkeit, als – fast von Beginn an – an der Seite des Deutschen Reiches in den Krieg zu ziehen, weil eine wirtschaftliche und politische Abhängigkeit entstanden war. Damit hofften die Osmanen, noch mehr wirtschaftliche und militärische Hilfe aus dem Deutschen Reich zu bekommen. Zugleich verstärkten Enver Paşa und seine Gefolgschaft im gesamten Reich die Repressionen und Verfolgungen von Nicht-Muslimen und anderen Ethnien. Dies gipfelte schließlich im Völker-

---

7   Vgl. Kaygisiz 2010, S. 145 f.
8   Vgl. Steinbach 2012, S. 18.

mord an den Armeniern. Als die osmanische Führung am 30. Oktober 1918 den von den Siegermächten vorgelegten Waffenstillstand von Mudros unterzeichnete, war das Osmanische Reich politisch an sein Ende gekommen.

Die Vertreibung und Deportation der Armenier

Das Osmanische Reich war seit November 1914 als Bündnispartner der Mittelmächte in den Ersten Weltkrieg involviert. Bei dieser Gelegenheit wollten die Jungtürken das Land von den Nicht-Muslimen säubern. Der Genozid an den Armeniern in der Türkei bildete auch für das Deutsche Reich keinen Störfaktor, vielmehr wurden kritische Berichte darüber nicht gerne gesehen. Wichtig war, dass das Osmanische Reich im Ersten Weltkrieg auf deutscher Seite blieb. Im Februar 1915 hatten die Jungtürken alle armenischen Soldaten aus der Armee ausgeschlossen. Die Männer mussten ihre Waffen abgeben.

Noch vor Beginn des Ersten Weltkrieges 1914 lebten ca. 1,5 Millionen Armenier in Anatolien. Die Massendeportationen konzentrierten sich auf die östlichen Provinzen des Osmanischen Reichs. Die Säuberungswelle wurde größtenteils von Gendarmen ausgeführt.

Die Koordination lag in den Händen des Istanbuler Innenministeriums, des Zentralkomitees der alleinherrschenden jungtürkischen Regierungspartei »Einheit und Fortschritt« (Ittihad ve Terraki) sowie der paramilitärischen Geheimorganisation »Teskilat-i Mahsusa«. Der Innenminister Talaat Paşa war die treibende Kraft bei der Armenierverfolgung. Ende Juli 1915 galten die armenischen Ansiedlungen im Osten, Südosten und in Zentralanatolien als geräumt, anschließend wurden die Armenier aus Westanatolien und Thrazien deportiert.

Am 24. April 1915 wurden über zweihundert Armenier, darunter viele Akademiker und Künstler, Geschäftsleute, Rechtsanwälte und Ärzte, Poeten und Musiker aus ihren Wohnungen abgeführt und verhaftet. Dieser Zeitpunkt signalisiert den faktischen Anfang des Völkermordes gegen die armenische Bevölkerung. Die meisten Deportationen endeten in der syrisch-mesopotamischen Wüste. Die Zahl der verhafteten Armenier nahm mit dem Deportationsgesetz (Techir Kanunu) vom 27. Mai 1915 rasant zu, und mehrere Tausend Armenier wurden zwangsdeportiert. Im Zuge dessen wurden auch 20 Mitglieder der in Istanbul illegal gegründeten »Sozialdemokratischen Hınçak Partei« (SDHP) verhaftet und öffentlich hingerichtet. Angeführt wurde diese Partei durch Madteos Sarkisyan (Paramaz). Diese Untergrundbewegung ist die erste sozialistische Organisation in der Türkei, die aus der Illegalität heraus agierte.

Talaat Paşa sagte nach einem Jahr des Genozids 1916: »Die armenische Frage existiert nicht mehr.«[9] Er wollte damit eine endgültige »Lösung der östlichen Frage« durch die Ausrottung der Armenier erreichen. Deren Deportation diente in erster Linie dazu, die Vernichtungspolitik der Partei »Einheit und Fortschritt« zu verschleiern. Die Umsetzung dieser Politik übernahm die geheime Spezialorganisation »Teskilat-i Mahsusa«.

Darüber hinaus fanden auch Säuberungen von anderen ethnischen und nicht-muslimischen Minderheiten wie beispielsweise von griechisch-orthodoxen, jüdischen, syrisch-orthodoxen oder chaldäischen Bevölkerungsteilen statt. Diese Minderheiten galten als »Mikroben« (Antikörper), die angeblich den osmanischen Körper schädigten. Viele Jungtürken waren von einem biologischen Rassismus und Sozialdarwinismus beeinflusst. Daher bestand ihr Ziel darin, die armenische Kultur und das armenische Leben in Anatolien auszulöschen.

Im Schatten des Ersten Weltkrieges konnten die Jungtürken Nicht-Muslime deportieren und massakrieren, ohne dass sie mit politischen Sanktionen aus dem Ausland rechnen mussten. Im Gegenteil: sie profitierten noch von der Vernichtung der Armenier. Viele Mitglieder der Partei »Einheit und Fortschritt« und viele kurdische Großgrundbesitzer hatten sich persönlich an deren Besitz bereichert. Die neue Nationalbewegung der Kemalisten ermöglichte es den Tätern, sich als Retter für den neuen türkischen Staat zu präsentieren.

---

9   Zit. nach: Thelen 2011, S. 16.

Erst nach dem Ende des Ersten Weltkrieges wurde das Osmanische Reich, wenn auch nur für kurze Zeit, von den Entente-Mächten gezwungen, gegen die Täter Untersuchungen einzuleiten. Wegen Massenmords erhielten 17 Verantwortliche die Todesstrafe, von denen nur drei vollstreckt wurden. Die Hauptverantwortlichen waren zu diesem Zeitpunkt nicht mehr im Lande. Talaat, Enver und Cemal haben am 1. November 1918 an Bord eines deutschen U-Bootes fliehen können. Keinen der Verantwortlichen mit höherem Rang konnte das Tribunal belangen.[10]

Im Gründungsjahr der Republik (1923) bekannte sich ein Großteil der anatolischen Bevölkerung zum Islam. Die kemalistische Republik hat den ethnischen und politischen Nationalismus zur Staatsideologie erklärt. Mit dem Lausanner Vertrag von 1923 erhielt die türkische Republik international Anerkennung, und der Vertag von Sèvres verlor seine Gültigkeit. Die Türkische Republik lehnte es von Anfang an ab, gegen die Verantwortlichen für den Genozid einen Prozess zu eröffnen. Im März 1923 erließ Ankara eine Generalamnestie. Die juristische Verfolgung wurde offiziell eingestellt. Im öffentlichen Leben wurde nicht mehr über den Genozid an den Armeniern gesprochen. Später rehabilitierte die Türkische Republik die Verantwortlichen, auch die zuvor zum Tode Verurteilten, und sprach ihren Angehörigen Renten zu. Zudem gab es armenische Schulen in der Türkei, die nach Talaat Paşa und Enver Paşa benannt wurden. Talaat Paşa war 1921 in Berlin von einem Armenier ermordet worden. Das Gericht sprach den Täter frei.[11]

Die nationalistische Selbstbestätigung verwendet prinzipiell den Superlativ: »Die Türkei ist am größten, es gibt keine anderen Großen.« (»En büyük Türkiye, başka büyük yok.«) Ziel des türkischen Nationalismus war auch nach Gründung der Republik, die Türkei von Minderheiten zu säubern. Ein Beispiel dafür war die Vertreibung der Griechen und anderer christlicher Minderheiten aus Istanbul.

---

10   Vgl. Thelen 2011, S. 28.
11   Vgl. Thelen 2011, S. 35 ff.

Am 6. September 1955 verbreitete die offiziöse *Anatolische Nachrichtenagentur* eine Meldung, wonach Feuer an Atatürks Geburtshaus in Saloniki gelegt worden war. Das führte zu schweren, pogromartigen Ausschreitungen. Geschäfte, Schulen, Kirchen und Friedhöfe von Minderheiten, an erster Stelle von Griechen, wurden verwüstet und es gab zahlreiche Tote und Verletzte. Dieser Brandanschlag – wie viele andere Anschläge in der Geschichte der Türkei – wurde mutmaßlich vom türkischen Nachrichtendienst inszeniert.

In der offiziellen Geschichtsschreibung der Türkei fand bislang keine Aufarbeitung statt. Die Vertreibung und Verfolgung von nicht-muslimischen Minderheiten sowie der Genozid an den Armeniern werden weiterhin negiert. Auch der gegenwärtige Staatspräsident Recep Tayyip Erdoğan erklärte in einer Parlamentsdebatte am 13. April 2005: »In der Türkei gab es kein Kapitel, dessen wir uns schämen, das wir verdrängen, vergessen oder vertuschen müssten.«[12]

In der Folge leben heute in der Türkei nur 60.000 Armenier. Ihre Gemeinde konzentriert sich fast vollständig auf Istanbul. Offiziell werden sie nicht diskriminiert. Sie sind aber bis heute weder im Parlament noch in wichtigen Positionen des Staates oder im Militär vertreten. Obwohl Armenier angestammte Einwohner Anatoliens waren, sind die Spuren ihrer Geschichte nahezu ausradiert. Kirchen und Klöster etwa wurden geplündert und niedergebrannt. Weit über zwanzig Staaten haben in den vergangenen Jahren die Massenvertreibung und Massentötung der Armenier als Genozid anerkannt.

Der armenische Autor und Verleger Hrant Dink musste am 19. Januar 2007 vor dem Redaktionsgebäude der armenischen Wochenzeitung *AGOS* in Şişli/Istanbul sterben, weil er sich jahrelang in seinen Schriften und Kolumnen für die Aufarbeitung der armenischen Geschichte und für die Rechte der Armenier eingesetzt hatte. In einem seiner Beiträge legte er dar, dass die Adoptivtochter Atatürks, Sabiha Gökçen, die 2001 im Alter von 88 Jahren starb, ein armenisches Waisenkind gewesen war. Sie war und ist seit vielen Jahren für türkische

---

12   Zit. nach: Thelen 2011, S. 38.

Nationalisten das Symbol der modernen türkischen Frau. Bekannt ist sie auch als die erste türkische Pilotin und erste Kampfpilotin der Welt. 1938 flog sie Bombenangriffe gegen den Kurdenaufstand in Dersim. In der Öffentlichkeit wurde Dink zum Staats- und Türkenfeind erklärt. Daher war er in den Medien und politischen Äußerungen einer permanenten Lynchkampagne ausgesetzt. Vor dem Redaktionsgebäude von *AGOS* wurde Dink von dem 17-jährigen Ogün Samast ermordet. Medienberichte und Gerichtsurteile bestätigen, dass der Täter Aktivist der nationalistisch-islamistischen Jugendgruppe Alperenler war, die der rechtsextremen »Großen Einheitspartei« (BBP) nahesteht. Inzwischen weisen eine Reihe von Indizien darauf hin, dass bei dem Mord an Dink auch staatliche Stellen – so der Geheimdienst und die Polizei – involviert waren.

Repressionen gegenüber Christen in der Türkei wurden gerade nach Regierungsübernahme durch die AKP verstärkt zu einem Thema. Christliche Minderheiten wurden insbesondere in den letzten Jahren zur Zielscheibe von zahlreichen Morden, Anschlägen, Drohungen und Hetze aus türkisch-nationalistischen Kreisen.

Der »kranke Mann am Bosporus«

Mit dem Vertrag von Sèvres zwischen der osmanischen Regierung und den Entente-Mächten wurde das Osmanische Reich am 10. August 1920 endgültig beerdigt. Mit diesem Vertrag verlor das Osmanische Reich einen Großteil seiner Territorien außerhalb Anatoliens. Sie gingen an Armenien und Griechenland bzw. wurden in französische, britische und italienische Besatzungszonen aufgeteilt. Für die kurdischen Gebiete wurde eine Autonomie in Aussicht gestellt.[13]

Zuvor hatte der Erste Weltkrieg (1914–1918) zum Zusammenbruch des osmanischen Imperiums geführt. Deutschland hatte sich das Ziel gesetzt, die Türkei, Iran, Irak sowie einen Teil Afrikas unter seine

---

13   Vgl. Steinbach 2012, S. 20.

Kontrolle zu bringen. Somit wollte man sich auch an der Aufteilung der osmanischen Besitzungen im arabischen Raum beteiligen. Das wilhelminische Deutschland versuchte aus diesem Grund, die islamischen Völker der Region zu einem Aufstand gegen Frankreich, England und Russland zu bewegen, um so seine Einflusssphäre in diesen Gebieten zu stärken.

Im europäischen Raum war das Osmanische Reich in dieser Zeit als »kranker Mann am Bosporus« bekannt. Diese Bezeichnung war für die osmanischen Eliten, insbesondere für die osmanischen Generäle eine entwürdigende Beleidigung.

Nachdem die englischen Pläne, die Türkei innerhalb von zwei Wochen in die Knie zu zwingen, gescheitert waren, versuchte der Sultan, in Anatolien »für Ruhe und Ordnung« zu sorgen. Mit dieser Aufgabe wurde General Mustafa Kemal betraut, der als Armeeinspekteur Mitte Mai 1919 in Anatolien eintraf. Der 1881 als Sohn eines Zollbeamten in Thessaloniki geborene Mustafa Kemal[14] hatte nach dem Besuch der Kriegsschule Harbiye und der Generalstabsakademie eine rasante Karriere gemacht. Die Laufbahn eines Offiziers ermöglichte Kemal den gesellschaftlichen Aufstieg. Obwohl er der jungtürkischen Bewegung nahestand, war er nicht an der jungtürkischen Revolution vom Juli 1908 beteiligt. Er stand den führenden Persönlichkeiten der Bewegung eher distanziert gegenüber.[15] Sein militärisches Ansehen stieg mit dem Widerstand in der Dardanellenschlacht (1915). Kemal hat den Friedensvertrag von Sèvres vorerst akzeptiert, der einen unabhängigen armenischen Staat in Ostanatolien, eine französische Einflusszone in Südanatolien, ein italienisches Einflussgebiet im südwestlichen Teils

14   Zu Person und Biographie von Mustafa Kemal vgl. Udo Steinbach: Kranker Wächter am Bosporus. Freiburg/Würzburg 1979; H. C. Armstrong: Bozkurt. Kemal Atatürk'ün yasami [Der Graue Wolf – Das Leben von Kemal Atatürk]. Istanbul 1996; Johannes Glasneck: Kemal Atatürk und die moderne Türkei. Berlin (Ost) 1971; Friedrich-Karl Keinitz: Türkei. Anschluss an die moderne Wirtschaft unter Kemal Atatürk. Hamburg 1959; Donald Everett Webster: The Turkey of Atatürk. Philadelphia 1939; Schriftenreihe der Deutschen Welle: Atatürk in deutscher Sicht. Köln 1982.
15   Steinbach 2010, S. 22.

von Kleinasien und einen autonomen Status für die kurdische Region vorsah.

Seine Aufgabe erfüllte er nun auf andere Weise als vom Sultan geplant: Er landete am 19. Mai 1919 in Samsun und sammelte einen Kreis einflussreicher patriotischer Offiziere um sich. Im September 1919 fand in Sivas ein einwöchiger Kongress der »Gesellschaften zur Verteidigung des Rechtes von Rumelien und Anatolien« statt, zu dem Vertreter aus allen Landesteilen kamen. Der gewählte Repräsentativausschuss unter Mustafa Kemal wurde im ganzen Land mit der Entwicklung des Befreiungskampfes wirksam. Nachdem Kemal bereits nach dem im Juli 1919 in Erzurum abgehaltenen ersten »Widerstandskongress« den Befreiungskampf als Ziel entworfen und die Führung übernommen hatte, begann nun eine neue Etappe. Die Beziehungen zur Regierung in Istanbul wurden gänzlich abgebrochen.[16]

Die nationale Befreiungsbewegung verlegte ihre Gegenregierung in das zentral gelegene Ankara. Sie konstituierte sich am 23. April 1920 als »Große Nationalversammlung« der Türkei, die eine Nationalregierung unter Mustafa Kemal bildete und sich zur höchsten politischen Instanz im Lande erklärte.

Die Nationalversammlung sprach dem Sultan-Kalifen das Recht zur Vertretung des türkischen Volkes ab. Am 10. August 1920 unterzeichnete der Sultan den Friedensvertrag von Sèvres, der jedoch von den Kemalisten nicht ratifiziert und für ungültig erklärt wurde. In wenigen Wochen gelang es den Kemalisten, ihren Einflussbereich zu vergrößern. Die Regierung in Ankara konnte allmählich die Anhänger des Sultan-Kalifen militärisch ausschalten und ihre eigene Position gegen die ausländischen Besatzer festigen.

Im September 1922 gelang es schließlich den Truppen der nationalen Befreiungsbewegung unter Führung Mustafa Kemals nach der dreiwöchigen Schlacht am Sakarya, die griechische Offensive zum Stehen zu bringen und den beabsichtigten Durchbruch nach Ankara zu ver-

---

16   Vgl. M. Neumann-Adrian / C. K. Neumann: Die Türkei – Ein Land und 9000 Jahre
      Geschichte. München 1990, S. 295.

hindern. Mit der Einnahme Izmirs am 9. September 1922 war der voll-
ständige Sieg im Befreiungskampf erreicht.

Der türkische Befreiungskampf, in dessen Verlauf die osmanische
Herrschaft endgültig zusammenbrach, endete mit der völkerrechtlichen
Anerkennung der Türkei im Jahre 1923. Durch die militärischen Erfolge konnte die Befreiungsregierung auf einer zweiten Friedenskonfe-
renz in Lausanne die Revision des Vertrages von Sèvres durchsetzen:
»Im Friedensvertrag von Lausanne (24. Juli 1923) verzichtete die Türkei
schließlich auf alle Ansprüche auf nicht-türkische Territorien, gewann
dafür aber große Teile Ost-Thraziens, die ägäischen Inseln, die den direkten Zugang zu den Dardanellen kontrollierten, und die vollständi-
ge Kontrolle über ganz Anatolien ohne Einschränkung zurück. ... Die
Zahlungen von Reparationen wurden erlassen, die Meerengen blieben
– wie auch Istanbul – unter türkischer Kontrolle.«[17]

Unter diesen Bedingungen entstand unter den Eliten eine neue
türkisch-nationalistische Identität. Als der Sultan den General Mustafa Kemal damit beauftragte, den Widerstand der Türken in Anatolien
niederzuschlagen, sah jener die politische Lage in Anatolien anders und
nutzte die nationalistisch aufgeladene Stimmung im Sinne des neuen
Staatswesens aus, um die türkische bzw. muslimische Bevölkerung gegen
die Besatzungsmächte zu mobilisieren.

Mit der Konferenz von Montreux 1936 gewann die Türkei die volle
Souveränität, die auch von den kolonialistischen Mächten Großbritannien und Frankreich anerkannt wurde. De facto gab es keinen Krieg
zwischen der Nationalbewegung unter Mustafa Kemal sowie Großbritannien und Frankreich, wie es von der türkischen Seite behauptet
wurde. In den Verträgen von Lausanne und Montreux fand die Souve-
ränitätsfrage Armeniens und Kurdistans keine Erwähnung. Damit waren die Staatsgrenzen der neuen türkischen Republik festgelegt. Die neu
gegründete kemalistische Republik übernahm die territoriale, politische
und institutionelle Autorität des Osmanischen Reiches.

---

17   B. Hoffmann / M. Opperskalski / E. Solmaz: Graue Wölfe, Koranschulen, Idealisten-
      vereine. Köln 1981, S. 17.

Mit der Gründung der Türkischen Republik stellten sich Fragen wie: Wie werden die muslimischen und nicht-muslimischen Minderheiten behandelt? Welche politische Ordnung soll sich durchsetzen? Immerhin war die neue Republik eine Nachfolgerin des Osmanischen Reiches, dessen Ordnungssystem auf islamischen Traditionen und Normen beruhte. Während des Kampfes der Nationalbewegung spielte der ethnische Hintergrund zunächst keine Rolle. Der Fokus lag auf der muslimischen Einheit. Das Ziel gegenüber den Besatzungsmächten bestand darin, die Grenzen des Osmanischen Reiches wiederherzustellen.

Atatürk verkündete die Gründung der Republik nach dem französischen Nationalstaatskonzept. Die politische Ausprägung spielte dabei dem – freilich chauvinistisch geprägten – Bild vom Orient als rückständig, despotisch und undemokratisch in die Hände. Hierzu gehört nicht zuletzt auch der militaristische Charakter der neuen Republik. In diesem Nationalstaatskonzept sind Minderheiten nicht vorgesehen, da sie demnach der Unteilbarkeit der Nation und der Gleichheit aller Bürger widersprechen.

Mit der Gründung der Türkei wurden die größten christlichen Gemeinden der Armenier, Griechisch-Orthodoxen und Syrisch-Orthodoxen aufgelöst. Anatolien, das vor dem Krieg zu etwa 80 % muslimisch gewesen war, hatte nun einen muslimischen Bevölkerungsanteil von 98 %.[18]

Der Zerfallsprozess des Osmanischen Reiches leitete keine demokratische Entwicklung bei den Menschen- und Minderheitenrechten ein, was den Nationalismuskern der heutigen Türkei maßgeblich beeinflusst hat. Der Nationalismus der Gründungsjahre wich zunehmend einer elitären Erziehungsdiktatur. Die Kemalisten installierten von Anfang an – von Ankara bis hinab zur Dorfebene – ein Kontrollregime, in dem Abweichungen nicht geduldet wurden.

Die Frage lautete jetzt, wie die politisch-institutionelle Grundlage des Staates organisiert werden sollte. Am 20. April 1924 verkündete die Nationalversammlung die neue republikanische Verfassung, die sich an

---

18   Vgl. Steinbach 2012. S. 28.

europäischen Vorbildern orientierte. Wie auch im westlichen Europa, wo die Verfassungswirklichkeit den erklärten Ansprüchen oft weit hinterherhinkte und in den 1920er und 30er Jahren teilweise faschistische Regime errichtet wurden, hatte die reale politische Ordnung in der Türkei ihre eigene Ausprägung. Auch hier gab es politische Kontinuitäten in der neuen Herrschaftsform, die unter Dominanz des Militärs von Anfang an diktatorische Züge aufwies. So wurde die territoriale, politische und institutionelle Autorität vom osmanischen System übernommen. Hinzu kam die starke personelle Konzentration auf die Führung unter Mustafa Kemal, der sich 1934 vom türkischen Parlament den Namen Atatürk (Vater der Türken) geben ließ.

Atatürk gründete für seine Machtdurchsetzung die Republikanische Volkspartei (CHP). Sie wurde zum zentralen Herrschaftsinstrument in der neuen Republik, die sich bis zum Ende des Zweiten Weltkrieges als eine Einparteiendiktatur auszeichnete.

Von Anfang an war die kurdische Frage von großer Bedeutung. Zu Beginn des Befreiungskampfes 1919 fand Mustafa Kemal Unterstützung durch breite Bevölkerungsteile und erkannte das kurdische Volk als eine Nation an. Er sagte: »Ich befürworte, dass unsere kurdischen Brüder alle Rechte erhalten. Wir werden alles dafür tun, dass unsere kurdischen Brüder alle Mittel für Freiheit, Wohlstand und Fortschritt bekommen.«[19] Viele Kurden kämpften deshalb im Befreiungskampf Atatürks gegen die alliierten Besatzungsmächte an der Seite der Türken. Dessen ungeachtet wurde den Kurden mit dem Vertrag von Sèvres 1920 ein eigener Staat zugestanden. Am 16. Oktober 1921 bekräftigte Atatürk auch im türkischen Parlament: »Die Grenzen der heutigen Türkei sind die Grenzen, die von Türken und Kurden gemeinsam geschaffen wurden.«[20] Er bekräftigte auch: »Wenn die Bevölkerung in jenen Provinzen Kurden sind, werden sie sich dort selbst autonom verwalten.« Diese Darstellungen zeigen, dass Atatürk das kurdische Volk in der Türkei als wesentliche Kraft neben dem türkischen sah. 1921 erließ die damalige

---

19   Zit. nach: Kaygisiz 2010, S. 238 f.
20   Zit. nach: ebd.

Regierung einen Regierungsbeschluss: »Wir respektieren das Recht aller
Völker auf Selbstbestimmung, und wo Kurden wohnen, wird eine auto-
nome Einheit gegründet.«[21] Auch Ali Fethi Okyar, Mitstreiter von Atatürk, der zugleich Parlamentspräsident und Minister war, erklärte 1924:
»Die Türkei ist ein republikanischer Staat, den die kurdischen und
türkischen Bevölkerungsgruppen gegründet haben, unter der Voraussetzung, dass beide Bevölkerungsgruppen den gleichen Rechtsanspruch
auf die Bürgerrechte haben.«[22] Darin kommt zum Ausdruck, dass die
KurdInnen in der Türkei als einer der Hauptakteure der Republikgründung anerkannt werden. Die KurdInnen unterstützten deshalb während
der Gründungsphase der türkischen Republik Kemal Atatürk. Dieser
kurdische Beistand war auch der Grund dafür, dass die türkische Delegation in Lausanne im Namen der TürkInnen und KurdInnen auftrat,
obwohl die KurdInnen weder von einer eigenen »legitimen politischen
Kraft« vertreten wurden, noch sie den gleichen Status und die gleiche
Position wie die TürkInnen hatten. Sie verloren damit in Lausanne ihre
Würdigung als Mitbegründer der Republik. Im Vertrag fanden sie keine
Erwähnung, weil sie als integraler Teil der neuen türkischen Nation betrachtet wurden.

Nachdem der Vertrag von Lausanne 1923 von westlichen Ländern
akzeptiert worden war, wollte Atatürk nichts mehr von der Existenz der
KurdInnen wissen. Atatürk und seine Nachfolger ignorierten auch jegliche Rechte und Forderungen der KurdInnen. Seither verfolgt man eine
Politik der Assimilation und der Türkisierung, um einen unitären Staat
zu schaffen. Die Position der KurdInnen verschlechterte sich mit der
Gründung der Türkei also deutlich. Während das Osmanische Reich
ihnen noch erlaubt hatte, sich zu ihrer Identität zu bekennen, und ihnen auch eine gewisse Autonomie zugestanden hatte, gerieten sie nun
unter einen starken Assimilationsdruck. Atatürk konnte sich mit seiner
repressiven Politik größtenteils durchsetzen, weil die politische Weltlage
dafür passend war.

---

21   Zit. nach: Kaygisiz 2010, S. 238.
22   Zit. nach: ebd.

Die repressive Politik gegenüber der kurdischen Bevölkerung

Nach der Umsiedlung, Vertreibung bzw. Vernichtung der Armenier und Griechen während des Ersten Weltkrieges blieben KurdInnen als die einzige größere ethnische Minderheit übrig. KurdInnen, die entweder zur sunnitischen oder zur alevitischen Religion gehörten und gehören und politisch nicht organisiert waren, entschieden sich zunächst, auf der Seite der Bewegung von Mustafa Kemals zu kämpfen. Die kurdischen Gemeinwesen waren im Osmanischen Reich traditionell und selbständig unter dem Einfluss der religiösen Stammesführer organisiert.

Schon bald nach Republikgründung wurde die ethnische Identität der KurdInnen infolge des türkischen Nationalismus nicht länger akzeptiert, obwohl Atatürk 1920 vor der Großen Nationalversammlung erklärt hatte: »Es geht uns um ein Volk, das sich aus mehreren Gruppen von Muslimen bildet.« Nach internationaler Anerkennung der neuen Republik benötigten die Kemalisten nicht mehr die Unterstützung der KurdInnen, die – wie auch eine christliche Minderheit – nicht mehr ins Bild der neuen Republik passten. Insbesondere KurdInnen wurden mit allen Mitteln des Staates unterdrückt. Artikel 88 der türkischen Verfassung definierte den Begriff »Türke«: »Die Einwohner der Türkei heißen ohne Ansehen von Religion und Rasse ›Türke‹ im Sinne der Staatsangehörigkeit.« Bezeichnungen wie Kurde, Lase, Tscherkesse etc. wurden zwar nicht per Gesetz, aber durch einen Runderlass des Erziehungsministeriums schon 1925 verboten. 1934 wurden die KurdInnen durch eine Umsiedlungspolitik zwangsassimiliert. Ziel der kemalistischen Staatselite war es, jegliche Autonomiebestrebungen zu verhindern.[23]

Als die KurdInnen durch die staatliche Repressionspolitik ausgegrenzt wurden und als Verlierer der neuen nationalistischen Republik galten, antworteten sie mit Aufständen gegen die Zentralregierung. Zuerst rebellierte Scheich Said im Frühjahr 1925 in der Provinz um Diyarbakır. Der Aufstand endete am 29. Juni 1925 mit einer vollständigen

---

23   Vgl. Steinbach 2012, S. 29 ff.

Niederschlagung. Scheich Said und seine 47 Gefolgsleute[24] wurden am selben Tag in Diyarbakır öffentlich hingerichtet. Das gleiche Schicksal widerfuhr 1938 Seyit Riza in der kurdisch-alevitischen Stadt Dersim (heute Tunceli).

Die Strategie der Zentralregierung bestand zudem darin, die sunnitischen und alevitischen KurdInnen gegeneinander auszuspielen. Bei dem Aufstand von Scheich Said wurde seitens der Regierung erklärt, dass Scheich Said Sunnit sei, und wenn er in Kurdistan an die Macht komme, würde er die alevitischen Kurden massakrieren. Während des Aufstandes von Seyit Riza malte die Zentralregierung das umgekehrte Szenario an die Wand.

Gleichzeitig wurden alle kurdischen Orts- und Eigennamen türkisiert, die KurdInnen selbst wurden als »Berg-Türken« bezeichnet. Die Feudalstrukturen wurden nicht angetastet: Die Assimilierung der KurdInnen wurde nun über die Großgrundbesitzer, Clan- und Stammesführer, die die eigene Identität leugneten, weiter vorangetrieben. Zur Entlohnung winkten staatliche Posten als Abgeordnete oder Minister.

Bis heute gilt: Die Existenz der KurdInnen wird öffentlich bestritten, infolgedessen werden ihre Ansprüche auf sprachliche, kulturelle, nationale und demokratische Rechte nicht anerkannt. Stattdessen werden sie mit dem Vorwurf des Separatismus konfrontiert. Jahrelang wurde eine Politik verfolgt, die die ethnische Eigenständigkeit und Existenz leugnete, und es wurde alles getan, um kulturelle Besonderheiten auszublenden. Dies betraf zunächst die Sprache, aber auch so persönliche Dinge wie Vor- und Nachnamen.

Das nationale Gebilde, das alle türkischen Staatsbürger als »Nation« einer einheitlichen Ethnie (der Türken) definiert, wird heute von KurdInnen nicht mehr akzeptiert. Sie bilden derzeit mit einer Bevölkerung von ca. 15 bis 20 Millionen die größte Minorität in der Türkei. Daher richten die KurdInnen an den türkischen Staat Forderungen, die von kulturellen Rechten, insbesondere im Bereich der Sprache, bis hin

---

24   Vgl. Steinbach 2012, S. 34.

zu einer politischen Territorialautonomie in ihrem Siedlungsbereich reichen. Gleichzeitig hat die jahrzehntelange Propaganda der staatlichen Institutionen in der türkischen Bevölkerung Wirkung gezeigt. Wer Rechte für KurdInnen oder andere Minderheiten einfordert, läuft Gefahr, als Separatist und Vaterlandsverräter beschimpft bzw. verhaftet zu werden.

Das Schicksal der Aleviten

Die Repressionen gegenüber der alevitischen Bevölkerung gehen auf das Osmanische Reich zurück. Der Grund dafür waren sowohl religions- als auch machtpolitische Interessen, die sehr stark auf den Koran und die Scharia bezogen wurden. Im Zuge größerer Verfolgungswellen regte sich unter den alevitischen Gelehrten Widerstand. Zu den bekanntesten Ereignissen gehört die Scheich-Bedreddin-Rebellion, die im Jahre 1416 begann. Sie endete 1420 mit der Hinrichtung von Scheich Bedreddin. Mitte des 15. Jahrhunderts kam es zu einer Auseinandersetzung zwischen dem Osmanischen Reich und dem Beylik der Karamaniden. Zwischen 1468 und 1471 wurden die dort ansässigen alevitischen Stämme massenhaft nach Rumelien vertrieben.

Einer der bekanntesten alevitischen Aufstände gegen das Osmanische Reich fand im 16. Jahrhundert in Sivas statt, angeführt von dem Poeten Pir Sultan Abdal. Er wurde blutig niedergeschlagen und Pir Sultan Abdal auf dem Marktplatz in Bannaz erhängt. Die gewalttätige Periode gegen die alevitische Bevölkerung dauerte auch in den folgenden Jahrhunderten bis zur osmanischen Kapitulation im Ersten Weltkrieg weiter an. 1826 wurde der alevitische Bektaschi-Ordens verboten.

Auch nach der Proklamation der neuen türkischen Republik galten die Aleviten weiterhin als Verlierer. Von Beginn an hieß es in der Verfassung: »Die Religion des türkischen Staates ist der Islam.« Vor seiner Wahl zum Staatspräsidenten erklärte Mustafa Kemal im Oktober 1923 vor dem Parlament: »Der Islam bleibt auch in der Republik

Staatsreligion.«[25] Obwohl sich die neue Republik als laizistisch bezeichnete und aus unterschiedlichen ethnischen und religiösen Gruppen bestand, erhielt der sunnitische Islam damit den Rang einer Staatsreligion.
Als staatliche Religionsinstanz wurde die Diyanet eingerichtet, die alle
nicht-sunnitischen Religionsgemeinden ausschloss und bekämpfte.
Noch heute existiert das 1924 gegründete »Präsidium für Religionsange-
legenheiten« (DIB bzw. Diyanet). Die Einrichtungen des sunnitischen
Islam waren zudem finanziell vom Staat abhängig.

Die religiösen Minderheiten wie Aleviten, die ca. 20 % der Bevölkerung ausmachen, besitzen keine offizielle Vertretung. Seit der Gründung
der Republik sind die Aleviten in der Öffentlichkeit kaum vertreten. Sie
wurden in dem neuen kemalistischen und erklärtermaßen laizistischen
Staat nicht nur diskriminiert und verfolgt, sondern blieben auch politisch und gesellschaftlich nahezu unsichtbar.

Dieser Repressionspolitik gegenüber der alevitischen Bevölkerung
folgten schließlich zwischen den 1970er und 1990er Jahren mehrere
Anschläge und Übergriffe. So beispielsweise das Massaker in Kahramanmaraş 1978 sowie die Provokationen in Çorum (1979) und Malatya
(1980). 1993 versammelten sich in der zentralanatolischen Stadt Sivas
mehrere SchriftstellerInnen, KünstlerInnen und MusikerInnen zu einer
Alevitischen Kulturwoche zum Gedenken an Pir Sultan Abdal. Nach
dem Freitagsgebet riefen islamistische und rechtsextreme Bewegungen
dazu auf, einen Mob zu bilden. Das Hotel, in dem sich die SchriftstellerInnen, KünstlerInnen und MusikerInnen aufhielten, wurde in Brand
gesteckt. Draußen versammelten sich mehrere Hundert Islamisten, um
Jagd auf AlevitInnen zu machen. 37 Menschen starben bei dem Brandanschlag. 1995 folgte ein weiterer Anschlag auf ein alevitisches Viertel
in Gaziosmanpaşa/Istanbul.

Auch in der Regierungsphase der AKP dauert die Repressions- und
Assimilationspolitik gegenüber der alevitischen Bevölkerung weiter an.
Seit den 1990ern versuchen sich in der Türkei wie auch in der euro-
päischen Diaspora alevitische Organisationen zu etablieren, die sich für

---

25   Vgl. Kaygisiz 2010, S. 148.

alevitische Identität und Rechte einsetzen. Hierzu gehören in der Türkei Dachverbände wie die »Förderation der Alevitischen Bektaschi« (ABF), »Pir Sultan Abdal Kulturvereine« (PSAKD) oder in Europa Dachverbände wie die »Konföderation der Aleviten in Europa« (AABK).

Der Durchbruch der kemalistischen Republik

Nach dem erfolgreichen türkischen Befreiungskampf wurde im Oktober 1923 die souveräne Türkische Republik proklamiert, Mustafa Kemal (Atatürk) wurde zum ersten Staatspräsidenten. In den Anfängen orientierte sich der kemalistische Staat nicht an irgendeinem ökonomischen, politischen oder ideologischen System. Erst mit der Verwirklichung der kemalistischen Reformen, etwa in der Mitte der Ära Atatürk (1923–1938), entwickelte sich der Kemalismus zu einer eigenen Ideologie. Atatürk strebte nun danach, das Gesellschaftssystem von Grund auf zu verändern. Seine Reformen basierten auf den Ideen der Jungtürken und auf den aktiven Reformbestrebungen in der »Tanzimat«-Periode (1839–1876).[26]

1924 wurde das »Ministerium für die Durchführung des islamischen Rechts« eingeführt, die religiösen Gerichtshöfe wurden aufgelöst und das Kalifat abgeschafft. Durch die Übernahme des Schweizer Bürgerlichen Gesetzbuches im Jahre 1926 wurden die wesentlichen islamischen Rechtsnormen abgeschafft (so z. B. die ›Polygamie‹). Die Reformen setzten sich fort mit der Neuschaffung des Strafgesetzbuches von 1926 – in Anlehnung an das italienische Pendent. Auch die Schweizer Zivilprozessordnung (1927) und die deutsche Strafprozessordnung (1929) hatten Einfluss auf die weitere Strafgesetzgebung. 1925 wurde der gregorianische Kalender eingeführt, die traditionellen Turban und Fes wurden durch das sogenannte »Hut-Gesetz« verboten, nur den Geistlichen blieb religiöse Kleidung gestattet. 1928 wurde das

---

26   Vgl. Matthes Buhbe: Türkei – Politik und Zeitgeschichte. Studien zu Politik und Gesellschaft des Vorderen Orients. Opladen 1996, S. 13 f.

lateinische Alphabet eingeführt. Parallel dazu erfolgte eine Sprachre-
form, mit der aus dem Arabischen und Persischen stammende Wörter
durch eine »Türkisierung« ersetzt werden sollten. 1933 wurde die nach
osmanischen Richtlinien gegründete Hochschule »Darülfünun« geschlossen und eine Bildungsreform nach westlicher Art durchgesetzt.
1934 wurde das aktive und passive Wahlrecht für Frauen eingeführt.
1934/35 wurde der wöchentliche Feiertag vom Freitag auf den Sonn-
tag verlegt, religiöse Titel wurden abgeschafft und Familiennamen eingeführt.

»Diese Reformen verfolgten einen zweifachen Zweck: sie sollten die
Position der kemalistischen Bürokratie bei der Ausübung der Staatsmacht festigen, um die Einbindung der Türkei in die kapitalistische
Welt durch einen Prozess der ›Verwestlichung‹ zu fördern. Erfolgreich
waren die Reformen auch in Bezug auf die langfristige Bindung verschiedener gesellschaftlicher Schichten an den Kemalismus. Sie be-
wirkten außerdem, dass die osmanische Bürokratie durch einen neu-
en Typ von Intelligenzia ersetzt wurde, und sie schufen einen neuen
›Dienstleistungs-Sektor‹, der dieser ›kemalistischen Intelligenzia‹ ihr
Auskommen sicherte, so dass sie das Regime aus Eigeninteresse unterstützte.«[27]

Atatürk hatte 1923 die Republikanische Volkspartei (CHP) gegründet, mit deren Hilfe er bis zu seinem Tode im Jahre 1938 mit allen
Vollmachten die Republik regierte. Eine weitere Partei wurde vorerst
nicht zugelassen. Doch 1930 beauftragte Mustafa Kemal selbst den Di-
plomaten Ali Fethi Okyar mit der Gründung einer weiteren Partei, um
den ersten Ansatz zu einem Mehrparteiensystem zu wagen. Er sollte bei
der Gründung dieser Partei den Leitlinien und den Reformen der Republik treu bleiben. Doch die Bereitschaft der Bevölkerung, sich sofort
mit dieser Partei solidarisch zu erklären, löste Unruhe in der politischen
Führung aus. Einerseits schwächte sie den Einfluss der CHP, andererseits entwickelte sich diese Partei zur Opposition, die selbst gegen die
Reformen auftrat. Bei Kurt Steinhaus heißt es dazu: »Die feudalen Kräf-

---

27   Ron Ayres u. a.: Türkei, Staat und Gesellschaft. Frankfurt a. M. 1987, S. 82.

te, die angeblich im Parlament für die ›Westernisierung‹ eintraten, aber auf dem Lande das Volk gegen diese Reformen aufhetzten, begannen sofort die neu gegründete Partei massiv zu unterstützten und damit die Partei für ihre Interessen zu gewinnen. Eine solche Opposition, die die Entwicklung der Türkei zu einem modernen Staat zu blockieren suchte, sollte ausgeschaltet werden, was drei Monate nach der Gründung dieser Oppositionspartei (Serbest Firka) zum Verbot führte«.[28]

Aufgrund rechtlicher Beschränkungen konnten sich unter der Herrschaft Mustafa Kemal Atatürks keine autonomen Gewerkschaften und Bauernverbände entfalten. Sozialisten und Kommunisten waren der Verfolgung durch Polizei und Justiz ausgesetzt. Die TKP (Kommunistische Partei der Türkei) wurde nach der kemalistischen »Revolution« verboten.[29]

Die sechs Grundpfeiler des Kemalismus

Im April 1924 erhielt die Türkei eine neue Verfassung. Seinen ideologischen Bezugsrahmen hatte das neu gegründete und neu strukturierte Staatswesen in den sogenannten sechs Grundprinzipien, auf denen die Reformen Atatürks beruhten und unter denen sich die Türkei entwickeln sollte. Durch die »kemalistischen Reformen« sollte das Land das Niveau von Industrienationen erreichen.

a) **Reformismus (revolutionäres Prinzip) bzw. Modernismus (Inkilapçılık)** | Verteidigung und Fortführung der Errungenschaften der kemalistischen Revolution. Dieses Prinzip beinhaltet einerseits die Umformung des Staates und der Gesellschaft in Hinblick auf die Übernahme der Errungenschaften der europäischen Zivilisation (Europäisierung) und andererseits die Stärkung der wirtschaftlichen und politischen Macht des nationalen Bürgertums.

---

28   Sozialwissenschaftliche Texte. Berlin 1980, S. 28 f.
29   Vgl. Kurt Steinhaus: Soziologie der türkischen Revolution. ebd., S. 107

b) Republikanismus (Cumhuriyetçilik) | Die Verteidigung der republikanischen Staatsform gegen »die feudal-absolutistischen Zielsetzungen reaktionärer Kräfte«.

c) Etatismus (Devletçilik) | Nach der Weltwirtschaftskrise und der raschen industriellen Entwicklung der Sowjetunion vertrat die kemalistische Führung nach 1930 die Ansicht, dass dem Staat – insbesondere in der Wirtschaftspolitik – wichtige Aufgaben zufallen, um die industrielle Entwicklung voranzutreiben. Der Etatismus basiert jedoch auf einer kapitalistischen Wirtschaftsstruktur mit privatem Eigentum. Insbesondere die 30er und 40er Jahre tragen den Stempel einer etatistischen Politik.

d) Populismus (Halkçılık) | Diesem Prinzip entsprach die Einparteienherrschaft der regierenden CHP. Darunter wurde das Zusammenwirken von Staat und Volk einerseits, andererseits die Orientierung der Politik an den Interessen des Volkes verstanden. Damit wurde aber gleichzeitig die Existenz von Klassengegensätzen geleugnet, was die Konsequenz nach sich zog, dass Gewerkschaften und Streiks während der gesamten kemalistischen Epoche verboten waren und oppositionelle Gruppierungen verfolgt wurden.

e) Nationalismus (Milliyetçilik) | Dieser Grundsatz beinhaltete sowohl die Sicherung der nationalen Unabhängigkeit als auch den Zusammenhalt und die Einheit des türkischen Volkes. Die Kemalisten waren stolz auf ihre asiatische Herkunft und die »Blutsbrüderschaft« aller Turkvölker. Der Niedergang des Osmanischen Reiches und damit der Verlust großer Gebiete nach dem Ersten Weltkrieg wurde mit dem Nationalismus (Türkisierungswelle) »bewältigt«. Die politischen Konsequenzen führten zur Leugnung sowohl von schicht- und klassenspezifischen Unterschieden als auch der Existenz ethnischer Minderheiten.

f) Laizismus / Säkularismus (Laiklik) | Der Laizismus, die Trennung von Staat und Religion, gilt im allgemeinen als Grundpfeiler der kemalistischen Ideologie, da Atatürk den religiösen Einfluss auf politische

Entscheidungen und auf das öffentliche Leben als Hauptursache für den Zerfall und die Kolonisierung des Osmanischen Reiches sowie als Barriere für eine zukunftsorientierte Entwicklung der Gesellschaft betrachtete. Die Religion sollte Gewissenssache werden.[30]

Die Außenpolitik des Kemalismus

Unter dem Leitsatz »Friede daheim, Friede auf der Welt« stützte sich Atatürk in der Außenpolitik auf das Neutralitätsprinzip. Aus den Folgen des Ersten Weltkrieges hatte auch Atatürk Lehren gezogen. Er verfolgte deshalb eine Politik der Unabhängigkeit und der guten Nachbarschaft. Denn das Hauptgewicht der »kemalistischen Revolution« lag in der Bestrebung, den in erster Linie ökonomisch bedingten Rückstand gegenüber Europa auszugleichen und die »koloniale Abhängigkeit« zu überwinden.[31]

Dem Sozialwissenschaftler Lothar Krecker zufolge war die Türkei bemüht, ihren inneren Aufbau in Ruhe durchzuführen und dies im Bewusstsein, dass sie »hundert Jahre nachzuholen habe«. Die Türkei wolle keine »Rückkehr zum osmanischen Imperialismus«. Jede weitere Revisionspolitik würde aber dahin führen. »Mit dieser dem Kemalismus eigenen außenpolitischen Grundeinstellung war die türkische Reaktion auf eine dynamische Politik, sobald sie sich zu aggressiven Handlungen treiben ließ, vorherbestimmt.«[32]

Wie der türkische Botschafter in Berlin, Hamdi Arpag, dem Reichsaußenminister am 5. April 1938 erklärte, habe »die Türkei eine Ausgleichs- und Neutralitätspolitik nach allen Seiten befolgt«.[33] Die Grund-

---

30 Vgl. Reiner Werle / Renate Kreile: Renaissance des Islam. Das Beispiel Türkei. Hamburg 1987, S. 26.

31 Vgl. Josef Ackermann: Der begehrte Mann am Bosporus. Europäische Interessenkollision in der Türkei, 1938–1941. In: M. Funke (Hrsg.): Hitler, Deutschland und die Mächte. Düsseldorf 1976, S. 490.

32 Lothar Krecker, a. a. O., S. 14.

33 Zit. nach: Lothar Krecker, a. a. O., S. 15.

sätze der neuen türkischen Außenpolitik legte auch Mustafa Kemal in seiner Rede zur Eröffnung des türkischen Parlaments am 1. März 1922 dar:

»Wie in der Innenpolitik, so ist auch unser Grundsatz in der Außenpolitik gebunden an unsere nationale Einheit. Wir werden all diejenigen als Freunde betrachten, die unsere nationale Einheit akzeptieren und unsere materielle und ideelle Unabhängigkeit befürworten. ... Meine Herren! In unserer Außenpolitik gibt es keine Angriffe auf die Rechte von anderen Staaten. Wir haben jedoch das Recht, unser Leben, unser Land, unsere Ehre zu verteidigen und werden es auch in der Zukunft weiterhin verteidigen.«[34]

Das zentrale Anliegen der kemalistischen Regierung konzentrierte sich darauf, gerade in der Aufbauphase der jungen türkischen Republik keine konfrontative Politik gegenüber anderen Ländern einzugehen. Getreu ihrem Neutralitätsprinzip verfügte die Türkei über gute Beziehungen zu England, Frankreich, Deutschland und zum Balkan (insbesondere Griechenland); aber auch ihre freundschaftlichen Beziehungen zum sozialistischen Nachbarland wollte die Türkei nicht aufgeben.

Die Sowjetunion war strategisch und taktisch von großer Bedeutung für die kemalistische Republik. Für die Annäherung an die Sowjetunion war auch ausschlaggebend, Druck auf die westlichen Mächte aufzubauen. Als die Türkei im Zuge des Befreiungskampfes militärische Hilfe benötigte, erhielt sie Unterstützung durch die Sowjetunion nur unter der Voraussetzung, dass in der Türkei die Kommunistische Partei legalisiert wird. Auf Befehl von Atatürk wurde deshalb 1920 eine künstliche kommunistische Partei gegründet, zu dessen Gründungsmitgliedern bekannte Antikommunisten wie Ismet Inönü, Fevzi Çakmak, Ali Fuat Cebesoy, Refet Bele, Yunus Nadi, Mahmud Esad, Refik Koraltan, Hakki Behiç und Dr. Tevfik Rüştü Aras gehörten. Obwohl Atatürk antisowjetisch eingestellt war, wurde im März 1921 in Ankara der Freundschaftsvertrag zwischen der Türkei und der Sowjetunion

---

34   Zit. nach: Doğan Avcioğlu, Millini Kurtuluş Tarihi. Bd. 4, Istanbul 1983, S. 1427f.
      [Übersetzung aus dem Türkischen].

unterzeichnet, weil die junge Sowjetunion in den Jahren der Abwehr-
kämpfe (1919–1923) als einziger Staat bereit war, die Türkei zu unterstützen.

Die westlichen Länder unterzeichneten den Lausanner Vertrag auch
deshalb, weil die Kemalisten ihre Beziehungen mit der Sowjetunion verstärkt hatten. Der Westen fürchtete, die Türkei könnte unter bolsche-
wistischen Einfluss geraten, und wollte ein derart strategisch wichtiges
Land nicht verlieren.

Mustafa Kemal starb am 10. November 1938. Seine Gefolgsleute
stammten genauso wie Atatürk aus den Reihen des osmanischen Militärs. Die Staatsgründung war also auch ein Produkt der alten Elite,
und Militärs aus dem Osmanischen Reich besaßen weiterhin eine führende Position. Es etablierte sich eine autokratische Staatsräson, bei der
jenseits von sunnitischen Muslimen keine Minderheit im Staatswesen
einen Platz erhielt.

Weiterhin entwickelte sich in der Ära Atatürk trotz des erklärten demokratischen Umbruchs eine Einparteienherrschaft, die bis zum Tod
von Atatürk das Staatsgebilde prägte und bis in die 1950er Jahre kaum
einen Wandel erfuhr. So waren Oppositionsparteien in dieser Zeit verboten. Als schließlich weitere Parteien zugelassen waren, rekrutierte sich
deren Führung aus dem Bestand der vorher allein herrschenden CHP.
Die Bevölkerung erhielt keinerlei Möglichkeiten, sich politisch zu beteiligen und zu betätigen. Die Kemalisten brauchten sich von Anfang an
nicht auf eine Massenbasis zu stützen. Die breiten Volksmassen wurden
von der »kemalistischen Revolution« ferngehalten. Atatürk galt de facto
als Alleinherrscher und auch sein Nachfolger Ismet Inönü (1938–1950)
erhielt den Titel des »Einzelherrschers« (Tek Adam) und »Nationalen
Chefs« (Milli Şef).

Ferner war es für Atatürk seit seinem Bündnis mit dem radikalen
Flügel der Jungtürken klar, dass das Türkentum den neuen Staat dominieren soll, der Schutz nicht-türkischer Identitäten wurde infolgedessen
konsequent vernachlässigt. Die türkische Sprache und die türkisch-nationale Staatsideologie waren mit der Republikgründung untrennbar
miteinander verbunden.

Bündnisbestrebungen vor 1939

Die Absicht der Türkischen Republik, sich außenpolitisch – trotz der
aggressiven Umgebung – neutral zu verhalten, war 15 Jahre nach ihrer
Gründung aufgrund der globalen politischen Gegebenheiten nicht
mehr durchzuhalten.

Als Hitler-Deutschland 1938 die Tschechoslowakei annektierte,
löste dies bei der türkischen Regierung große Besorgnis aus. Die kriegerischen Auseinandersetzungen des Deutschen Reichs um die Vorherrschaft in Europa und in der Welt führten schließlich dazu, dass auch die
Türkei mit dessen Expansionsbestrebungen konfrontiert wurde.

Wenn die Türkei ihre wirtschaftlichen und politischen Beziehungen
zu Deutschland auch nicht sofort abbrechen wollte, gab es doch Phasen, in der die Türkei Bündnisse mit England, Frankreich, der Sowjetunion, aber auch ein Dreierbündnis mit England und Frankreich gegen
Deutschland einzugehen wünschte. Der sowjetisch-türkische Nicht-
angriffs- und Neutralitätsvertrag von 1925, der zuletzt 1935 erneuert
wurde und auch während des Zweiten Weltkrieges die Grundlage der
Beziehungen zwischen beiden Ländern bildete, beinhaltete eine unbe-
dingte Neutralitätsverpflichtung und eine gegenseitige Nichtangriffs-
klausel.[35] Die enge Bindung zu den Balkanstaaten führte zu verstärkten
Spannungen mit den Großmächten Deutschland und Italien, als diese
in den südosteuropäischen Raum vordrangen. Die Türkei nahm in ihrer
Balkanpolitik eine doppelte Haltung ein: Einerseits die Herstellung ent-
spannter, nach Möglichkeit freundschaftlicher Beziehungen zu allen
Balkanstaaten, darüber hinaus aber die Schaffung eines Balkanblocks,
der als kollektives Sicherheitssystem die Unabhängigkeit der südosteuropäischen Staaten nach innen und außen gewährleisten sollte. Auch
in der Politik gegenüber ihren östlichen Nachbarstaaten verfolgte die
Türkei das Prinzip der gegenseitigen Garantie der Grenzen und des Zu-
sammenschlusses gegen Einmischungen von außen.

---

35   Vgl. Cemil Koçak: Türkiye'de Milli Şef dönemi (1938–1945) [Periode des Nationa-
     len Führers in der Türkei]. Istanbul 1996, S. 243-285.

Eine Neuorientierung der türkischen Außenpolitik wurde durch den italienischen Überfall auf Albanien im April 1939 ausgelöst. Die türkische Regierung sah in diesem aggressiven Akt den Beginn der italienischen Offensive auf den Balkan. Am 31. Mai 1939 veröffentlichte die französische Abendzeitung *Paris Soir* ein Interview mit dem türkischen Außenminister, Sükrü Saraçoğlu, in dem dieser deutlich machte: »Wir Türken kennen Albanien. Wir wissen, dass es keine Bodenschätze enthält, die eine Eroberung rechtfertigen. Diese Eroberung ist vorwiegend auf strategische Erwägungen zurückzuführen. Gegenüber dieser Bedrohung muss sich die Türkei vorsehen und zwar ebenfalls durch strategische Maßnahmen.«[36]

Die deutsch-türkischen Beziehungen während der NS-Zeit

Die Niederlage der Mittelmächte im Jahr 1918 bedeutete für die Zusammenarbeit der Verbündeten Deutschland und Türkei einen tiefen Bruch im politischen, militärischen und wirtschaftlichen Bereich. Für einige Jahre herrschte sogar eine Phase der Beziehungslosigkeit; denn durch Artikel 23 des Waffenstillstandsvertrages von Mudros verpflichtete sich die Türkei, ihre Beziehungen zu Deutschland abzubrechen. Auch der Versailler Vertrag verfolgte das Ziel, jede Bindung zwischen Deutschland und der Türkei zu lösen. Erst durch den Frieden von Lausanne, der der türkischen Republik die Handlungsfreiheit zurückerteilte, und dem im März 1924 geschlossenen deutsch-türkischen Freundschaftsvertrag konnten die bilateralen Beziehungen auf eine neue Grundlage gestellt werden und gewannen in den folgenden Jahren sowohl politisch als auch wirtschaftlich erneut an Bedeutung.[37] Eine Blütezeit erlebten sie kurz nach Beginn der Nazi-Herrschaft. Schon 1932 hatte sich Deutschland zu einem der wichtigsten Handelspartner der Türkei entwickelt.

36   Zit. nach: Ackermann, a. a. O., S. 494.
37   Vgl. Lothar Krecker, a. a. O., S. 11.

Zugleich forderte Hitlers Wirtschaftsminister Hugenberg auf der Londoner Wirtschaftskonferenz am 16. Juni 1933 nicht nur ein deutsches Kolonialreich in Afrika, sondern auch Siedlungsgebiete in Osteuropa für das »Volk ohne Raum«, wobei er scharfe Angriffe gegen die UdSSR richtete. Das berüchtigte Hugenberg-Memorandum hatte mit seiner Andeutung von wirtschaftlicher Expansion nach Osten auch die Türkei unangenehm berührt. Der deutsche Staatssekretär Hans Posse wandte sich auf derselben Konferenz dagegen, dass unterentwickelte Länder Industrien aufbauten. Er schlug eine Arbeitsteilung vor, bei der Länder wie die Türkei ihren Status als rohstoffexportierende Agrarländer behalten sollten. Posse war weiterhin bestrebt, hinsichtlich der Neuerrichtung von Industrien die Industrienationen in einer Abwehrfront zusammenzuschließen.[38] Der türkische Staatsminister Tevfik Rüştü sah in den Bestrebungen der Londoner Weltwirtschaftskonferenz von 1933 einen Angriffsplan auf die türkische Wirtschaftspolitik, was die Haltung der Türkei gegenüber Deutschland sehr stark beeinflusste.

Deutschland betrachtete das gesamte Südosteuropa und Kleinasien als ideales ökonomisches Reservoir. Dabei kam der Türkei mit den kriegsnotwendigen Rohstoffen Chromerz und Baumwolle eine bedeutende Stellung für die deutschen Planungen zu.[39]

Die Staaten Südosteuropas gerieten zunehmend in ökonomische Abhängigkeit von Deutschland. Alfred Rosenberg, Leiter des Außenpolitischen Amtes, und Franz von Papen, ab 1939 Botschafter in der Türkei, formulierten das Ziel, die »deutsche wirtschaftliche und politische Kontrolle« über den Südosten neu zu errichten.[40] Im Zusammenhang mit diesen Plänen spielten auch die Beziehungen zur Türkei eine wichtige Rolle. Die Türkei sollte im Hinblick auf den geplanten Krieg als Stützpunkt für eine mögliche Kriegsführung im Mittelmeer, auf dem Balkan, in der Ukraine und im Kaukasus gesichert werden. Besonders wichtig

---

38   Vgl. J. Glasneck / I. Kircheisen: Türkei und Afghanistan – Brennpunkte der Orient-
      politik im Zweiten Weltkrieg. Berlin (DDR) 1968, S. 20.

39   Vgl. Rudolf Bürgel: Die Deutsche Türkeipolitik und ihre Auswirkungen auf Kurdis-
      tan. Stuttgart 1997, S. 265 f.

40   Vgl. O. Z. Torgay: Der deutsch-türkische Handel. Hambug 1939, S. 39.

für Deutschland war der Zugang zum Schwarzen Meer mit der Möglichkeit, den Seeweg für die UdSSR zu blockieren. Auch wenn nicht aktiv auf der Seite Deutschlands, sollte die Türkei zumindest neutral bleiben.

Als die Expansions- und Annexionsbestrebungen des Dritten Reiches binnen kurzer Zeit offen sichtbar wurden, trat in der Haltung der Türkei gegenüber Deutschland ein Wandel ein. Mit der Besetzung Prags hatte Hitler die Grenzen der nationalen Revisionspolitik überschritten und seine Ambitionen Richtung Balkan offenbart. Auch die enge Zusammenarbeit zwischen Italien und Deutschland beeinträchtigte die deutsch-türkischen Beziehungen in größerem Maße. Denn Mussolini sah sein historisches Ziel darin, bis nach Asien und Afrika zu expandieren. So erweckte die zeitliche Nähe der Maßnahmen gegen die Tschechoslowakei und Albanien den Eindruck eines abgekarteten Vorgehens in Richtung Südosteuropa. Das türkische Misstrauen gegen Italien hatte zwangsläufig auch negative Auswirkungen auf die deutsch-türkischen Beziehungen.[41] Diesem zunehmenden Misstrauen stand jedoch das wirtschaftliche Interesse der Türkei an den Beziehungen zu Deutschland entgegen. Die Besetzung Prags und der italienische Einfall in Albanien gaben der Türkei dennoch den entscheidenden Anstoß, sich England und Frankreich wie auch der Sowjetunion anzuschließen. Da die Türkei bestrebt war, sich gegenüber allen Ländern neutral zu verhalten, begann das riskante Spiel der türkischen Außenpolitik zwischen den beiden feindlichen Blöcken, das bis zum Ende des Zweiten Weltkrieges andauern sollte.

1938 betrug der deutsche Anteil an den türkischen Einfuhren 47,0 %, mit weitem Abstand folgten Großbritannien mit 11,2 % und die USA mit 10,5 %. Bei der Ausfuhr betrugen die entsprechenden Prozentsätze für Deutschland 42,9 %, für die USA 12,3 % und für Großbritannien 3,4 %. Umgekehrt blieb der türkische Anteil am deutschen Außenhandel unter 3 %. Von den Importen aus der Türkei waren für Deutschland wirklich unentbehrlich nur die Chromerze, die vor allem für die Rüstungsindustrie verwendet wurden. So ist bekannt, dass die

---

41   Vgl. Lothar Krecker, a. a. O., S. 20.

Türkei 1939 über 60% des deutschen Bedarfs an diesen Erzen deck-
te.[42] Somit kletterte die Türkei von Platz 27 auf Platz 10 der deutschen
Importstatistik. Das Deutsche Reich rückte im türkischen Import und
Export bis zum Jahre 1938 mit einem Anteil von 45,0% an die erste
Stelle.[43]

Die Lieferung von Kriegsmaterialien, die im deutsch-türkischen
Warenverkehr einen wichtigen Platz einnahmen, brachte die Türkei
in Konflikt mit ihrem eigenen Prinzip der Neutralität. Die Bedeutung
der deutsch-türkischen Beziehungen spiegelt sich auch in der personel-
len Präsenz Deutscher in der Türkei wider. Der Leiter der wirtschaftspolitischen Abteilung des deutschen Auswärtigen Amtes bezifferte die
Zahl der in amtlichen sowie halbamtlichen Stellen in der Türkei tätigen
Deutschen im August 1939 auf 2.000.

»Vor allem aber musste die starke deutsche Position als Abnehmer
türkischer Produkte die politische Handlungsfreiheit der türkischen Regierung solange wenigstens insoweit einschränken, als sie bemüht sein
musste, auf ihren besten Kunden Rücksicht zu nehmen. Um den Zwang
der Rücksichtnahme nicht zu groß werden zu lassen, war die Regierung
in Ankara seit 1938 bemüht, ihre wirtschaftlichen Beziehungen zu anderen Staaten auszubauen. Ein erster Erfolg in dieser Richtung war der
Londoner Vertrag vom 27.5.1938 über eine Anleihe von 16 Millionen
Pfund Sterling, wovon 6 Millionen zum Ankauf von Rüstungsmaterial
bestimmt waren.«[44]

Die NS-Propaganda und ihr pantürkistischer Widerhall

Das NS-Regime war von Anfang an bestrebt, die wirtschaftliche Schwä-
che der Türkei auszunutzen, um sich politisch in der Türkei zu etablieren. Den Kern der NS-Propaganda in der Türkei bildete der Anti-

---

42   Vgl. Josef Ackermann, a.a.O., S. 491f.
43   Vgl. Lothar Krecker, a.a.O., S. 23.
44   Vgl. ebd., S. 24.

kommunismus, der aufgrund der freundschaftlichen Beziehungen der kemalistischen Regierung zur Sowjetunion aus deutscher Sicht von besonderer Bedeutung war. Diese Propagandaaktivitäten hatten sicherlich einen Anteil daran, dass u. a. sozialistisch orientierte Intellektuelle, Schriftsteller, Poeten, Künstler von der kemalistischen Regierung verfolgt wurden und das Verbot der TKP aufrechterhalten wurde.[45]

Besonders im Medienbereich übte die NS-Propaganda aktiven Einfluss aus. Unter der Ägide von Goebbels erschien die Zeitung *Signal*, die in französischer, deutscher, englischer und türkischer Sprache publiziert und vertrieben wurde. In Istanbul erschien weiterhin die deutschsprachige Tageszeitung *Türkische Post*, die der Verbreitung des Nazi-Gedankenguts diente. Auch der *Völkische Beobachter* und die *Deutsche Allgemeine Zeitung* konnten über die deutschen Buchhandlungen in der Türkei bezogen werden. Hinzu kam die Verbreitung von akademisch orientierten Zeitschriften mit NS-Ideen in der Türkei. So belieferten sechs deutsche Nachrichtenagenturen die Türkei regelmäßig mit »Informationen«.[46] Da das Verfasste und Publizierte lediglich Einfluss auf eine kleine, gebildete Schicht hatte, versuchten die NS-Propagandisten auch die Verbreitung des Rundfunks innerhalb der Türkei zu fördern.

Zehra Önder notiert: »Die Aktivität der NSDAP in der Türkei, die von Ribbentrop gefördert und von Papen organisiert wird, erstreckt sich auf alle Gebiete des öffentlichen Lebens. Im ganzen Land sind die deutschen Agenturen aktiv. Unter Papens Agenten befinden sich auch aus Russland in die Türkei eingewanderte Türken. Das Auswärtige Amt stellt Millionen Türkische Lira zu propagandistischen Zwecken zur Verfügung. So werden deutsche Zeitungen bis in entfernte Gegenden verbreitet und deutsche Bücher ins Türkische übersetzt. ... Ribbentrop erkennt genau die Gefahr, wie dadurch die antideutsche Haltung der türkischen Presse entsteht, und gibt Papen die Weisung, die türkische

---

45   Vgl. Kemal Bozay, Exil Türkei. Münster 2001.
46   Vgl. Johannes Glasneck: Methoden der Deutsch-Faschistischen Propagandatätigkeit in der Türkei vor und während des Zweiten Weltkriegs. Halle (Saale) 1966, S. 19.

Regierung aufzufordern, dagegen Maßnahmen zu ergreifen.« Ribbentrop selbst führte aus: »Dann aber erscheint es mir notwendig, dass
jetzt sofort der Versuch unternommen wird, auf die maßgeblichen Persönlichkeiten der türkischen Presse und des Rundfunks, die offenbar
von England gekauft sind, auch direkt einzuwirken. Ich bin bereit, zu
diesem Zweck sofort einige Millionen Devisen zur Verfügung zu stellen.«[47]

Die faschistische Regierung sorgte unter anderem mit Bestechung
dafür, dass Presse und Rundfunk zu ihren Gunsten Berichte und Nachrichten verbreiteten. So wurden im März 1941 mehrere Millionen
Reichsmark an türkische Presse- und Rundfunkanstalten gezahlt, um
die Berichterstattung pro-deutsch zu beeinflussen. Damit erreichten die
Nazis, dass während der deutschen Angriffe auf die Sowjetunion von
türkischen Zeitungen und Rundfunkanstalten nur Meldungen von Na-
ziagenturen verbreitet wurden.

Zu den Erfolgen der NS-Diktatur gehörte: Am 7. Dezember 1942
wurde die türkische Zeitung *Vatan* verboten, weil sie ein Bild Chaplins
in Hitlerpose auf der Titelseite veröffentlichte. Am 18. Juni 1941 hatten
Deutschland und die Türkei einen Vertrag unterzeichnet, in dem betont
wurde, dass die Presse- und Radioanstalten in den deutsch-türkischen
Beziehungen einen besonderen Platz einnehmen und eine gegenseitige
freundschaftliche Berichterstattung angestrebt wird. Seit 1942 erhielten die türkischen Tageszeitungen ihre Nachrichten und Informationen
durch die *Anadolu Ajansı* (Agentur Anatolien), die an das Presseamt der
türkischen Regierung gebunden war. Etwa 25 % der Nachrichten wurden vom *Deutschen Nachrichtenbüro* (DNB) und ca. 50 % von *Reuters*
übernommen. Im Mai 1942 entließ der Leiter des türkischen Presse-
amtes 26 jüdische MitarbeiterInnen der staatlichen *Anadolu Ajansı*. In
den Reihen des NS-Regimes wurde diese Säuberungswelle als Erfolg der
NS-Propaganda in der Türkei deklariert.[48]

---

47   In: Zehra Önder: Die türkische Außenpolitik im Zweiten Weltkrieg. In: Südost-
       europäische Arbeiten 73, München 1977. S. 138 f.
48   Vgl. J. Glasneck, a. a. O., S. 26.

Eine andere Taktik der NS-Propaganda in der Türkei war die Stärkung des Einflusses von »reichsdeutschen« Wissenschaftlern, die mit der Verbreitung ihrer Ideen wirken sollten. Berichte über entsprechende Spitzeltätigkeiten zeugen davon, wie etwa der über Prof. Dr. Christiansen, der beim Aufbau der Landwirtschaftlichen Fakultät in Ankara mitwirkte. Zudem waren von den türkischen Studenten, die sich im Ausland aufhielten, rund 80 % in Nazi-Deutschland. Auch durch ihren Einfluss hat man versucht, die Nazi-Propaganda in der Türkei zu stärken.[49]

Die deutschsprachigen Emigranten, die vor Nazi-Deutschland geflohen waren und Zuflucht am Bosporus gefunden hatten, wurden durch Nazi-Kreise in der Türkei verfolgt, ausspioniert und zum Teil bedroht. Dies gilt auch für die zahlreichen Professoren, Wissenschaftler, Künstler, Politiker und Lehrkräfte, die nach ihrer Flucht aus Deutschland in der Türkei tätig waren.

1939 erhielt Oberregierungsrat Herbert Scurla von der deutschen Regierung den Auftrag, einen Bericht über die Tätigkeit der exildeutschen Hochschullehrer an den türkischen Universitäten zu erstellen.[50] So reiste er im Mai 1939 im Auftrag des Reichserziehungsministeriums durch die Türkei, legte ein Dossier über die Tätigkeit deutscher Hochschullehrer an und versuchte in Gesprächen mit türkischen Regierungsvertretern deren Haltung gegenüber den Emigranten zu verändern – wenn auch mit bescheidenem Erfolg.

»Erfolgreicher« gestaltete sich die Arbeit der deutschen Konsularabteilungen in Istanbul und Ankara. Es gelang ihnen, die bereits vor 1933 in Istanbul lebende deutsche Kolonie gegen die Emigranten aufzuhetzen. Die offiziellen und offiziösen Einrichtungen wie die Deutsche Schule, das Krankenhaus, die Bibliothek, die deutschen und später auch österreichischen Vereine wurden von NS-Parteigängern geleitet und für Emigranten geschlossen. Die deutschen Konsulate versuchten mit allen nur denkbaren Mitteln, die Emigranten einzeln unter Druck zu setzen.

---

49   Vgl. ebd., S. 40.
50   Herbert Scurla: Die Tätigkeit deutscher Hochschullehrer an türkischen wissenschaftlichen Hochschulen. In: Klaus-Detlev Grothusen: Der Scurla-Bericht. Frankfurt a.M. 1987.

Angeworbene Spitzel und Spione beeinträchtigten dann tatsächlich das Klima unter den deutschsprachigen Emigranten.[51]

Die NSDAP-Auslandsorganisation war auch in der Türkei aktiv. Durch eine »Gleichschaltungspolitik« strukturierte man im »Interesse der Erstarkung der Volksgemeinschaft« ehemals unabhängig agierende Vereine und Einrichtungen zu NS-Gesinnungsvereinen um. Die Nazis versuchten auch Einfluss auf die Evangelische Kirche, das Deutsche Krankenhaus, deutsche Banken, das Deutsche Archäologische Institut, die Deutsche Schule und deutsche Buchhandlungen auszuüben. Wichtig waren auch politische Veranstaltungen von NSDAP-Parteifunktionären und der Hitler-Jugend, die mit ihrer politischen Präsenz einerseits ihren Einfluss in der Türkei stärken wollten, andererseits breite Propaganda gegen Emigranten machten.

1938 erhielten die Türkei-Emigranten sogar einen Fragebogen von der deutschen Botschaft in Istanbul, mit dem man versuchte, ihre persönliche Situation näher auszuforschen.[52] Gegen Exilwissenschaftler in Istanbul wurde auch die »deutsch-türkische waffenbrüderliche Vereinigung« tätig.

Eine weitere Ebene der NS-Propaganda in der Türkei war die Unterstützung von fanatisch-nationalistischen, pantürkistischen bzw. turanistischen Strukturen. Eine der ersten Organisationen pantürkischen Charakters, die nach Beginn des Zweiten Weltkriegs entstand, wurde von dem Hochschullehrer Zeki Velidi (Togan) ins Leben gerufen. Nachdem dieser 1933 entlassen worden war, arbeitete er als Hochschullehrer in Österreich und wurde dort von Nazi-Ideen beeinflusst. In der Folge setzte er sich stark für die fanatisch geprägten pantürkischen Ideale ein. Als er 1941 in die Türkei zurückkehrte, gründete er eine Geheimgesellschaft, die sich zum Ziel setzte, die türkische Bevölkerung in ganz Asien

---

51   Vgl. Anne Dietrich: Deutschsein in Istanbul. Nationalisierung und Orientierung in der deutschsprachigen Community von 1843 bis 1956. Opladen 1998, S. 175 f.; J. Cremer / H. Przytulla, a. a. O., S. 34 f.

52   Vgl. Der Scurla-Bericht, a. a. O., S. 29; vgl. auch Paul Leverkuehn: Der geheime Nachrichtendienst der Wehrmacht im Kriege. Frankfurt a. M. / Bonn 1964, S. 164 f.

in einem Großtürkischen Reich zu vereinigen und einen vollendeten, »reinrassigen« türkischen Staat zu errichten. Togans Stellvertreter Reha Oğuz Türkkan definierte in seinem Buch »Türkçülüğe Doğru« (In Richtung des Türkentums) den Begriff des Türkentums wie folgt: »Der neue Türkismus ist rassistischer Nationalismus. Die Reinheit des Blutes der türkischen Nation muss geschützt werden. Die nicht zur türkischen Rasse zugehörigen Völker und Minderheiten müssen vertrieben werden.«[53] Das pantürkistische Ziel: Mit Unterstützung des NS-Regimes sollte die türkische Regierung durch einen Staatsstreich beseitigt und durch eine nationalistische Diktatur, die eine pantürkische Rassenpolitik anstrebt, ersetzt werden. Türkkan, der später eine eigene Geheimgesellschaft gründete, verbreitete schon 1936/37 als Student turanistische Ideen. Er begann seine eigentliche Öffentlichkeitsarbeit jedoch erst mit der Herausgabe der Zeitschrift *Bozkurt* (Grauer Wolf) im Jahre 1939. Die panturanistische Bewegung, die sich um *Bozkurt* versammelte, versuchte, die Türkei an der Seite Nazi-Deutschlands in den Krieg zu treiben.[54]

Wichtige Vertreter der turanistischen Bewegung wie Nihal Atsız, Emin Erişirgil, Hüseyin Avni Göktürk, Remzi Oğuz Arık, Hamdi Ragip Atademir, Hıfzı Oğuz Bekata, Tahsin Banguoğlu oder Mazhar Şevket İpşiroğlu bekannten sich offen zu den rassistischen Nazi-Ideen. Hinzu kamen eine Reihe von Vereinen und Vereinigungen wie Bozkurt, Çınaraltı, Millet, Dönüm, die sich das Ziel setzten, im Rahmen des Turanismus das NS-Gedankengut in der Türkei fest zu verankern. Über solche Einrichtungen und Personen des öffentlichen Lebens versuchte das NS-Regime, in der Türkei ihre ideologischen Stützen sicherzustellen.[55]

Zugleich war der türkische Staat in der Frage der militärischen Beziehungen bestrebt, von den »Erfahrungen« Deutschlands zu lernen. Dies wird an einem Besuch einer türkischen Delegation von Geheimdienst-

---

53   Zitiert in: Hoffmann / Opperskalski / Solmaz: Graue Wölfe, Köln 1981, S. 54.

54   Charles Warren Hostler: Türken und Sowjets. Die historische Lage und diplomatische Bedeutung der Türkei und der Turkvölker in der heutigen Welt. Frankfurt a. M. / Berlin 1960, S. 217 f.

55   Vgl. Aslan/Bozay: Graue Wölfe heulen wieder. Münster 1997, S. 48 f.

lern und Polizeichefs deutlich. So geht aus einem geheimen Dokument des Reichssicherheitshauptamtes vom 7. Januar 1943 und aus einem geheimen Schreiben des SS-Gruppenführers und Staatssekretärs Karl Hermann Frank an den SS-Reichsführer und Chef der Deutschen Polizei in Berlin vom 26. Januar 1943 hervor, dass zwischen dem 18. Januar und dem 3. Februar 1943 eine prominente Delegation des türkischen Geheimdienstes bzw. der türkischen Polizeichefs nach Deutschland eingeladen wurde. Aus dem Geheimbericht und dem Programmablauf wird ersichtlich, dass neben Gesprächen mit SS-Beauftragten sowie der Besichtigung von SS-Führerschulen und des Reichskriminalpolizeiamtes »auf besonderen Wunsch« der Delegation die Besichtigung des Konzentrationslagers Sachsenhausen stattfand.[56]

Es fragt sich, welche Intentionen sich hinter der »besonders wünschenswerten« Besichtigung des KZ Sachsenhausen verbergen. Vor dem Hintergrund des Genozids an den Armeniern und der Deportation der kurdischen Bevölkerung liegt der Verdacht nahe, ob nicht offizielle Stellen in der Türkei daran interessiert waren, das deutsche Modell in die türkische Praxis umzusetzen.

Die Türkei im Zweiten Weltkrieg

Als Franz von Papen im April 1939 als deutscher Botschafter nach Ankara kam, bestand seine Aufgabe darin, die türkische Regierung von ihrer Politik der Neutralität nach allen Seiten abzubringen. Nachdem mit einer britisch-türkischen Deklaration vom 12. Mai 1939 diese neutrale Politik bekräftigt worden war, versuchte die deutsche Diplomatie, den Ausbau und die Verfestigung der von der Türkei gegenüber den westlichen Mächten übernommenen Verpflichtungen zu verhindern. Auch

---

56   Vgl. Geheimes Dokument des Reichssicherheitshauptamtes, Aktenzeichen: BLITZ RSHA AMT ROEM. – 6 Nr. 355 / 7.1.43. 1833 – WE. an den Reichsführer der SS und den Chef der deutschen Polizei vom 7.1.1943. Geheimschreiben des SS-Gruppenführers und Staatssekretärs Karl Hermann an den Reichsführer der SS und den Chef der Deutschen Polizei in Berlin, datiert auf den 26. Januar 1943.

dies misslang. Mit der türkisch-französischen Erklärung vom 23. Juni 1939 und mit dem Dreierpakt vom 19. Oktober 1939 hatte sich die Türkei formell auf die Seite der Westmächte gestellt.

In der Folge ging es dem Dritten Reiches darum, die Türkei trotz ihrer vertraglichen Bindung im Status der Nichtkriegsführung zu halten. Weder der italienische Kriegseintritt noch der Angriff Mussolinis auf Griechenland noch das deutsche Eingreifen auf dem Balkan hatten vermocht, die türkische Regierung zur Einlösung ihrer Verpflichtungen zu bewegen.

Folglich ging die diplomatische Initiative im Ringen um die politischen Entscheidungen der Türkei von der britischen weiter auf die deutsche Seite über. Diese war bestrebt, die Türkei mittels territorialer Versprechungen zu einer engeren Zusammenarbeit auf politischem, wirtschaftlichem und militärischem Gebiet zu bringen. Eine weitere Annäherung zwischen Deutschland und der Türkei wurde durch den Krieg gegen die Sowjetunion bedingt. In dieser Auseinandersetzung konnte die Türkei kaum verhehlen, dass sie auf deutscher Seite stand – mit dem Interesse an einer Ausschaltung der Sowjetunion als Machtfaktor.

Deutschland forderte die Solidarität der Türkei mit dem Argument ein, dass es mit dem Krieg gegen die Sowjetunion auch türkische Interessen vertrete. Als Begründung hierfür diente der Hinweis auf sowjetische Absichten, die Meerengen zwischen Mittelmeer und Schwarzem Meer zu besetzen. Gelegentlich wurden Andeutungen gemacht, dass es für die Stellung der Türkei in der geplanten europäischen Neuordnung nicht gleichgültig sein werde, ob sie sich während des Krieges abseits gehalten habe.

Schließlich war die deutsche Führung bemüht, sich der neutralen Haltung der Türkei zu versichern und zu verhindern, dass Ankara dem Drängen der Alliierten nachgeben und in den Krieg gegen Deutschland eintreten würde.[57] Zur Frage des Kriegseintritts gegen Deutschland gab es innerhalb der türkischen Regierung unterschiedliche Haltungen. Der türkische Außenminister Menemencioğlu erklärte: »Das Ziel unserer

---

57   Vgl. Lothar Krecker, a.a.O., S. 223 ff.

Politik ist, unsere Entschlussfreiheit bis zum Ende intakt zu halten. Ich bin mir klar darüber, dass, wenn wir früher in den Krieg eintreten, unsere Entschlussfreiheit zerstört und für die Politik meines Landes nicht das geringste gewonnen wird.«[58]

Trotz dieser unentschlossenen Haltung wurde auf der Konferenz von Teheran die Frage, wie die Türkei zum Kriegseintritt zu bewegen sei, ausführlich behandelt. Gleich im Anschluss an die Konferenzen von Kairo und Teheran erhielt Ismet Inönü, der Nachfolger Mustafa Kemal Atatürks, am 1. Dezember 1943 eine Einladung zu einem Treffen mit Roosevelt, Churchill und Wyschinski in Kairo. Die dortigen Gespräche (4.12.–6.12.1943) verliefen in sehr angespannter Atmosphäre. Inönü, begleitet von Außenminister Numan Menemencioğlu und Staatssekretär Cevad Açıkalın, nannte als Bedingung eines türkischen Kriegseintritts erneut einen gemeinsamen militärischen Aktionsplan und die Klarstellung einer mittelfristigen Perspektive. In seinem Bestreben, die Türkei auch weiterhin aus dem Krieg herauszuhalten, konnte sich Inönü die Unterschiede der Auffassungen Churchills und Roosevelts zunutze machen. Roosevelt war entsprechend den Bedenken seiner militärischen und politischen Berater gegen ein größeres Engagement auf dem Balkan und zeigte Verständnis für die Zurückhaltung der Türkei, was Inönüs Position gegenüber dem drängenden Churchill stärkte.[59]

Letztlich entschloss sich die Türkei, den Forderungen der Alliierten nachzugeben und die türkischen Chromlieferungen an Deutschland einzustellen sowie ihren übrigen Export dorthin um 50 % zu senken. Auf diese Weise hoffte die Türkei, wenigstens andere Rohstoffe nach Deutschland exportieren und dafür die dringend benötigten deutschen Investitionsgüter weiter erhalten zu können. Großbritannien und die USA erklärten sich kurzfristig bereit, das gesamte türkische Chrom zu kaufen, ohne jedoch den gleichen Preis wie Deutschland zahlen zu wollen. Unter Druck der Alliierten fasste die türkische Regierung schließlich den Entschluss, einen Wirtschaftsboykott gegen Deutschland zu

---

58   Zit. nach: ebd., S. 240.
59   Vgl. Lothar Krecker, a. a. O., S. 241.

verhängen. Die wirtschaftliche Lage der Türkei verschlechterte sich in der Folge dramatisch.[60]

Als nächsten Schritt forderten Großbritannien und die Vereinigten Staaten von der Türkei den Abbruch der Beziehungen zu Deutschland. Die Türkei gab dem Drängen der westlichen Alliierten nach und brach Anfang August 1944 die Beziehungen ab. Anfang September begann der Abzug der deutschen Truppen von den ägäischen Inseln. Im Januar 1945 öffnete die Türkei die Meerengen für bewaffnete Handelsschiffe der Alliierten. Die Große Nationalversammlung trat am 23. Februar 1945 zu einer Sondersitzung zusammen und beschloss die Kriegserklärung an Deutschland. Dies bedeutete zugleich die Ergreifung härterer Maßnahmen gegen die in der Türkei lebenden Deutschen. So mussten fast alle Deutschen und ihre Institutionen, die sich in der Türkei befanden – darunter auch fast alle deutschsprachigen Emigranten –, entweder die Türkei verlassen oder sie wurden in zentralanatolischen Städten interniert. Ausgenommen von dieser Internierung waren die deutschsprachigen Emigranten, die die türkische Staatsbürgerschaft erhalten hatten oder im hohen staatlichen Dienst der Türkei tätig waren.

---

60   Vgl. Zehra Önder, a. a. O., S. 228 ff.

II.
Das Erbe der Militärdiktaturen

»Defekte« Demokratie und »türkisch-islamische Synthese«

Mit der Gründung der Türkei als Republik wurden die dafür nötigen Institutionen geschaffen. Demokratischen Ansprüchen genügten sie indes nur bedingt: Sie konnten nur unter dem Befehl der Armee ihre Funktion ausüben. Die neue Elite aus Armee und Staatsapparat, die sich in der CHP organisiert hatte, war wie im Osmanischen Reich vom Militär geprägt und erhielt umfassende Privilegien im privaten und öffentlichen Leben. Sie beherrschte die Politik der Türkei jahrzehntelang.

Seit der Republikgründung von 1923 wurden die politischen Entscheidungen vom Militär entweder mit beeinflusst oder direkt bestimmt. In ihrer beherrschenden Stellung verstand sich die Armee als Beschützerin des heiligen Staates, der eine absolute Macht über die Bürger und die gesellschaftlichen Organisationen sowie Strukturen sicherte. Wer sich dem Staat gegenüber nicht loyal zeigte, musste mit entsprechenden Konsequenzen rechnen. In kritischen Situationen zeigte sich: Das aktive Eingreifen des Militärs in das politische Geschehen war stets fester Bestandteil der Geschichte der Türkischen Republik. Die verschiedenen Putsche wurden vom Militär immer wieder durch äußere bzw. innere »Staatsfeinde« gerechtfertigt. Diese zu »neutralisieren«, war »selbstverständlich« die Aufgabe des Militärs.

Diese Entwicklung setzt sich bis heute fort. Recep Tayyip Erdoğan versucht das Land aus einer »defekten« Demokratie in eine faktische

Diktatur umzuwandeln und legitimiert dadurch insbesondere nach dem gescheiterten Putsch vom 15. Juli 2016 eine neue, auch militärisch fundierte Machtstellung.

Die Demokratische Partei (DP) und der Militärputsch von 1960

Nachfolger Atatürks als Staatspräsident (1938–1950) und gleichzeitig Vorsitzender der CHP war der General Ismet Inönü. Nicht zuletzt wegen der staatlichen Repression gab es schon Mitte der 1940er Jahre Risse innerhalb der CHP-Eliten. Auch unter dem Druck der USA wurde 1946 das Mehrheitsparteiensystem eingeführt. Einige CHP-Opponenten traten aus der Partei aus und gründeten die »Demokratische Partei« (DP).

Als Gründer der DP spielten General Celal Bayar und Großgrundbesitzer Adnan Menderes eine zentrale Rolle. Im Mittelpunkt des Programms der DP standen die Demokratisierung des politischen Systems und die Liberalisierung der Wirtschaft auf kemalistischer Grundlage. Sie wollten die Gesellschaft modernisieren, aber die osmanische Tradition bewahren.

Mit den ersten freien Wahlen zur Nationalversammlung im Jahr 1950 erhielt die DP 415 von 487 Sitzen, die CHP nur 69, die restlichen drei gingen an Unabhängige (2) und an die national-konservative MP (1). Auch wenn durch das Wahlsystem die Sitzverteilung nicht das Wahlergebnis abbildete (DP 54,5 %, CHP 39,1 %), so war die bis dahin unangefochtene CHP-Ära beendet. Celal Bayar wurde Staatspräsident und Adnan Menderes Ministerpräsident.

Die Machtausübung beruhte mit der Regierungsübernahme durch die DP zum ersten Mal auf einer breiten gesellschaftlichen Basis. Die neuen Eliten, die so neu gar nicht waren, verfügten aber ebenfalls über keine demokratische Tradition.

Die DP unter der Führung von Menderes beteiligte sich aktiv an der Wiederbelebung des sunnitisch-nationalistischen Erbes der türkischen Nationalbewegung. Sie führte den Staat mit autoritären Mitteln, zu-

gleich liberalisierte sie wie angekündigt die Wirtschaft. Mit der rasan-
ten Urbanisierung entstand in den Städten eine proletarische Klasse. In
der zweiten Hälfte der 1950er Jahre stiegen die Staatsschulden und das
Handelsdefizit enorm. Die Menderes-Regierung versuchte, die öffentlichen Unruhen durch Repression zu kontrollieren. Unter diesen innenpolitischen Bedingungen putschte die Armee am 27. Mai 1960 und
entmachtete die DP-Regierung. Alle Mitglieder der Regierung wurden
verhaftet. Gegen sie gab es einen politisch und juristisch umstrittenen
Massenprozess vor einem Militärgericht. Der Ministerpräsident Adnan
Menderes und zwei Minister wurden wegen Amtsmissbrauchs zum Tode
verurteilt und hingerichtet. Damit machte die Armee deutlich, wer in
dieser Republik – wie auch schon im Osmanischen Reich – das Sagen
hat. Gegen den Putsch gab es kaum Widerstand, obwohl die DP große
Unterstützung in der Bevölkerung genoss.

Am 9. Juli 1961 wurde per Volksabstimmung eine neue Verfassung
eingeführt, die die alte, 1924 noch unter Atatürk verabschiedete Verfassung ablöste. Neben der Einführung einiger demokratischer Rechte
wurde die Schaffung des Nationalen Sicherheitsrates (MGK), der 1933
gegründet worden war, verfassungsmäßig legitimiert, was eine Institu-
tionalisierung der militärischen Macht bedeutete. Der Sicherheitsrat ist
eine Zusammensetzung aus Spitzenvertretern von Militär und Regierung. Er berät die Regierung in Fragen der inneren und äußeren Sicherheit. Seine Gebote sind keine Empfehlungen für die Regierung, sondern
Auflagen, die umzusetzen sind.

1964 betrat Süleyman Demirel die politische Bühne, der nach dem
Tod von Gümüşlas im Juni 1964 zum Parteivorsitzenden der 1961 gegründeten Gerechtigkeitspartei (AP) gewählt worden war. Demirel sollte über 40 Jahre lang die türkische Politik prägen. Die AP war eine he-
terogene Koalition aus Industriellen und kleinen Handwerksmeistern,
Kleinbauern und Großgrundbesitzern, konservativen Islamisten und
westlich orientierten Liberalen, wie es die 1961 verbotene DP gewesen
war. Demirel unterstrich den islamischen Charakter der AP und ihren
Respekt vor der Tradition. Und er führte eine antikommunistische Dau-
erkampagne mit ständiger Bekämpfung von linken Gruppen.

Die AP erlangte bei den Parlamentswahlen von 1965 52,8 Prozent und konnte sich mit dieser Mehrheit bis 1971 an der Macht halten. Durch ihre Politik einer »türkisch-islamischen Synthese« begann der Aufstieg des politischen Islam in der Türkei. Dieser war eng mit der Person Necmettin Erbakan verbunden. Während die linken Parteien verboten blieben, trat die Rechte in zwei neuen Parteien auf: der 1969 gegründeten faschistischen MHP (Partei der Nationalistischen Bewegung) unter dem ehemaligen Obristen Alparslan Türkeş und der 1972 gegründeten islamistisch-fundamentalistischen MSP (Nationale Heilspartei) unter Vorsitz von Necmettin Erbakan. Letztere war die Nachfolgepartei der nach dem Putsch von 1971 verbotenen »Partei der Nationalen Ordnung« (MNP).

Die Arbeiter- und Jugendbewegung und der Militärputsch 1971

Die Urbanisierung und Landflucht samt Entstehung eines neuen Industrieproletariats hatte auch Arbeitskämpfe und studentische Widerstände in den Großstädten zur Folge. Es entstanden Gewerkschaften und neue linke Parteien, an den Universitäten organisierten sich linke Studentenorganisationen und Netzwerke. Die neue Arbeiter- und Studentenbewegung war mit dem Regierungssystem der Türkei und seiner politischen Ausrichtung unzufrieden. Landesweit kam es zu Arbeitsniederlegungen, Straßenprotesten und zu einem Generalstreik. Die Regierung unter Süleyman Demirel konnte diesen Widerstand nicht aufhalten. Das Militär betrachtete die neue linke Bewegung als eine Gefahr für die Türkei und auch für die NATO. Zumal die NATO in der Türkei die sechste Flotte eingerichtet hatte, um potenzielle Kriegsvorbereitungen gegen die Sowjetunion und im Nahen Osten zu treffen.

Nachdem die Studentenbewegung in der Öffentlichkeit eine breite Akzeptanz gefunden hatte und erstmalig in der Geschichte der Türkei eine starke und organisierte fortschrittliche Bewegung entstanden war, kam es 1971 zum zweiten Putsch in der Türkei. Die Militärs übernahmen die Macht und begründeten ihren Staatsstreich mit der Aussage, dass der türkische Staat vom Kommunismus bedroht sei. Die Putschisten verstärkten ihre Macht durch die Errichtung eines geheimen »tiefen Staates« (derin devlet) noch mehr. Seit diesem Putsch spricht man daher von einem solchen parallelen Staat, der neben dem rechtmäßigen existiert, also einem Staat im Staate. Nach dem Putsch wurden die demokratischen Rechte, die die Verfassung von 1962 noch garantiert hatte, deutlich eingeschränkt. Der Demokratisierungsprozess wurde durch das Militär verhindert, woran sich die westlichen Bündnispartner überhaupt nicht störten. Vielmehr wurde dieser Militärputsch auch von der NATO mit der Begründung einer drohenden kommunistischen Gefahr aktiv unterstützt.

Am 12. März 1971 übergab der Generalstabschef dem Ministerpräsidenten Demirel ein Memorandum, in dem begründet wurde, dass eine starke und glaubwürdige Regierung in der Lage sein sollte, die linke Arbeiter- und Studentenbewegung niederzuschlagen und kemalistische Reformen durchzuführen. Demirel trat zurück und das Militär übernahm die Macht. Nach diesem Putsch wurden zahlreiche Arbeiter, Studenten und Intellektuelle festgenommen und verhaftet. Die bekannten Studentenführer Deniz Gezmiş, Yusuf Arslan und Hüseyin İnan, die zuvor die »Volksbefreiungsfront der Türkei« (THKO) gegründet hatten, wurden am 6. Mai 1972 mit Zustimmung des Parlaments hingerichtet. Die mit dem Putsch neu gebildete militärisch-technokratische Regierung konnte aber die politische Krise der Türkei nicht bewältigen.

Bereits im Juli 1971 wurde die sozialistisch orientierte »Arbeiterpartei der Türkei« (TIP) verboten. Zugleich wurden die islamistischen und nationalistischen Bewegungen – bzw. die genannten Parteien MSP und MHP – auch mit Unterstützung der türkischen Armee gegen die Linke organisiert.

Bei den Parlamentswahlen 1973 gewann die CHP, die sich inzwischen als sozialdemokratische Partei verstand. Deren Vorsitzender Bülent Ecevit hatte bereits ein Jahr zuvor durch eine Palastrevolte gegen Ismet İnönü die Parteiführung übernommen. Die CHP erreichte bei 33,5 % der Stimmen 185 Sitze. Die islamistische MSP unter Führung von Necmettin Erbakan erhielt 11,8 % und 48 Sitze. Damit war es einer islamistischen Partei erstmals gelungen, im politischen System der Türkei Fuß zu fassen. Die CHP wandelte sich von einer staatszentrierten und autoritären Partei hin zu einer scheinbar sozialdemokratischen Partei. Beide Parteien bildeten zusammen die neue Regierung. Die CHP versuchte mit neuem Anstrich die linke Bewegung unter staatliche Kontrolle zu bringen, während die MSP die Rolle übernahm, die islamistische Bewegung antikommunistisch auszurichten. Insofern ist die heutige nationalistisch-islamische Politik von Recep Tayyip Erdoğan, der damals Schüler von Erbakan war, ein Produkt aus dieser politischen Umbruchzeit.

Unter der neuen Regierungskoalition wurde 1974 Nord-Zypern okkupiert – mit der Begründung, dass die Türkei als »Garant der zypriotischen Türken« fungiere. Mit diesem Manöver spielte die Regierung die nationalistische Karte, auch um den Widerstand der Linken im Innern zu schwächen. Und doch konnte es die Repressionspolitik nicht verhindern, dass die sozialen und politischen Proteste der linken Arbeiter- und Studentenbewegung sich weiter ausbreiteten. Die wirtschaftliche Situation verschlechterte sich, und in dieser verschärften Lage konnte sich der Gewerkschaftsdachverband DISK (Konföderation der Revolutionären Arbeitergewerkschaften) mit prägnanten Forderungen in Stellung bringen. In dieser Phase der politischen Polarisierung sowie der wirtschaftlichen und sozialen Krisen wurden mehrere linke Persönlichkeiten, Gewerkschafter und Studenten durch paramilitärische und teilweise vom Staat unterstützte neofaschistische und islamistische Schlägertrupps auf offener Straße attackiert und teilweise ermordet.

Zwischen 1973 und 1980 konnten keine stabilen Regierungen gebildet werden. Allein zwischen 1975 und 1980 kam es zu fünf Regierungsbildungen, dreimal unter Süleyman Demirel[61] und zweimal unter Bülent Ecevit. Mehrere Tausend Menschen wurden in diesen fünf Jahren bei Unruhen getötet. Keiner der Mörder wurde vor ein Gericht gestellt.

---

61 Demirel spielte in der politischen Arena der Türkei eine große Rolle, darunter zwölf Jahre als Ministerpräsident und sieben Jahre als Staatspräsident.

Unter den Augen von Polizei und Regierungsstellen kam es zu Terrorak-
tionen der MHP und deren Jugendorganisation, den »Grauen Wölfen«.
In 19 Provinzen wurde das Kriegsrecht verhängt, verdeckte Aktionen
von (Militär-)Geheimdiensten heizten die Atmosphäre weiter an. Diese
politische Lage schuf für die Armee die Legitimation, wieder militärisch
zu intervenieren.

Am 6. September 1980 fand in Konya – die Stadt gilt als eine Hoch-
burg des organisierten islamischen Fundamentalismus – eine der bis dahin größten islamistischen Demonstrationen mit der Forderung nach
Abschaffung der Republik und Einführung der Scharia statt. Dies bot
dem Militär, das diese Geister teilweise selbst gerufen hatte, eine weitere Begründung dafür, das politische System des Landes wieder direkt
unter die eigene Kontrolle zu bringen. In dieser Situation putschte die
Armee am 12. September 1980 zum wiederholten Mal und trat durch
die Einrichtung einer neuen Militärjunta als Retter des Staates auf. Das
Parlament, dem es über sechs Monate nicht gelungen war, einen neuen
Präsidenten zu wählen, nahm man ohnehin nicht ernst.

Die Krise der türkischen Politik und der Militärputsch von 1980

Das türkische Militär konstruiert immer wieder äußere und innere Feinde, um sich selbst als unverzichtbar darzustellen und Grundrechte und
-freiheiten zu beschränken. Tatsächlich inszenierten sich die Generäle
in dem selbst so dargestellten sozialen und wirtschaftlichen Chaos als
Retter. Mit dem Putsch vom 12. September 1980 unter Führung des
Generalstabschefs Kenan Evren übernahm der Nationale Sicherheitsrat
die Macht, dem die Kommandeure der Teilstreitkräfte und der Gendarmerie angehörten. Dieses Mal wurde das Parlament aufgelöst und
die Verfassung außer Kraft gesetzt. Der Putsch richtete sich einmal
mehr gegen die Linke und auch gegen den politischen Aufbruch der
kurdischen Bewegung. Zwischen 1980 und 1984 wurden 50 Personen
– darunter auch der 17-jährige Schüler Erdal Eren – erhängt. Weitere
Hunderte Personen wurden ohne Gerichtsverfahren an Ort und Stelle

hingerichtet, über 610.000 Personen wurden verhaftet, viele von ihnen gefoltert. Die Zahl der »Verschwundenen« lässt sich kaum beziffern.

Der Führer der Putschisten und gleichzeitige Staatspräsident Kenan Evren verteidigte die vollstreckten Hinrichtungen bei einer Kundgebung am 3. Oktober 1984 in Muş mit den Worten: »Sollen wir die Verräter ernähren statt erhängen?« Diese Aussage wurde von der staatlichen Fernsehanstalt TRT am selben Tag in den Nachrichten gesendet. Noch immer genießen die Putschisten in der Türkei hohes Ansehen. Und die EU, die sich gerne auf die Menschenrechte beruft, verlangte zu keiner Zeit, die Putschisten vor Gericht zu stellen. Kenan Evren starb schließlich am 9. Mai 2015 in Ankara.

Durch diesen Putsch wurden vom Militär nahezu alle oppositionellen Gruppen und Organisationen zerschlagen – mit der Begründung, von ihnen gehe ein eine kommunistische Gefahr aus. Dabei gaben sich die Generäle überzeugt, dass die Wurzel der Krise der Türkei auf die Politisierung der Universitäten zurückzuführen war. Zwei Jahre nach dem Putsch sollte eine neue Verfassung Stabilität herstellen. Die militärische Macht ist mit dieser Verfassung noch einmal gestärkt worden. Darin wurde die türkisch-nationalistische Ideologie festgeschrieben. Die Verfassung wurde am 7. November 1982 unter der damals herrschenden Militärdiktatur durch eine sogenannte Volksabstimmung legitimiert, die aber unter höchst undemokratischen Bedingungen stattfand. Mit ihr wurde gleichzeitig Juntachef Kenan Evren zum Staatspräsidenten auf sieben Jahre gewählt. Unter Wahlpflicht wurde die neue Verfassung mit 91,2 Prozent Ja-Stimmen angenommen. Eine öffentliche Diskussion über die neue Verfassung hatte es nicht gegeben, kritische Stimmen waren durch Zensur weitgehend zum Schweigen gebracht worden. Das Parlament war ohnehin infolge des Putsches entmachtet worden, so dass der Verfassungsentwurf allein vom Militär ausgearbeitet wurde.

Die Verfassung, die in großen Teilen noch immer gilt, erklärt die staatliche Einheit zum übergeordneten Interesse. Die Generäle schafften es aber nicht, ein Zwei-Parteien-System zu installieren. Das Ergebnis war eine Verfassung, die den Staat vor der Gesellschaft zu schützen sucht und ihn klar über die Bürgerinteressen stellt.

Neoliberalisierung und Amerikanisierung unter Turgut Özal

Bei den Wahlen vom 6. November 1983 erreichte Turgut Özal mit seiner wirtschaftsliberalen »Mutterlandspartei« (ANAP) 45,1 % der Stimmen und 211 von 399 Sitzen im Parlament. Dass sich Özal, der nach dem Putsch bereits das Amt des stellvertretenden Ministerpräsidenten innehatte, während des Wahlkampfs vom Militär distanzierte, verhalf ihm offenbar zu dem deutlichen Wahlsieg.

Özal verfolgte eine Politik der wirtschaftlichen und politischen Liberalisierung. Er zeigte unterschiedliche Gesichter. Auf der einen Seite war er ein Bewunderer des Westens, auf der anderen Seite unterstützte er die islamischen Bewegungen. Die Gülen-Bewegung wurde damals durch die Regierung Özal begünstigt. In seiner letzten Phase sprach er von einer kurdischen Realität und von einer Lösung der kurdischen Frage durch einen politischen Dialog mit der PKK. Nach Öffentlichmachung seiner Ziele starb er 1993 auf mysteriöse Weise.[62] Nach dem Tod Özals begann die Regierung, die Linie zu verändern.

Die türkisch-islamische Synthese

Ein wichtiges Ergebnis des Militärputsches von 1980 war die ideologische Verfestigung der »türkisch-islamischen Synthese«, die im Laufe der Jahre durch die Regierungen immer mehr verankert wurde. Das Konzept dieser Synthese als gegenwärtiges Kernideologem des türkischen Nationalismus wurde in den 1970er Jahren im Umkreis des »Heims für Intellektuelle« (Aydınlar Ocağı) entwickelt. Dieser Zusammenschluss nationalistisch und rechtspopulistisch orientierter Wissenschaftler, Unternehmer und Publizisten verstand sich im Rahmen des

---

62   Unüblicherweise wurde nach dem Tod Özals keine Obduktion angeordnet. Erst
     2012 führten türkische Gerichtsmediziner eine Autopsie an den sterblichen Überresten durch. Dabei fand man im u. a. Knochenmark der Leiche Spuren des Giftes
     Strychnin (vgl. Michael Mertens: Türkei – Spekulationen über Vergiftung Özals, in:
     FAZ, 2.11.2012).

gesellschaftlichen Diskurses als ein Gegenpol zu dem Einfluss linker und fortschrittlicher Ideen.

Der zentrale Kerngedanke der türkisch-islamischen Synthese ist die Vorstellung der Untrennbarkeit von türkischen nationalen und islamisch-sunnitischen Bestandteilen in der türkischen Geschichte. Ferner ist sie der Versuch, eine neue türkische Identität aufzubauen, in der türkisch-nationalistische mit islamischen Ideologien und Bewegungen verbunden werden.

Politischen Rückhalt findet die türkisch-islamische Synthese in nahezu allen konservativ-nationalistisch und islamisch orientierten Bewegungen, vom rechtsextremen Lager bis hin zu national-konservativen sowie islamistischen Parteien. Die Fokussierung auf den Islam war insbesondere für die rechtsextreme Bewegung sehr nützlich: Sie diente als »Rekrutierungsfaktor«.

Die türkisch-islamische Synthese, die auch in der gegenwärtigen Türkei unter Erdoğan einen wichtigen Platz einnimmt, sorgte für die Verschmelzung von verschiedenen politischen Lagern auf nationalistisch-islamischer Grundlage. So rücken insbesondere bei politisch aufgeladenen nationalen Fragen (wie z. B. rund um die kurdische, armenische und alevitische Frage sowie um den Zypern-Konflikt) häufig alle konservativen, nationalistischen und islamischen Bewegungen bzw. Parteien bis hin zur sozialdemokratischen CHP zusammen und bilden eine Einheit.

Durch die gesamte Geschichte der türkischen Republik hindurch wurde immer wieder die Angst vor dem Separatismus und der Spaltung geschürt, auf die sich der türkische Staatsnationalismus gründet. Dahinter verbirgt sich auch die historische Existenzangst, dass die Türkei durch äußere und innere Feinde zu einer Spaltung gedrängt würde. Hier ist auch die im Rahmen der Kurden-Politik reproduzierte Kriegshysterie einzuordnen. Das nutzt gerade auch die AKP-Regierung sowie Staatspräsident Erdoğan für seinen politischen Machterhalt aus. So ist auch das Bündnis zwischen der islamischen AKP und der rechtsextremen MHP zu verstehen, die eine Zeit lang als politische Rivalen galten.

Machtkampf zwischen alten und neuen Eliten:
Islamisierung, tiefer Staat und ein kalter Putsch

Nach dem Tod Özals prägten Tansu Çiller als Ministerpräsidentin, die
erste Frau in diesem im Amt, und Süleyman Demirel als Staatspräsident
die türkische Politik. Bei den Parlamentswahlen von Dezember 1995
wurde die »Partei des Rechten Weges« (DYP) unter der Führung Çillers
drittstärkste Kraft (19,2 %) hinter der islamistischen Wohlfahrtspartei
(Refah Partisi / RP, 21,4 %) von Necmettin Erbakan und der von Mesut
Yılmaz geführten ANAP (19,7 %).

Bevor Erbakan tatsächlich Ministerpräsident wurde, kam es noch zu
einem knapp dreimonatigen Zwischenspiel einer Minderheitsregierung
aus ANAP und DYP. Diese kam erst zustande, nachdem der damalige
Generalstabschef im Parlament ein Machtwort gesprochen und die beiden Parteien zu konstruktiven Koalitionsverhandlungen bewegt hatte.[63]
Kurz nach seiner Bildung zerbrach das Regierungsbündnis wieder – Tansu Çiller wurden frühere Unregelmäßigkeiten bei Privatisierungen vorgeworfen. Daraufhin ging die DYP im Juni 1996 eine Koalition mit der
Refah Partisi ein. Der Aufstieg des politischen Islam in der Türkei erlebte
damit einen vorläufigen Höhepunkt, auch wenn Erbakan nur ein Jahr
lang Ministerpräsident bleiben sollte. Çiller indes verlor als vermeintliche Vorkämpferin des Kemalismus massiv an Glaubwürdigkeit.

Derweil erreichte die Kriegshysterie in den kurdischen Provinzen
eine neue Qualität. Es wurden paramilitärische Organisationen gegründet, die im öffentlich-politischen Raum als Sondereinheiten des »tiefen
Staates« (derin devlet) bekannt waren. Diese Einheiten töteten zahlreiche
Kurden, darunter auch Journalisten, Schriftsteller und kurdische Politiker. Im Zuge dessen wurden hunderte kurdische Dörfer zerstört, entvöl-
kert und zwangsevakuiert. Diese repressive (Kriegs-)Politik Çillers und
Erbakans passte auch problemlos in die militärische Linie des Nationalen
Sicherheitsrates (MGK) – so sie nicht von diesem vorgegeben wurde.

---

63   Die Regierung wurde von der Demokratischen Linkspartei (DSP) und von der Gro-
     ßen Einheitspartei (BBP) toleriert. Letztere war im Parlament vertreten, weil gewähl-
     te Abgeordnete der ANAP zu ihr übergelaufen waren.

Der Unfall von Susurluk,
der »tiefe Staat« und das Ergenekon-Netzwerk

Das Phänomen der im Staatsapparat existierenden Geheimstrukturen
wird in der Türkei oft als »tiefer Staat« bezeichnet. Dieser bestand zunächst aus Teilen der traditionellen Machtinstanzen wie Militär, kemalistischer Elite, Geheimdienstkreisen, Justizapparat, Nationalem
Sicherheitsrat, Grauen Wölfen und paramilitärischen Strukturen sowie
teilweise aus radikalen Islamisten. Seine Vertreter sind in den Kontroll-
gremien von Hochschulen und Medien zu finden, sie leiten Polizeibe-
hörden und Zeitungsredaktionen, sitzen im Parlament und bekleiden
wichtige Ämter im Generalstab. Auch der Militärische Pensionsfonds
(OYAK) zählte zum Netzwerk des »tiefen Staates«. Der OYAK entwickelte sich mit Hilfe einer Holding zum fünftgrößten Konzern der
Türkei mit entsprechender Finanzkraft. Deswegen ist in der Türkei mit
»Staat« vor allem die politische Kontrollebene des Militärs gemeint. Im
Zuge der voranschreitenden Entmachtung kemalistischer Strukturen
unter der AKP-Regierung ist inzwischen auch von einem »grünen tiefen
Staat« die Rede.

Obwohl ein »tiefer Staat« von offizieller Seite immer wieder geleugnet wurde, kam seine Existenz am 3. November 1996 durch einen
Autounfall bei Susurluk (Provinz Balıkesir) ans Tageslicht. Bei dem Ereignis, das bisher zur Aufklärung illegaler Organisationen im Staatsapparat am weitesten geführt hat, wurden in dem verunglückten PKW
Pistolen, Maschinengewehre und Schalldämpfer sichergestellt. Noch
interessanter ist die Zusammensetzung der Insassen: ein mit falschen
Dokumenten sowie einem vom Innenministerium ausgestellten Diplo-
matenpass ausgestatteter, von Interpol gesuchter rechtsextremer Unter-
weltboss, Abdullah Çatlı, die ebenfalls unter falschem Namen reisende
einstige Geliebte eines ermordeten Unterweltbosses, Gonca Us, der Istanbuler Polizeipräsident, Hüseyin Kocadağ, und ein Abgeordneter der
DYP, Sedat Bucak aus Urfa, der dank Staatshilfe über bewaffnete Gangs
verfügte. Alle Personen, außer Bucak, kamen bei dem Unfall ums Leben.
Der Verdacht der Existenz eines »tiefen Staates« wurde somit erstmals
erhärtet – und in der politischen Öffentlichkeit skandalisiert. Diese Ver-

flechtung offenbarte, wie Politiker, Teile der Sicherheitskräfte und Personen aus dem organisierten kriminellen sowie rechtsextremen Milieu an einer Reihe von Morden an kurdischen Geschäftsleuten, Schriftstellern, Journalisten, Politikern und Intellektuellen beteiligt waren. Auch wenn das Parlament mehrere Untersuchungsausschüsse bildete und der damalige Ministerialinspektor Kutlu Savaş einen »Susurluk-Bericht« vorlegte, der diese Machenschaften und Verflechtungen benannte, wurde dieser Vorfall größtenteils unaufgeklärt gelassen.

Nach Auffassung des damaligen Generalstabschefs Doğan Güneş wurden diese Personen in der Öffentlichkeit zu Unrecht verurteilt. Aufschlussreich auch: Obwohl das türkische Parlament die Immunität der kurdischen Abgeordneten im Jahr 1994 schnell aufgehoben hatte, wurde an der von Bucak nicht gerührt. Die damalige Vize-Regierungschefin und Außenministerin, Tansu Çiller (DYP), verteidigte Bucak und Çatlı. Sie adelte Çatlı mit folgenden Worten: »Diejenigen, die sowohl für den Staat schießen als auch erschossen werden, sind ehrenhaft«. Nach Offenlegung der Verflechtungen waren führende Kreise um Schadensbegrenzung bemüht und betonten, dass jeder Staat solcherlei schmutzige Angelegenheiten kenne.

Die Verbindungen zeigten, dass staatliche Stellen mit rechtsextremen Strukturen bzw. den Grauen Wölfen und der türkischen Mafia zusammenarbeiteten, um insbesondere kurdische Geschäftsleute und Politiker, die der Unterstützung der PKK verdächtigt wurden, aus dem Weg zu räumen. Dies ging einher mit einer großen Zahl ungeklärter Morde an Kommunalpolitikern, Journalisten und Zivilisten in den kurdischen Provinzen. Als Präzedenzfall ist »Şemdinli« 2005 zu nennen: In der Stadt im Dreiländereck Türkei–Iran–Irak explodierte eine Handgranate in einem Buchladen, was zu einem Toten und vielen Verletzten führte. Zwei der Verdächtigen gehörten der Gendarmerie an. Der Chef der Geheimdienstabteilung der Polizei, Sabri Uzun, beantwortete eine Frage der Parlamentarischen Untersuchungskommission zum Fall Şemdinli wie folgt: »Wenn der Dieb bereits im Hause ist, nützt kein Schloss mehr.« Nach dieser Aussage wurde er seines Amtes enthoben. Seine Antwort bestätigte, wie der »tiefe Staat« im politischen System der Türkei verankert ist.

Provokateure, die dem »tiefen Staat« zugerechnet werden, gehörten in erster Linie islamistischen und rechtsextremen Kreisen an. Innerhalb des türkischen Staates hatten sich paramilitärische Kräfte etabliert, die jenseits von demokratischer Kontrolle und Gesetzlichkeit agierten und sich als Hüter der Republik darstellten.

Nach dem Unfall von Susurluk, dem Auffliegen der sogenannten »Atabeyler-Bande« aus türkischen Offizieren und dem Attentat von Şemdinli wurden im Januar 2008 – unter der AKP-Regierung – 33 Mitglieder einer rechtsextremen Geheimorganisation unter dem Decknamen »Ergenekon«[64] festgenommen. Sie sollen Mordanschläge auf mehrere Prominente geplant haben. Von der Verteidigung der Prinzipien des Kemalismus war die Rede, von notwendigen Maßnahmen gegen feindliche ausländische Mächte, die die Türkei hätten spalten wollen, gegen »kurdische Separatisten« und gegen türkische Intellektuelle, denen »Feindunterstützung« vorgeworfen wurde. Zu den akzeptierten Mitteln dieses Kampfes gehören politische Morde, Drogenhandel und Zusammenarbeit mit dem organisierten Verbrechen.

Der Organisation wurde unter anderem vorgeworfen: der Priestermord an Andrea Santoro, ein Anschlag gegen die linkskemalistische Tageszeitung *Cumhuriyet*, der Mord an Verwaltungsrichter Mustafa Yücel Bilgin, illegaler Waffenbesitz (aus Militärbeständen), Bildung einer terroristischen Vereinigung und Verschwörung zur Ermordung zahlreicher Intellektueller und Politiker.

Zu den Menschen, die zum »Wohl der Nation« sterben sollten, gehörten unter anderem Literatur-Nobelpreisträger Orhan Pamuk, die prominenten (pro-)kurdischen PolitikerInnen Ahmet Türk, Leyla Zana

---

64 Die Ergenekon-Legende steht mit mystischem Ursprung für die Urheimat der Türken. Gegenwärtig steht »Ergenekon« für eine nationalistische Untergrundorganisation in der Türkei, die seit den 1990ern bis Mitte 2013 als paramilitärisches Netzwerk agierte. Zu diesem Verschwörungsnetzwerk gehörten Militärangehörige, Geschäftsleute, Politiker, Journalisten, Rechtsanwälte u. a. Dieses Netzwerk hätte angeblich durch Terror und Desinformation den Sturz der AKP-Regierung bezweckt. Zwischen 2007 und 2013 wurden mehrere (Ex-)Militärs, Politiker, Geschäftsleute, Rechtsanwälte und Journalisten als Ergenekon-Mitglieder verhaftet und 2013 zu hohen Haftstrafen verurteilt.

und Osman Baydemir. Mit politischen Morden wurde eine »Strategie der Spannung« verfolgt: Es sollte zuerst Chaos im Lande gestiftet werden, um so ein Klima herbeizuführen, das einen Militärputsch rechtfertigt, wie es bei den vorangegangenen Staatsstreichen der Fall gewesen war.

Zudem habe Ergenekon die Nachricht verbreitet, dass drei mit Sprengstoff beladene Kleintransporter in Istanbul unterwegs seien. Mit dieser Nachricht sollte Unruhe in der Bevölkerung geschürt werden. Ein weiterer Vorwurf ist, dass die Gruppe daran gearbeitet habe, TürkInnen und KurdInnen gegeneinander aufzuhetzen und durch ethnische Konflikte die gewünschten gesellschaftlichen Spannungen zu erzeugen.

Der berüchtigtste Mann unter den Festgenommenen war einer, von dem in der Türkei wohl niemand gedacht hätte, dass er jemals verhaftet würde: Veli Küçük, ehemaliger Brigadegeneral und Gründer des Geheimdienstes der Gendarmerie (JITEM). Küçük gilt als Ideologe und Organisator von »Ergenekon«. Sein Name wurde im Zusammenhang mit fast allen politischen Mordfällen der vorangegangenen Jahre genannt. Obwohl er mit den Susurluk-Ermittlungen in Verbindung gebracht wurde, hat man ihn niemals verhört. Küçük wurde 2004 von der Zeitung *Sabah* mit den Worten zitiert: »Ich bereue nichts. Ich habe immer nur die Befehle meines Staates ausgeführt.«

Die Idee solcher Netzwerke steht in Zusammenhang mit sogenannten Stay-behind-Organisationen aus dem Umfeld der NATO, die oft in Anlehnung an die in Italien aufgeflogenen Strukturen als Gladio-Einheiten bezeichnet werden. Die NATO-Strategie während des Kalten Krieges konzentrierte sich erklärtermaßen darauf, im Falle einer Besetzung der NATO-Gebiete durch den Warschauer Pakt Sabotageakte durchzuführen. Tatsächlich wurden die »Geheimarmeen«[65] mit Bombenattentaten, etwa in Italien (Bahnhof von Bologna) oder Deutschland (Oktoberfest), ebenso in Verbindung gebracht wie mit Militärputschen (Griechenland, Türkei).

65　　Vgl. Daniele Ganser: NATO-Geheimarmeen in Europa. Inszenierter Terror und verdeckte Kriegsführung. 6. Auflage. Zürich 2014.

Als Rache beantragte der nationalsäkulare kemalistische Generalstaatsanwalt Abdurrahman Yalçınkaya am 14. März 2008 beim Verfassungsgericht das Verbot der Regierungspartei AKP samt ihrer politischen
Führer,[66] obwohl Erdoğan sich mit der Armee im Kampf gegen die PKK
auf einen gemeinsamen Kurs geeignet hatte. Darin sah er die Chance, an
eine Praxis der Parteienverbote anzuknüpfen, mit dem seit Anfang der
1960er Jahre über 20 Parteien aufgelöst wurden. Darunter befand sich
2009 auch die pro-kurdische DTP (Partei für eine demokratische Gesellschaft), für deren Verbotsantrag von 2007 derselbe Generalstaatsanwalt
verantwortlich zeichnete – damals mit Unterstützung Erdoğans.

Nach der ersten Welle der Verhaftungen von Mitgliedern der Ver-
schwörungsgruppe»Ergenekon« zeigte sich: Der Vorwurf, diesem Netzwerk anzugehören, wurde bald scheinbar beliebig auf AKP-Gegner ausgeweitet. So wurden nach Angaben der türkischen Nachrichtenagentur
Anadolu auch der Vorsitzende der Arbeiterpartei (IP), Doğu Perinçek,
der Chefredakteur der großen Tageszeitung *Cumhuriyet* und einer ihrer
Kolumnisten, Ilhan Selcuk, sowie der frühere Rektor der Universität
Istanbul, Kemal Alemdaroğlu, am 21. März 2008 in Istanbul und Ankara festgenommen. Selcuk und Alemdaroğlu wurden am selben Tag
wieder freigelassen, durften das Land aber nicht verlassen. Laut der türkischen Nachrichtenagentur *Anadolu* gehörten die drei Männer dem
Ergenekon-Netzwerk an. In diesem Zusammenhang befanden sich 13
weitere Verdächtige in Haft. Ziel dieses nationalistischen Netzwerkes
bestünde darin, die Türkei vor der Globalisierung abzuschotten und
den Annäherungsprozess an die EU zu unterminieren. Den Zusammenschluss nannten sie neben Ergenekon auch »kızılelma« (roter Apfel).

Am 31. März 2008 entschied das türkische Verfassungsgericht, die
Anklageschrift des Generalstaatsanwalts einstimmig anzunehmen. Da-
rin wurde der AKP vorgeworfen, ein »Kristallisationspunkt antisäkularer
Aktivitäten« zu sein. Zudem forderte Generalstaatsanwalt Yalçınkaya ein

---

66   An jenem 14. März 2008 bewegte sich ansonsten nicht viel im Land: Erstmals seit
     zwanzig Jahren fand ein breit angelegter Generalstreik gegen die Pläne zur Reform
     der Sozialversicherung statt. Erdoğan bewertete die Arbeitsniederlegung als rechts-
     widrig und stellte die Gewerkschaftsfunktionäre in der Öffentlichkeit als Lügner dar.

fünfjähriges Berufsverbot für 71 führende AKP-Politiker, darunter Ministerpräsident Erdoğan und Staatspräsident Abdullah Gül. Die Klage gegen Gül wurde mit einem Stimmenverhältnis von 7:4 zugelassen, obgleich der Staatspräsident Immunität genießt.[67]

Die Ergenekon-Ermittlungen und das Verbotsverfahren gegen die AKP waren ein Teil des Machtkampfes der kemalistischen Elite und nationalistischer Kreise auf der einen sowie der islamistisch geprägten AKP und religiösen Kräften auf der anderen Seite. Die Kemalisten konnten sich in dem Verfahren schließlich nur sehr bedingt durchsetzen. Der Verbotsantrag scheiterte denkbar knapp: Zwar stimmten sechs von elf Richtern dafür, die notwendige Mehrheit von sieben Stimmen wurde aber verpasst. So kam die AKP mit einer Verwarnung wegen »antilaizistischer Umtriebe« davon.

Letzte Machtdemonstrationen der alten kemalistischen Elite

Zurück in die 1990er Jahre: Im Sinne der bereits genannten »türkisch-islamischen Synthese« hatten die alten kemalistischen Eliten eine Islamisierung zwar teilweise gezielt gefördert, behielten aber zunächst die feste Kontrolle über den Staatsapparat.

Die Koalitionsregierung unter Ministerpräsident Erbakan bestand seit Juni 1996, als der Nationale Sicherheitsrat Ende Februar 1997 der Regierung Maßnahmen auferlegte, die für die regierende Wohlfahrtspartei unannehmbar waren. Im Juni 1997 trat Erbakan zurück. Das Militär hatte dieses Mal also eher zu indirekten Methoden gegriffen und einen sogenannten kalten Putsch durchgeführt. Dies war allemal klüger als die direkte Übernahme der Regierungsgewalt. Auch dieser Putsch wurde gerechtfertigt, indem innere Staatsfeinde kreiert wurden. Diese zu bekämpfen, war »selbstverständlich« die Aufgabe des Militärs.

Wenige Monate später zog auch die Justiz nach: Die Wohlfahrtspartei wurde vom türkischen Verfassungsgericht verboten. Erbakan und sechs weitere führende Funktionäre erhielten mehrjähriges Be-

---

67   Vgl. ARD-Text vom 31.3.2008.

rufsverbot. Dieses Urteil bestätigte 2001 der Europäische Gerichtshof für Menschenrechte. Nichtsdestotrotz war es Erbakan in seiner kurzen Regierungszeit gelungen, viele seiner Anhänger im Staatsdienst und an wichtigen Schaltstellen unterzubringen.

Als Nachfolgepartei der RP wurde 2001 die inhaltlich identische Tugendpartei (FP) gegründet. Die Wähler entschieden sich im April 1999 jedoch unter dem Eindruck der Verhaftung und Verschleppung des PKK-Führers Abdullah Öcalan vom Februar für eine nationalistische Wende. Die linksnationalistische »Demokratische Linkspartei« (DSP) von Bülent Ecevit gewann die Wahlen mit 22,2 Prozent der Stimmen. Gefolgt wurde sie von der rechtsextremen MHP von Devlet Bahçeli (18,0 %), mit der sie zusammen eine Koalition bildete, in die als dritte Fraktion die ANAP unter Mesut Yılmaz (13,2 %) eintrat.

Bei den nächsten Wahlen 2002 blieben alle drei Koalitionsparteien jeweils unter der Zehn-Prozent-Hürde und waren im türkischen Parlament nicht mehr vertreten.

Als 2001 auch die vierte Partei Erbakans verboten wurde, kam es zum endgültigen Bruch zwischen den Parteiflügeln. Die Traditionalisten sammelten sich um den Erbakan-Flügel in der »Partei der Glückseligkeit« (Saadet Partisi / SP), die bei den Wahlen 2002 und 2007 ca. zwei Prozent der Stimmen erhielt. Die andere Gruppe gründete 2001 unter Recep Tayyip Erdoğan die neue »Partei für Gerechtigkeit und Entwicklung« (AKP), die am 3. November 2002 mit 34,2 Prozent der Stimmen aufgrund des Wahlsystems die Regierung allein bilden konnte.

Die Islamisierung der Türkei unter der AKP

Die Religion als ein Machtfaktor hat in Geschichte und Gegenwart der türkischen Gesellschaft stets eine bedeutende Rolle gespielt. Die Parteien, das Militär und die Staatselite insgesamt setzten den sunnitischen Islam gezielt als ein politisches Instrument ein. Durch die Instrumentalisierung der Religion für die Machterhaltung ist der islamische Fundamentalismus im türkischen System selbst zu einem wichtigen Macht-

faktor geworden. In der Türkei wurden Wahlkämpfe daher immer auch
mit religiösen Parolen und Aussagen geführt.

Neben bzw. zusammen mit dem Islam hat auch der türkische Nationalismus in der Gesellschaft tiefe Wurzeln geschlagen. Bereits die
Jungtürken und auch Atatürk wollten einen homogenen türkischen
Nationalstaat, unter dem der sunnitische Islam einen sehr großen und
institutionellen Einfluss hat. Damit wollte sich die kemalistische Republik vom Osmanischen als Vielvölkerstaat Reich abgrenzen. Wer kein
Muslim war, blieb außen vor. Diese Tradition hielt sich über Jahrzehnte
und wird heute von der AKP mit neuer Qualität und teilweise unter
Aushöhlung kemalistischer Prinzipien weiter fortgesetzt.

Als die AKP 2002 ihren ersten Aufschwung erlebte, führte die Öffentlichkeit – insbesondere viele Kreise aus dem konservativ-nationalistischen bis hin zum liberalen Lager – vermehrt die Diskussion, ob sich
die Partei vom politischen Islam lösen und sich zu einer »konservativ-
liberaldemokratischen« Partei umformen würde. Auch in den USA und
der EU, einschließlich Deutschlands, wurde Erdoğan zu Beginn meist
als bloß frommer Politiker und die AKP als »gemäßigte islamisch-konservative« Partei dargestellt. In Vergessenheit geriet, dass das ideologische
Fundament der AKP ursprünglich von der Milli-Görüş-Bewegung (Bewegung der Nationalen Sicht) von Necmettin Erbakan gelegt wurde.

Das Vorgehen der AKP und Erdoğans ist durch das islamische Prinzip der »Takiye« (arabisch: »Taqiya«) legitimiert. »Takiye« hat eine sozio-
kulturelle und rituelle Dimension und bedeutet so viel wie Täuschung
oder Verleugnung. Diese Methode erlaubt und verpflichtet sogar im islamischen Sinne zur Lüge und Verstellung sowie zur taktisch motivierten
(meist politischen) Täuschung gegenüber Nicht-Muslimen bzw. einer
»feindlichen Umgebung«. Das so legitimierte Verbergen und Verheim-
lichen des eigenen Glaubens ermöglicht es, Ziele konfliktfrei zu erreichen. Diese Taktik zeichnete längere Jahre auch die Gülen-Bewegung
aus. Ebenso stützte sich die Wohlfahrtspartei unter Erbakan in ihren
politischen Argumenten auf die »Takiye«. Durch dieses Instrument hat
es auch die AKP geschafft, durch eine »verborgene« Islamisierung den
Staatsapparat zu durchsetzen und schließlich zu dominieren.

Für die AKP war es unter diesen Bedingungen einfach, in der politischen Öffentlichkeit ihre Islamisierungspolitik als einen Demokratisierungsprozess auszugeben. Die AKP hat im Sinne der »Takiye« ihre verborgene Agenda einer langfristigen Islamisierung der Türkei nicht in den Vordergrund gestellt, sondern vielmehr die scheinbare Demokratisierung der Türkei. Deshalb war der sogenannte Reformprozess der AKP von Anfang an durch Ambivalenzen und Widersprüche gekennzeichnet.

Bei der Islamisierung der Türkei konnte die AKP an die genannte »türkisch-islamische Synthese« aus der Zeit nach dem Militärputsch von 1980 anknüpfen. Kemalistische Militärs hatten die türkisch-islamische Synthese de facto als Staatsideologie anerkannt. Sie diente – mit der Unterstützung der NATO – als Bastion gegen die kommunistische Gefahr. Dass die einstigen Urheber und Vertreter der »türkisch-islamischen Synthese«, mithin die Wegbereiter der AKP, unter der religionspolitisch stark radikalisierten Politik der AKP entmachtet wurden, gehört zur Ironie der Geschichte.

Schon Demirel und Özal verfügten über enge Beziehungen zu religiösen Kreisen – islamischen Ordensgemeinschaften, Sekten und Parteien der rechten Mitte – und zögerten nicht, mit Hilfe islamischer Symbolik um Stimmen in ländlichen Regionen zu werben. Erbakan nutzte dann die Möglichkeit, die islamischen Werte und Normen wiederzubeleben. Auf dieser Grundlage verfolgt die AKP seit 2002 mehr und mehr panislamistische und nationalistische Ziele, zu deren Erreichung Erdoğan innenpolitisch pragmatische Kooperationen eingeht. So ist auch die je nach Konjunktur enge Zusammenarbeit mit der rechtsextremen MHP zu einzuordnen.

Auch die Außenpolitik der AKP hatte innenpolitische Implikationen: Sie war von Anfang an von der Einsicht geleitet, dass die zunächst verfolgte Annäherung an die EU mit dem scheinbaren »Demokratisierungskonzept« die Partei gegenüber dem Militär stärke.

Die Erdoğan-Regierung ging auch deshalb zunächst gegen den »tiefen Staat« vor. Hierbei erwies sich der damalige Weggefährte und Verbündete Fethullah Gülen als nützlich: Dessen Bewegung war im Justizapparat gut organisiert und hatte dort wichtige Positionen besetzt. Mit dem Vorgehen gegen das Ergenekon-Netzwerk gelang es, ein wichtiges Machtzentrum der alten kemalistischen Eliten zu schwächen. Zudem verbündete sich die AKP für einige Zeit mit dem konservativ-liberalen Establishment, das daran glaubte, dass Erdoğan die defekte Demokratie der Türkei nach europäischer Vorstellung demokratisieren wollte.

In diesem Geist stand auch ein 2009 verabschiedetes Gesetz, dass das Militär erstmals der zivilen Gerichtsbarkeit unterstellte. 2010 untermauerte ein erfolgreiches Referendum über Verfassungsänderungen diesen Erfolg. Als sich Erdoğan 2010 weigerte, drei Generäle zu befördern, galt das als Ausdruck einer Machtfülle, mit der er sich gegen das Militär durchsetzen konnte.

Die Erziehungsgewerkschaft Eğitim-Sen stellte in einem Bericht dar, dass die Zahl der »Imam-Hatip-Schulen«, die als staatliche Berufsfachgymnasien für die Ausbildung von Imamen (Vorbeter) und Predigern agieren, zwischen 2002 und 2016 von 71.000 auf 1.136.000 anstieg. Damit schuf die AKP einen Raum für das Erstarken von verschiedenen radikalen islamischen Bewegungen, Ordensgemeinschaften und Sekten, die gegenwärtig in Regierungsstellen wichtige Positionen bekleiden.

Die Re-Islamisierung der Türkei hat sich in der Regierungsära der AKP Schritt für Schritt vollzogen. Dabei versuchten Erdoğan und seine AKP auch, eine Vorreiterrolle bei der globalen Stärkung des politischen Islam einzunehmen. Hierzu gehört die immer stärker werdende Hinwendung zu sunnitisch-islamischen Gesellschaften und Strömungen weltweit.

Zumindest vordergründig änderte man auch den Kurs gegenüber Israel durch Infragestellung von dessen Palästina-Politik. Das wurde deutlich, als das Passagierschiff »Mavi Marmara« im Mai 2010 trotz israelischen Embargos von Istanbul aus Hilfsgüter in den von Israel isolierten Gazastreifen liefern wollte. Als die israelische Marine die »Mavi Marmara« enterte, wurden neun Aktivisten der Bewegung getötet, darunter acht türkische Staatsbürger und ein türkischstämmiger US-Bürger, und rund 40 verletzt. Dagegen protestierte die türkische Regierung scharf.

Einen Eklat hatte der damals noch als Ministerpräsident amtierende Erdoğan Ende Januar 2009 auf einer Konferenz im Rahmen des Weltwirtschaftsforums in Davos ausgelöst. Auf einer Podiumsdiskussion vor großem Publikum und laufenden Kameras kam es im Rahmen einer Debatte zum Nahost-Konflikt zu einem Streitgespräch zwischen Erdoğan und Israels Präsidenten Shimon Peres. Erdoğan kritisierte in seiner Rede, dass die Vermittlungsversuche seiner Regierung zwischen Israel und Syrien auch bezüglich der Hamas gescheitert seien, weil Israel kurz vor der Einigung mit seiner ganzen militärischen Offensivkraft den Gaza-Streifen angegriffen habe. Als Peres als nächster Redner das Wort ergriff, verteidigte er das politische und militärische Vorgehen seines Landes gegen die radikal-islamische Hamas im Gaza-Streifen. Nachdem Erdoğan, dem kaum Redezeit zum Thema erteilt wurde, mit der Aussage »one minute« erfolglos versuchte zu intervenieren, verließ er verärgert das Podium. Mit den Worten »Ich glaube nicht, dass ich nach Davos zurückkommen werde«, stapfte er von der Bühne, auf der UNO-Generalsekretär Ban Ki Moon, Amr Mussa, Generalsekretär der Arabischen Liga, und Shimon Peres saßen. Nach diesem Vorfall wurde Erdoğan auch im Zuge der Umbruchsituation durch den Arabischen Frühling in vielen islamisch geprägten Ländern als Held gefeiert. Auf einer diplomatischen Reise durch arabische Länder wurde er mit Plakaten und Transparenten begrüßt, die die Aufschrift »One minute!« trugen.

Unter dieser Oberfläche war man sich mit Israel, das der türkischen Armee jahrelang bei der Bekämpfung der PKK zur Hilfe gekommen war, an anderen, militärischen Fronten einig. Bei dem Ziel, den syrischen Staat zu zerstören, unterstützte auch Israel Dschihadisten der – zwischenzeitlich umbenannten – Nusra-Front. Dass die Türkei diesen Al-Qaida-nahen Einheiten, wie auch anderen islamistischen Gruppen, half, zeugt in ideologischer Hinsicht zudem von der Rolle, die das Land bei der Verbreitung des politischen Islam einzunehmen versucht.

Zugleich hat die Türkei innenpolitisch vielen islamischen und islamistischen Bewegungen einen neuen Raum für ihre Radikalisierung und Propaganda geboten – insbesondere im Zuge des Krieges in Syrien.

Die Türkei: Ein Betätigungsfeld für IS-Kämpfer?

Dokumente und Medienberichte belegen, dass zahlreiche IS-Kämpfer im Zuge des Syrien-Krieges ihre Ausbildung in Camps in der Türkei – insbesondere im Grenzgebiet zu Syrien – erhalten haben. Ein Teil der IS-Kämpfer wurde beispielsweise in der türkischen Stadt Adana ausgebildet.[68] Nach der militärischen Ausbildung wurden sie über einen türkisch-syrischen Grenzübergang zurück in die syrische Stadt Raqqa gebracht.

Zudem kamen Waffenlieferungen in zivilen LKWs aus der Türkei zu IS-Stützpunkten. Hasnain Kazim, der als *Spiegel*-Reporter aufgrund seiner Berichterstattung aus der Türkei ausgewiesen wurde, berichtete, dass Militärs am 19. Januar 2014 in der türkischen Provinz Adana drei Lastwagen auf dem Weg nach Syrien stoppten.[69] Bei deren Fracht habe es sich um eine geheime Waffenlieferung gehandelt – begleitet vom türkischen Geheimdienst MIT. Der damalige Ministerpräsident Erdoğan erklärte dazu:»Sie dürfen keinen Lastwagen des Geheimdienstes MIT stoppen, Sie haben dazu keine Befugnis! Diese Lastwagen transportierten humanitäre Hilfsgüter.« Der damalige Chefredakteur der *Cumhuriyet*, Can Dündar, und der *Cumhuriyet*-Reporter Erdem Gül wurden verurteilt, weil sie darüber berichteten, wie der türkische Geheimdienst Waffen an IS-Terroristen geliefert habe. Als Beleg veröffentlichten sie Fotos von einem Waffentransport. Erdoğan war empört über diesen Artikel und stellte gegen die beiden Journalisten persönlich Strafanzeige wegen Spionage. Sie wurden im Mai 2016 wegen Veröffentlichung von Staatsgeheimnissen für schuldig befunden. Dündar legte Revision ein und flüchtete nach Deutschland.[70]

Zahlreichen Medienberichten zufolge verfügte der »Islamische Staat« in der Türkei über mehrere Zellen und Netzwerke.[71] Ein Teil dieser Ter-

---

68   Vgl. Welt online, 11.9.2014; Cumhuriyet, 30.6.2016; n-tv online, 6.8.2016.
69   Vgl. Spiegel online, 17.1.2015.
70   Vgl. Can Dündar: Lebenslang für die Wahrheit. Aufzeichnungen aus dem Gefängnis. Hamburg 2016.
71   Vgl. Ali Ergin Demirhan, 29.6.2016, in: sendika.org.

rornetzwerke agierte demnach jahrelang in verschiedenen Städten der Türkei (etwa in Istanbul, Ankara, Adana, Gaziantep und Adıyaman) und verfügt auch weiterhin über Einfluss auf verschiedene islamistische Strömungen, Bewegungen, Stiftungen, Koranschulen, Bildungseinrichtungen u. ä. Viele IS-Kämpfer wurden zudem aus der Türkei rekrutiert. Auch die Türkei selbst wurde von zahlreichen Bombenanschlägen bzw. Selbstmordattentaten des IS erschüttert, die in Diyarbakır, Suruç/Urfa, Ankara, Gaziantep und Istanbul stattfanden.

Der erste größere Anschlag islamistischer Terrormilizen ereignete sich am 5. Juni 2015 in der kurdischen Metropole Diyarbakır im Rahmen einer Großveranstaltung der pro-kurdischen HDP (Demokratische Partei der Völker) anlässlich der Parlamentswahlen. Dabei kamen drei Menschen ums Leben, über 200 wurden verletzt. Die Bombe explodierte während der Rede des Co-Vorsitzenden der HDP, Selahattin Demirtaş. Unter Berufung auf die Staatsanwaltschaft meldete die Nachrichtenagentur DHA, dass ein Mann wegen »vorsätzlicher Tötung« und der »Mitgliedschaft in einer Terrororganisation« verhaftet wurde. Durch eine von der Regierung erlassene Nachrichtensperre wurde der öffentliche Zugang zu Informationen verhindert. Kurze Zeit später, am 20. Juli 2015, kam es zu einem Selbstmordattentat des IS in Suruç/Urfa, etwa zehn Kilometer von der syrischen Grenze entfernt. Diesmal richtete sich das Attentat gegen eine Begegnung der »Föderation der Sozialistischen Jugendvereine« (SGDF), der Jugendorganisation der »Sozialistischen Partei der Unterdrückten« (ESP). Zahlreiche Jugendliche aus verschiedenen Teilen der Türkei hatten sich im Amara Kulturzentrum Suruç versammelt, um beim Aufbau eines Kinderdorfs in Kobanê zu helfen. Dabei starben 34 Jugendliche und 76 Personen wurden teils schwer verletzt. Dieser Anschlag ging ebenfalls auf das Konto des Islamischen Staates. Zeitgleich rief Abu Bakr al-Bagdadi, damaliger Führer der Terrormiliz, in einer Audiobotschaft zu weiteren Anschlägen in der Türkei auf.

Zwei weitere Explosionen ereigneten sich am 10. Oktober 2015 im Zentrum der Hauptstadt Ankara vor dem Beginn einer türkeiweiten Friedensdemonstration, mit der die Regierung aufgefordert wur-

de, den Krieg in den kurdischen Regionen sofort einzustellen und die
Kriegspolitik in Syrien zu beenden. Aufgerufen hatten Gewerkschaften,
Dachverbände und demokratische Parteien wie DISK, KESK, die »In-
genieure- und Architektenkammer der Türkei« (TMMOB) und der
»Ärztebund der Türkei« (TTB). Durch Explosionen wurden 102 Men-
schen getötet und über 500 verletzt. Infolge der vom Staat verhängten
Nachrichtensperre waren die Ermittlungen nicht mehr transparent. Me-
dien berichteten, dass staatliche Stellen schon im Vorfeld über geplante
IS-Anschläge informiert gewesen seien und dennoch – manche sagten:
gerade deshalb – in der Nähe des Vorfalls keine Polizei anzutreffen war.[72]
Zudem verfestigte sich in den öffentlichen Diskussionen die Meinung,
dass sich die Attentate und Bombenanschläge der Terrormiliz IS in der
Türkei in erster Linie gegen politische Veranstaltungen von KurdInnen
und von linken, demokratischen Kräften richten.

Mit Beendigung der Friedensverhandlungen zwischen der türkischen Regierung und der PKK intensivierte das Militär den Krieg in
den kurdischen Gebieten erneut. Im Juli 2015 hatte Erdoğan öffentlich
erklärt, dass er die Friedensverhandlungen mit der PKK nicht anerken-
ne und keine Verhandlung mit »Terroristen« führe. Gerade nach dem
Erfolg der HDP bei den Parlamentswahlen im Juni 2015 wurden Maßnahmen gegen kurdische Einrichtungen weiter verschärft. So wurden
mehrere Parteibüros der HDP, kurdische Einrichtungen und Kulturzentren attackiert, verwüstet und teilweise in Brand gesteckt. Daraufhin
verließ die HDP im September 2015 die Übergangsregierung in der
Türkei.[73] Der Europaminister Ali Haydar Konca und der Aufbauminis-
ter Müslüm Doğan – beide HDP-Politiker und Minister in der Übergangsregierung – warfen dem Ministerpräsidenten Davutoğlu und dem
Staatspräsidenten Erdoğan vor, aus wahltaktischen Gründen den Krieg

---

72   Vgl. Zeit online, 10.10.2015; Welt / N24 online, 10.10.2015; taz, 11.10.2015; junge
     Welt, 15.11.2016.

73   Die Übergangsregierung (Kabinett Davutoğlu II) bestand von August bis November
     2015. Ihr gehörten neben den AKP- und zwei HDP-Abgeordneten eine Reihe von
     parteilosen Ministern an. Nach den Neuwahlen im November konnte die AKP mit
     einer absoluten Mehrheit der Sitze allein regieren.

in den kurdischen Regionen weiter zu eskalieren und in der Türkei Konflikte zwischen Türken und Kurden anzuheizen.

Nachdem die IS-Angriffe mit den Attentaten von Paris und Brüssel eine internationale Dimension erreicht hatten, nahm der Islamische Staat auch in der Türkei das öffentliche Leben – und den Tourismus – ins Visier. Mit dem Überfall auf den Nachtclub »Reina« im bürgerlichen Herzstück von Istanbul erreichten die islamistischen Aktivitäten am Silvesterabend 2016 einen neuen Höhepunkt. Dabei wurden 39 Menschen getötet und viele verletzt. Mit diesem Anschlag wurde auch jener Teil des Bürgertums der modernen Türkei getroffen, der mit seinem Vergnügungsverhalten den islamischen Ordnungsvorstellungen Erdoğans nicht entspricht. Das Attentat trug zur Spaltung der türkischen Gesellschaft bei und verschärfte weiter die Trennlinien zwischen dem liberalen Bürgertum und dem islamisch orientierten Lager.

Bereits vor dem Attentat hatten AKP-nahe Medien Silvester wochenlang als Fest von Ungläubigen bezeichnet, und auf dem Istanbuler Taksim-Platz waren Flugblätter gegen anstehende Feierlichkeiten verteilt worden. Zudem hatte die staatliche Religionsinstitution Diyanet zuvor im Rahmen des Freitagsgebetes in allen Moscheen der Türkei eine Fatwa veröffentlicht, in der Silvester-Feierlichkeiten als unislamisch bezeichnet wurden.[74] Der Führer der islamischen Sekte »İsmailağa Cemaati«, Cübbeli Ahmet Hoca, erklärte bereits vor dem Reina-Attentat: »Wir müssen jeden Einzelnen im Namen Allahs davon abkehren lassen, dass er Silvester und Weihnachten feiert! Um Gottes willen, wenn der Glaube verloren geht, werden wir uns nie wieder von der Hölle befreien können! Würdest du feiern, wenn auch der Mörder deines Vaters feiert? Daher nehme nicht teil an den Feierlichkeiten des Mörders deines Vaters und der Feinde deiner Religion. Feiere kein Weihnachten und Silvester! Wenn du das Fest der Ungläubigen feierst, wird Allah dich mit Ungläubigen verseuchen!«[75] Bei Cübbeli Ahmet Hoca handelt es sich keineswegs um einen einfachen Vertreter einer islamischen Gemeinde in der

74   Vgl. CNN Türk, 30.12.2016.
75   Vgl. Birgün, 1.1.2017.

Türkei, vielmehr ist er auch für seine guten Kontakte und Beziehungen zu wichtigen AKP-Kreisen bekannt. Die Kritik wurde lauter, mit diesen Geistern hätte man letztlich auch die Attentate gerufen.

Mit der Entwicklung in Syrien, dem neueren Auskommen mit Russland und der Bedrohung durch den IS auf türkischem Terrain musste Erdoğan seine Strategie gegenüber dem Islamischen Staat ändern. Zumal sich abgezeichnet hatte, dass die Terrormilizen sowohl im Irak als auch in Syrien an Kraft verloren und auch aus der Perspektive Erdoğans nicht mehr in der Lage waren, Erfolge gegen die kurdische Front zu erzielen. Vielmehr wollte er sich auch nicht isolieren angesichts des Verlaufs des Syrien-Kriegs.

Die »defekte« Demokratie

Defekte Demokratien werden definiert als Herrschaftssysteme, »die sich durch das Vorhandensein eines hinreichend demokratischen Wahlregimes zur Regelung des Herrschaftszugangs auszeichnen, aber durch Störungen in der Funktionslogik der übrigen Teilregime die komplementären Stützen verlieren, die in einer funktionierenden Demokratie zur notwendigen Sicherung von Freiheit, Gleichheit und Kontrolle notwendig sind.«[76] Defekte Demokratien sind nach der Auffassung des Politikwissenschaftlers Wolfgang Merkel nicht notwendigerweise Übergangsregime, die sich zur Wiedererlangung ihres systematischen Gleichgewichts entweder zu demokratischen oder autokratischen Regimen entwickeln. Dies trifft auf das politische System der Türkei zu, wo sich die »defekte Demokratie« als Herrschaftsordnung etabliert hat.

Das politische System der Türkei stützt sich nach der geltenden Verfassung auf eine repräsentative Demokratie. Sie beruht nach westlichen Maßstäben auf dem Prinzip von Legislative, Exekutive und Judikative. In der Praxis wird die Gewaltenteilung jedoch kaum eingehalten. Die Insti-

---

76   Wolfgang Merkel: »Eingebettete« und defekte Demokratien: Theorie und Empirie. In: Offe, Claus (Hrsg.): Demokratisierung der Demokratie. Diagnosen und Reformvorschläge. Frankfurt a.M. 2003, S. 63.

tutionen, die verfassungsgemäß eigentlich unabhängig von der Exekutive sein müssten, unterliegen deren Kontrolle und der des Militärs.

Seit dem Übergang zum Mehrheitsparteiensystem im Jahre 1946 werden die Abgeordneten formal in allgemeinen, freien, geheimen und direkten Wahlen gewählt. Das Wahlsystem wurde immer wieder gemäß der politischen Lage und Konstellation des Landes verändert. Dahinter steht insbesondere die Idee, linke und pro-kurdische Parteien vom Parlament auszuschließen. Deshalb existiert in der Türkei auf parlamentarischer Ebene eine oft kritisierte Sperrklausel von 10 %. Dennoch hat es die HDP geschafft, bei den Wahlen im Juni 2015 und bei den Neuwahlen im November 2015 diese Klausel jeweils zu überwinden.

Das Wahlrecht zeigt, dass das politische System der Türkei von einer defekten Demokratie geprägt wird. Ferner gibt es einen Mangel an innerparteilicher Demokratie, welches mit dem autoritären Machtgefüge der Gesellschaft und der Parteienlandschaft zusammenhängt. Die meisten Parteien verlangen von ihren Abgeordneten absolute Loyalität zur Parteiführung. Dieses autoritäre Grundgerüst der auch innerparteilich defekten Demokratie lässt sich am Beispiel der politischen Praxis der AKP unter Erdoğan sehr gut skizzieren. In seiner Regierungszeit als Ministerpräsident hat Erdoğan mehrere Male das eigene Kabinett aus führenden AKP-Abgeordneten umgebildet. Kabinettsmitglieder und Staatsminister erfuhren über Medien, dass sie abgesetzt wurden – ebenso wie deren Nachfolger, dass sie einberufen wurden.

Eine Zuspitzung erfuhr diese antidemokratische Machtpraxis durch die Absetzung des damaligen Ministerpräsidenten Ahmet Davutoğlu im Mai 2015. Hierbei handelte es sich vor allem um einen Machtkampf zwischen Erdoğan und Davutoğlu, was eine Regierungskrise auslöste. Erdoğan warf die Loyalitätsfrage auf und verdächtigte Davutoğlu, seine Macht untergraben zu wollen.[77] Dabei ging es vor allem um die Auseinandersetzung um die zu der Zeit angestrebte Verfassungsänderung zur Einführung eines Präsidialsystems.[78] Erdoğan war bestrebt, alle

---

77 Vgl. Cumhuriyet, 6.4.2016; Cumhuriyet, 12.4.2016.
78 Vgl. Birgün, 5.5.2016.

Stolpersteine, die seine Macht als Staatsoberhaupt hätten unterminieren können, zu beseitigen. Nach einem Gespräch mit Erdoğan musste Davutoğlu einen Sonderparteitag einberufen und seinen Rücktritt als Ministerpräsident erklären. Zum neuen Ministerpräsidenten verkündete Erdoğan seinen Weggefährten Binali Yıldırım.

Deutsch-türkische Beziehungen im Schatten militärischer Zusammenarbeit und politischer Repression

Die wirtschaftliche und militärische Zusammenarbeit zwischen Deutschland und Türkei erreichte während des Ersten Weltkrieges einen vorläufigen Höhepunkt. Grundlage dafür waren die guten Kontakte zwischen dem Kaiserreich und dem Osmanischen Reich sowie die militärische Neuorganisation des osmanischen Heeres durch den Reichsgeneralfeldmarschall Helmuth Karl Bernhard von Moltke (1836–1839). Dieser begleitete Sultan Mahmud II. auf dessen Reise durch die Donaufürstentürmer und richtete dabei eine Verteidigungslinie gegen Russland ein. 1838 beteiligte er sich auch an der Belagerung der kurdischen Stadt Cizre, auch »Feldzug gegen ›Bedhan Bey‹« genannt.[79] Zur Geschichte der militärischen Zusammenarbeit gehört auch der Völkermord an den Armeniern von 1915, bei dem mittlerweile eine deutsche Beteiligung belegt ist.[80]

Mit der Niederlage im Ersten Weltkrieg kühlten die Beziehungen beiderseits ab. 1924 kam es zum besagten Freundschaftsvertrag zwischen Deutschland und der noch jungen Türkischen Republik. 1932 verwaiste der Posten des deutschen Botschafters für rund zwei Jahre; dafür wurden die militärischen Beziehungen weiter gepflegt. Auch nach 1933 bildete das deutsche Militär türkische Soldaten mit aus, während

---

79   Vgl. Kai Merten: Untereinander, nicht nebeneinander. Das Zusammenleben religiöser und kultureller Gruppen im Osmanischen Reich des 19. Jahrhunderts. Münster 2013, S. 168.

80   Vgl. Jürgen Gottschlich: Beihilfe zum Völkermord. Deutschlands Rolle bei der Vernichtung der Armenier. Berlin 2015.

deutsche Rüstungsunternehmen Exporte in die Türkei verbuchten und sogar eine dortige Waffenindustrie mit aufbauten.[81] Mit Beginn des Zweiten Weltkrieges änderten sich die deutsch-türkischen Beziehungen wie oben beschrieben.

Der zweite Mann nach Atatürk, Ismet Inönü, galt als begeisterter Anhänger der NS-Ideologie und tendierte während des Zweiten Weltkrieges dazu, sich auf die Seite Deutschlands zu stellen. Aber die wirtschaftliche Lage der Türkei durchlief eine Krise, und das Land konnte nicht noch einmal riskieren, einen Krieg zu verlieren. Deshalb verhielt sie sich neutral, brach aber erst im August 1944, als sich die Kriegsentscheidung abgezeichnet hatte, die diplomatischen Beziehungen zu Nazi-Deutschland ab. Auf Druck der Alliierten musste die Türkei symbolisch Deutschland den Krieg erklären, wodurch sie im Folgejahr mit der Gründungsmitgliedschaft der Vereinten Nationen belohnt wurde.

Mit dem bilateralen Anwerbeabkommen von 1961 kamen die ersten sogenannten Gastarbeiter aus der Türkei nach Westdeutschland. Dass zu der Zeit das türkische Militär durch einen Putsch die Macht direkt übernommen hatte, störte die Bundesregierung kaum. Im Zuge des Militärputsches von 1980 erhielten zwar viele türkeistämmige Oppositionelle Asyl in Deutschland, doch die diplomatischen Beziehungen zum NATO-Partner Türkei erfuhren keinerlei Bruch.

Eine Welle der Kriminalisierung von militanten linken Organisationen aus der Türkei gab es mit dem 1983 von der Bundesregierung erlassenen Verbot von Dev-Sol (Revolutionäre Linke) und Halk-Der (Volksvereine), zumal im Ausländergesetz das politische Betätigungsverbot von MigrantInnen auch weiterhin galt. Anlass für das Verbot von Dev-Sol war eine Konsulatsbesetzung Anfang November 1982 in Köln anlässlich des Verfassungsreferendums in der Türkei. Es gilt als das erste Verbot einer Auslandsorganisation in der Bundesrepublik Deutschland.

Im November 1993 folgte das PKK-Verbot durch den damaligen Innenminister Manfred Kanther. In der Folge wurden in Deutschland Dutzende politische AktivistInnen verhaftet und zahlreiche Verfahren

---

81 Vgl. wikipedia.org (»Deutsch-türkische Beziehungen«).

wegen Verwendung verbotener Symbole bzw. unerwünschter Parolen eröffnet. Die Behörden verweigerten Tausenden KurdInnen wegen ihres politischen Engagements die Einbürgerung oder verfügten Ausweisungen wegen angeblicher Unterstützung terroristischer Aktivitäten, die sich bei näherem Hinsehen oftmals auf die Teilnahme an legalen Demonstrationen und Veranstaltungen beschränkte. Aber auch andere linke Organisationen aus der Türkei gerieten zunehmend ins Visier der Strafverfolgungsbehörden.

Seit dem sogenannten Flüchtlingsabkommen zwischen der Türkei und der EU und verstärkt noch infolge des verhängten Ausnahmezustands werden Zehntausende politische GegnerInnen der AKP verhaftet. Auch die Repressionen gegen in Deutschland lebende türkische und kurdische Oppositionelle werden weiter ausgeweitet. Seit April 2015 werden in Deutschland wieder vermehrt kurdische AktivistInnen festgenommen und verurteilt. Zudem kam es im Juni 2016 in München zu einem Prozess gegen zehn Mitglieder der »Konföderation der Arbeiter aus der Türkei in Europa« (ATIK). Der Vorwurf: Mitgliedschaft und Unterstützung der TKP/ML, die in Deutschland nicht offiziell verboten ist.

Derweil betonte Kanzlerin Merkel, dass sie die politischen Entwicklungen in der Türkei »mit Sorge verfolgt«. Hinter der Kriminalisierung der exilpolitischen Aktivitäten in Deutschland steht auch der Flüchtlingsdeal mit der Türkei. Merkel reiste Mitte Oktober 2015 trotz des hohen innenpolitischen Drucks in die Türkei, womit sie Präsident Erdoğan kurz vor den am 1. November 2015 anstehenden Wahlen politische Rückendeckung gab. Grund für Merkels Besuch war der von Frans Timmermans, dem Vizepräsidenten der EU-Kommission, ausgehandelte Aktionsplan zur Verhinderung von weiteren Flüchtlingsbewegungen in die EU. Im Rahmen dieses Deals verpflichtete sich die Türkei zur Verschärfung von Grenzkontrollen, zur Abschottung gegenüber Geflüchteten und zu deren Rücknahme. Als Gegenleistung sollten finanzielle Mittel fließen und Erdoğans Regierungskonstrukt von westlicher Seite gebilligt werden. Zudem wurde der bereits vor den Wahlen im November 2015 vorliegende EU-Fortschrittsbericht zur Lage in der Türkei unter Verschluss gehalten, um die Erdoğan-Regierung nicht an den entsprechenden Kritiken messen zu müssen.[82] In dem EU-Fortschrittsbericht ging es schließlich um Aspekte wie Verletzung von Menschenrechten, Presse- und Meinungsfreiheit, Korruption sowie um die deutliche Verlangsamung des sogenannten Reformprozesses.

Eine Belastung erlebten die deutsch-türkischen Beziehungen auch im Rahmen der Armenien-Resolution. Der Bundestag verabschiedete Anfang September 2016 eine Resolution, in der die im Osmanischen Reich begangenen Massaker an den Armeniern als Völkermord bezeichnet wurden. Zuvor hatten AKP-nahe Medien und Vereinigungen gegen deutsche – insbesondere türkeistämmige – PolitikerInnen aus nahezu allen Fraktionen gehetzt. Auch türkisch-nationalistische Lobbyorganisationen riefen zu Provokationen und Diffamierungen von türkeistämmigen Bundestagsabgeordneten auf. Die regierungsnahe DITIB als islamischer Dachverband stellte sich gegen die Resolution und erklärte öffentlich, dass sie sich nicht von den PolitikerInnen vertreten fühle, die diese Resolution unterzeichneten. Erdoğan griff die türkeistämmigen Bundestagsabgeordneten in öffentlichen Ansprachen ebenso heftig an. In einer Polemik gegen Cem Özdemir (Grüne) erklärte er: »Manche sagen, das seien Türken. Was denn für Türken bitte? Ihr Blut muss durch einen Labortest untersucht werden.« Im Zuge dessen wurden mehrere PolitikerInnen bedroht. Zur Haltung der DITIB und von türkischen Verbänden erklärte Aydan Özoğuz (SPD): »Ich erwarte von den türkischen Verbänden in Deutschland, dass sie die Drohungen gegen uns Abgeordnete deutlich verurteilen und zu einer Versachlichung der Debatte beitragen.« Özdemir erklärte gegenüber der *Frankfurter Allgemeinen Sonntagszeitung*: »Man muss die Resolution nicht gut finden. Aber türkische Organisationen müssen ohne jede Hintertür die Mordaufrufe verurteilen. Da kann es keine zwei Meinungen geben.«[83]

Grundsätzlich gilt für den Flüchtlingsdeal: Deutschland und die EU setzen in der Frage der Grenzkontrollen auf die Unterstützung seitens

---

82   Vgl. Spiegel online, 10.11.2015.
83   FAZ.net, 11.6.2016.

des »Türstehers« Türkei, blenden aber faktisch aus, dass die türkische Regierung durch den wieder aufgenommenen Krieg in den kurdischen Gebieten sowie durch die Repressionspolitik selber neue Fluchtbewegungen und politische Instabilität produziert. Ein Konzept zur Integration von Geflüchteten aus Syrien und dem Irak legte die Türkei nicht vor. Die Erpressungspolitik mit dem Druckinstrument des Flüchtlingsdeals erlaubt es Erdoğan, KritikerInnen als »Terroristen« darzustellen und auch gegen deutsche PolitikerInnen, JournalistInnen, WissenschaftlerInnen etc. zu hetzen, ohne dabei Konsequenzen befürchten zu müssen.

Nach der Ausrufung des Ausnahmezustands wurden nicht nur einheimische Medienanstalten, Fernsehsender, Zeitungen und Verlagsgruppen geschlossen sowie Journalisten und Reporter verhaftet, sondern auch deutsche Medienvertreter verfolgt: Der *Spiegel*-Reporter Hasnain Kazim wurde aus der Türkei ausgewiesen und im Februar 2017 mit Deniz Yücel, dem Türkei-Korrespondenten der *Welt*, erstmals ein deutsch-türkischer Journalist inhaftiert. Die Vorwürfe: Mitgliedschaft in einer Terrororganisation, Terrorpropaganda und Datenmissbrauch. Aufgefallen war, dass Yücel kritisch über die Türkei und die AKP-Regierung berichtete. Dass er für eine bürgerlich-konservative Zeitung schrieb, war dabei kein Schutz. Seine Festnahme führte zu einem weiteren politischen Eklat zwischen Deutschland und der Türkei. PolitikerInnen, JournalistInnen und MenschenrechtlerInnen aus Deutschland hatten öffentlich zur sofortigen Freilassung von Yücel aufgerufen. Da Yücel Doppelstaatsangehöriger ist, gilt er aus Sicht der türkischen Behörden als einheimischer und nicht als ausländischer Journalist. Ein Sprecher des Auswärtigen Amtes versicherte zur Festnahme Yücels: »Wir setzen darauf, dass in dem laufenden Ermittlungsverfahren der türkischen Behörden gegen Herrn Yücel rechtsstaatliche Regeln beachtet und eingehalten werden und er fair behandelt wird, gerade mit Blick auf die auch in der Türkei verfassungsrechtlich verankerte Pressefreiheit.« Obwohl dieser Vorfall international für Empörung sorgte, das Auswärtige Amt eine schnelle Klärung versicherte und die Bundesregierung politische Appelle zur sofortigen Freilassung von Yücel sendete, blieb er in Untersuchungshaft. Zumal die Ausnahmezustandsgesetze es der Justiz ermöglichen, festgenommene Personen ohne Angabe von Gründen sogar bis zu sechs Monaten in Untersuchungshalt zu halten. Und der Ausnahmezustand ist bekanntlich verlängerbar.

Weiterhin richtete sich die Repression gegen AktivistInnen der Menschenrechtsbewegung in der Türkei. So wurde zunächst im Juni 2017 Taner Kılıç, Landesvorsitzender von Amnesty International (AI), in Untersuchungshaft genommen – er habe Verbindungen zur Gülen-Bewegung. Kılıç wurde in Izmir gemeinsam mit 22 weiteren Rechtsanwälten inhaftiert. Im Juli 2017 wurde die Direktorin der AI-Sektion in der Türkei, Idil Eser, gemeinsam mit zehn weiteren MenschenrechtsaktivistInnen im Rahmen eines Workshops zum Thema »Digitale Sicherheit und Informationsmanagement« auf der Insel Büyükada festgenommen. Unter ihnen befand sich neben einem schwedischen Menschenrechtler auch der Berliner Menschenrechtsexperte Peter Steudtner, der als Referent des Workshops eingeladen war. Die Staatsanwaltschaft wirft den Aktivisten Unterstützung von Terrororganisationen vor. Salil Shetty, AI-Generalsekretär, sprach im Kontext der Festnahmen von einer »Justizfarce« und einer »existenziellen Bedrohung der Menschenrechtsbewegung und von Amnesty in der Türkei«.[84] Andrew Gardner, Türkei-Experte bei AI, sah in der Gerichtsentscheidung einen »Angriff auf die gesamte Menschenrechtsbewegung in der Türkei«, der »auf Grundlage von falschen Anschuldigungen ohne Beweis und Logik«[85] getroffen wurde. Unterdessen befindet sich der ehemalige Chefredakteur der *Cumhuriyet*, Can Dündar, im Exil in Deutschland, wo er die Internetplattform *Özgürüz* (»Wir sind frei«) gründete, die über aktuelle Entwicklungen in der Türkei berichtet.

Der damalige deutsche Außenminister Frank-Walter Steinmeier (SPD) gab sich anlässlich seines Türkei-Besuchs im November 2016 irritiert, dass sich Erdoğan so weit von der Demokratie entfernt habe. Nach Anschuldigungen seines Amtskollegen Mevlüt Çavuşoğlu, Deutschland würde den »Terroristen« der PKK Schutz bieten, versicherte er umge-

---

84   Welt / N24 online, 18.7.2017.
85   Tagesschau online, 18.7.2017.

hend: »Wir stehen zusammen gegen Terrorismus, egal, ob er vom ›Islamischen Staat‹ oder der PKK ausgeht.«

Eine Belastungsprobe für die deutsch-türkischen Beziehungen ist nicht zuletzt auch der Import von innenpolitischen Konflikten der Türkei nach Deutschland. So versucht die AKP-Regierung seit einigen Jahren über türkisch-nationalistische Lobbyorganisationen (z. B. UETD) und Moscheeverbände (z. B. DITIB), eine wichtige Säule für ihre Politik in Deutschland aufzubauen. Spitzenpolitiker der AKP reisten insbesondere vor dem Referendum von 2017 vermehrt zu Großveranstaltungen nach Deutschland, um zu werben und auch zu polarisieren. Durch diese Politik, die auch als Einmischung in innere Angelegenheiten kritisiert wird, versuchen sie auch, eine Spaltung unter türkeistämmigen MigrantInnen in Deutschland zu forcieren. Eine Zuspitzung gewann diese Polarisierung nach dem gescheiterten Putsch vom 15. Juli 2016. AKP-nahe Verbände und Moscheegemeinden machten mobil gegen Bildungseinrichtungen, die der Fethullah-Gülen-Bewegung nahe stehen. So wurden Konsulate, Imame, türkische Lobbyorganisationen sowie islamische Dachverbände wie die DITIB dafür instrumentalisiert, Spitzeltätigkeiten aufzunehmen und türkischen Behörden Namen von angeblichen Gülenisten und Terroristen sowie Erdoğan-Gegnern zu melden.

Die Aktivitäten des türkischen Geheimdienstes MIT in Deutschland waren schon vorher mehrere Male offengelegt worden. So berichtete der Geheimdienstexperte Erich Schmidt-Eenboom Ende August 2016, dass der MIT neben seinen ständigen Mitarbeitern in Deutschland auch über ein Netzwerk von etwa 6.000 Informanten verfügt.[86] Schließlich forderte der parlamentarische Kontrollausschuss des Bundestags die Regierung auf, die Aktivitäten des MIT in Deutschland zu überprüfen. Die Linksfraktion ging noch einen Schritt weiter und verlangte von der Regierung, die Zusammenarbeit mit dem türkischen Geheimdienst zu beenden und die Agenten auszuweisen. Die Linke im Bundestag hatte bereits am 10. August 2015 im Rahmen einer Kleinen Anfrage auf die illegalen Aktivitäten des türkischen Geheimdienstes

---

86   Vgl. Zeit online, 21.8.2016.

gegen türkeistämmige Erdoğan-GegnerInnen aufmerksam gemacht. Im Dezember 2014 wurden laut Medienberichten drei mutmaßliche Spione des türkischen Geheimdienstes in Deutschland festgenommen und von der Bundesanwaltschaft angeklagt. Bei den Festgenommenen handelte es sich um AKP-nahe Personen – unter anderem um einen ehemaligen Berater von Erdoğan –, die Informationen über in Deutschland lebende türkeistämmige Menschen und Organisationen sammelten. Die Kleine Anfrage der Linksfraktion hebt hervor, dass die mutmaßlichen Agenten kurdische Verbände und AktivistInnen, Angehörige türkischer linker Organisationen und alevitischer Gemeinden sowie Angehörige der islamischen Fethullah-Gülen-Bewegung ausgespäht haben sollen. Laut Medienberichten wurden bereits seit 2013 Informationen über Erdoğan-Kritiker zusammengetragen. Das Verfahren wurde stillschweigend eingestellt, nachdem es auf den deutsch-türkischen Beziehungen gelastet hatte.

Bereits im Januar 2013 wurden in Paris die drei kurdischen Aktivistinnen Sakine Cansız, Fidan Doğan und Leyla Şaylemez in den Räumlichkeiten des Kurdischen Informationszentrums erschossen. Kurze Zeit später verhafteten die Behörden den Todesschützen Ömer Güney, der für den türkischen Geheimdienst tätig war. Ehe er nach Frankreich gezogen war, hatte Güney acht Jahre in Deutschland gelebt. Nach Angaben von *Spiegel online* vom 8. Juni 2016 war Güney nach Einschätzungen deutscher und französischer Sicherheitsbehörden »ein ultranationalistischer V-Mann des türkischen Nachrichtendienstes MIT«. Vor Beginn des Verfahrens wurde Güney am 16. Dezember 2016 tot in seiner Zelle aufgefunden. Im Dezember 2016 wurde in Hamburg zudem ein türkischer Geheimdienstler verhaftet, der angeblich zwei führende kurdische Exilpolitiker ermorden sollte.

Nach dem Putschversuch vom 15. Juli 2016 stieg auch die Zahl der Geflüchteten aus der Türkei. Nicht nur Oppositionelle beantragen Asyl in Deutschland, sondern auch ehemalige Soldaten und Offiziere der türkischen Armee, von denen viele auf dem US-Militärstützpunkt im pfälzischen Ramstein stationiert waren. Als Grund für ihren Antrag gaben die Soldaten nach einem Bericht des SWR (16.11.2016) die politische

Situation in der Türkei an. Sie fürchteten im Falle einer Rückkehr Haft und Folter.

Auf der Suche nach Munition, Schusswaffen und Drogen durchsuchten Sondereinsatzkommandos im November 2016 in sechs Bundesländern mehr als 50 Clubräume, Büros und Wohnungen des Motorrad- und Boxclubs »Osmanen Germania«. Gegenüber der *Bild*-Zeitung erklärte ein Polizeibeamter: »Den Ermittlungsbehörden liegen Erkenntnisse vor, dass Mitglieder der ›Osmanen‹ enge Kontakte zum türkischen Geheimdienst pflegen sollen.«[87] Außerdem bestehe der Verdacht, dass Waffen wie Maschinenpistolen gegen kurdische Gruppierungen in Deutschland eingesetzt werden könnten.

Dem seit Mai 2015 aktiv in Erscheinung tretenden Club »Osmanen Germania BC« – das BC steht für Boxclub – gehören in Deutschland rund 2.500 Mitglieder an. Sie treten häufig auch als Ordner von AKP-nahen Veranstaltungen und Demonstrationen auf. Im April 2016 kam es bei einem Aufmarsch von Erdoğan-Anhängern in Stuttgart zu einer Auseinandersetzung zwischen AKP- und Graue-Wölfe-Anhängern auf der einen und kurdischen GegendemonstrantInnen auf der anderen Seite. An einer von der AKP-Auslandsvertretung durchgeführten Großkundgebung gegen die Armenien-Resolution des Bundestags im Juni 2016 versammelte sich auch ein rund 100-köpfiger Block der »Osmanen Germania« vor dem Brandenburger Tor. Vertreter der HDP in Deutschland hatten schon zuvor darauf hingewiesen, dass die »Osmanen Germania« vom türkischen Geheimdienst unterstützt würden. Die Gruppe stützt sich auf die Tradition der seit 2009 in der Türkei aktiven »Osmanlı Ocakları / Heim der Osmanen«, die als militanter bzw. bewaffneter Jugendflügel der AKP agiert und insbesondere nach den Gezi-Protesten im Sommer 2013 verstärkt mit Gewaltaktionen gegen Demonstrierende auftrat. Während des Wahlkampfes im Frühsommer 2015 verwüsteten deren Rollkommandos hunderte HDP-Büros und nicht zuletzt die Redaktionsräume der Tageszeitung *Hürriyet* in Istanbul.

---

87   Bild, 9.11.2016.

Der EU-Beitrittsprozess und seine aktuellen Stolpersteine

In Deutschland und anderen europäischen Ländern wird und wurde der EU-Beitrittsprozess der Türkei stets sehr kontrovers diskutiert, obwohl die Türkei bereits 1949 dem Europäischen Rat beitrat. Vielfach wurde betont, dass die Aufnahme der Beitrittsverhandlungen die EU vor schwierige Entscheidungen stelle. Die Verhandlungen über Fragen wie Binnenmarkt, Umwelt- und Agrarpolitik, Menschenrechte, Minderheitenrechte, Arbeitsrecht oder Freizügigkeit verlaufen nicht konfliktfrei. Zum weiteren Integrationsprozess wurden zwar im Dezember 2004 auf dem EU-Gipfel in Brüssel Signale in Richtung einer möglichen Aufnahme der Türkei gesetzt, eine Mitgliedschaft lag jedoch in weiter Ferne. In den verschiedenen EU-Ländern wurde im Laufe der Jahre eine Mitgliedschaft der Türkei sehr unterschiedlich debattiert. Während das konservative Lager die EU als »Christliche Gemeinschaft« begreift, betonen andere die Vorzüge einer strategischen Erweiterung. Das Ringen um den Erhalt der Gemeinschaft nicht zuletzt im Zuge des Brexit gab der letzteren Position indes einen zusätzlichen Dämpfer. So blieb es erst einmal beim Status des Beitrittskandidaten, den die Türkei seit der Sitzung des Europäischen Rates in Helsinki im Dezember 1999 – auch auf Initiative der damaligen rot-grünen Bundesregierung – erhalten hatte. Damit hatte der Türkei eigentlich der Weg für eine Vollmitgliedschaft in der EU geebnet werden sollen. Nachdem sich die Erdoğan-Regierung immer mehr von den EU-Kriterien verabschiedet hatte, sprach sich das Europäische Parlament im November 2016 für die Aussetzung der Beitrittsgespräche aus. Dies löste bei Erdoğan und der AKP-Regierung große Skepsis aus, man drohte erneut damit, die Grenzen für Flüchtlinge wieder zu öffnen.

Obwohl sich die EU als »demokratische Wertegemeinschaft« versteht, hat sie die antidemokratische Politik der Erdoğan-Regierung größtenteils ausgeblendet und ist eine doppelte Linie gefahren. Einerseits ging es um eine Hinhaltepolitik, andererseits um eine strategische Partnerschaft, die seitens CDU/CSU als »privilegierte Partnerschaft« bezeichnet wurde. Mit der »Flüchtlingskarte« wurde die Türkei weiter aufgewertet. Mit dem Deal verstärkte die EU ihre Partnerschaft zur Türkei zunächst und versucht seitdem die Beziehungen in der Balance zu halten. Hinzu kam, dass die Türkei im Nahen und Mittleren Osten sowie auf dem Balkan eine Regionalmachtrolle eingenommen hat, die die EU nicht ignorieren kann. Gegenüber der Hinhaltepolitik der EU drohte Ankara im November 2016 im Zuge der Annäherung an Russland und China damit, sich stärker auf die Shanghaier Organisation für Zusammenarbeit (SOZ) zu konzentrieren – eine 2001 gegründete Organisation, bei der die Türkei seit 2012 den Status des Dialogpartners innehat.

Am 20. November 2016 erklärte Erdoğan: »Die EU hält uns seit 53 Jahren hin.« Dabei geht es der Türkei um eine EU-Mitgliedschaft ohne Bedingungen, das heißt ohne eine Demokratisierung des Landes, um jenen formalen Ansprüchen zu genügen, die die EU – ungeachtet ihrer eigenen realen Politik – einfordert.

Derweil wurden mit den – auch als Gegenputsch bezeichneten – Reaktionen der AKP auf den Putschversuch vom 15. Juli 2016 faktisch alle demokratischen Gesetzlichkeiten und Regelungen außer Kraft gesetzt. Nach diesem Ereignis regierte Erdoğan so lange per Dekret, bis er den Ausnahmezustand auf dem Weg zum Präsidialsystem zum Gesetz erheben konnte.

III.
Die kurdische Frage

Zwischen Repression und Widerstand

Aslı Erdoğan gehört zu jenen JournalistInnen und SchriftstellerInnen, die den kritischen Stimme der Türkei zuzuordnen sind. Im Zuge der Repressionen gegen demokratische Medien wurde auch sie gemeinsam mit zahlreichen anderen JournalistInnen nach dem gescheiterten Militärputsch vom 15. Juli 2016 verhaftet – und Ende Dezember 2016 unter Auflagen freigelassen. Ihre journalistische Karriere begann Aslı Erdoğan bei der liberalen Tageszeitung *Radikal*, für die sie von 1998 bis 2001 in der Spalte »Der Andere« gesellschaftskritische Kolumnen verfasste. In diesen prangerte Erdoğan die staatlichen Repressionen gegen die kurdische Bevölkerung an, setzte sich ebenso mit der unterdrückten Presse- und Meinungsfreiheit, den unmenschlichen Haftbedingungen der politischen Häftlinge, der Folter sowie der Gewalt gegenüber Frauen in der Türkei auseinander. Sie engagierte sich für die Menschenrechtsbewegung und war aktiv in der Initiative »Schriftsteller in Haft«, die beim PEN angesiedelt war. Für mehrere ihrer literarischen Werke erhielt Erdoğan Auszeichnungen, zuletzt den Sait-Faik-Literaturpreis, der in der Türkei als einer der wichtigsten Literaturpreise bekannt ist. Eine Wende in ihrer journalistischen Tätigkeit bildete für Erdoğan ab 2011 ihre Tätigkeit für die pro-kurdische Tageszeitung *Özgür Gündem*, die im Laufe ihrer Geschichte immer schon Repressalien und Verboten ausgesetzt war. Nach Anordnung der Staatsanwaltschaft, *Özgür Gündem* zu verbieten, wurde Aslı Erdoğan Mitte August 2016 in Istanbul gemeinsam mit 22 weiteren JournalistInnen der Zeitung festgenommen. Die Staatsanwaltschaft warf ihr »Mitgliedschaft und Propaganda für die verbotene PKK« und »Volksverhetzung« vor, das würden ihre Kolumnen für *Özgür Gündem* belegen. Hierzu berichtet Aslı Erdoğan in einem Interview mit dem Schweizer *Tagesanzeiger* vom 10. April 2017: »Jedenfalls ist es hirnrissig, ausgerechnet mir, einer erklärten Pazifistin, die sich seit je naiv und schwächlich und flüsternd durch ihren Alltag wurstelt, PKK-Nähe und Gewaltbereitschaft vorzuwerfen.«

Bekannt wurde Aslı Erdoğan mit ihrem Brief, den sie in der Haft verfasst hatte und der, aus ihrer Zelle herausgeschmuggelt, an die europäische Öffentlichkeit gelangte. Hier prangert sie die unmenschlichen Bedingungen in den türkischen Gefängnissen an: »Die türkischen Gefängnisse sind für deutlich weniger Menschen ausgelegt, als seit der Ausrufung des Ausnahmezustandes eingesperrt worden sind. Auch meine Zelle ist rappelvoll, jeden Tag kommen neue Häftlinge hinzu, junge Mädchen, die auf Demonstrationen verhaftet oder aus Studentenwohnheimen abgeführt werden.« Daher appellierte Erdoğan mit einem dringenden Hilferuf, der für eine große Öffentlichkeit sorgte: »Ich möchte Europa daran erinnern, dass es seine Identitätskrise und seine Ängste nur überwinden kann, wenn es sich auf jene Werte besinnt, die es zu Europa machen. Demokratie, Menschenrechte, Meinungsfreiheit, Werte, die über leidvolle Jahrtausende entstanden sind, durch Arbeit und Erfahrung. ... Dieser Brief ist ein dringender Hilferuf! Die Situation ist drastisch und extrem besorgniserregend. Ich bin überzeugt, dass ein totalitäres Regime in der Türkei Auswirkungen auf ganz Europa haben wird. Europa unterschätzt die Gefahren des totalen Verlusts der Demokratie in der Türkei.« Europa müsse Verantwortung übernehmen und sich für Demokratie, Menschenrechte und freie Meinungsäußerung einsetzen, schreibt Erdoğan.

In dem Interview mit dem *Tagesanzeiger* berichtet Aslı Erdoğan ebenso, dass sich die Türkei in eine Art Gefängnis verwandle, in der Paranoia und Hysterie regierten. In ihrer Verteidigungsrede betont sie zudem, dass *Özgür Gündem* lediglich eine Informationsplattform für das unterdrückte kurdische Volk sei. Sie selber gibt in ihren Kolumnen,

Werken und Essays den Opfern eine Stimme, sei es den Opfern des Genozids an den Armeniern Anfang des 20. Jahrhunderts oder heute den Kurden. In einem Interview mit der *Zeit* äußert sich Erdoğan zu den Haftgründen: »Sie sind seit den Neunzigern verärgert, wegen meiner Kolumnen. Sie sind verärgert, weil ich keine Kurdin bin, aber Seite an Seite mit den Kurden stehe. Sie sind verärgert, weil ich eine Frau bin, und in diesem launischen, neurotischen Regime ist es eine immer größere Sünde, eine Frau zu sein.«[88]

In ihrem schillernden Essayband »Nicht einmal das Schweigen gehört uns noch«[89] greift Erdoğan die aktuelle Lage der kurdischen Bevölkerung im Zuge der jüngsten kriegerischen Interventionen der türkischen Armee in den kurdischen Provinzen auf. Hier berichtet sie beispielsweise von einem 12-jährigen Jungen in einer kurdischen Stadt, von dem nur ein verkalkter Kieferknochen übrig geblieben sei. »An einem Verbrechen nicht Mittäterin zu sein, ist, mehr als Recht oder Pflicht, unser eigentlicher Daseinsgrund« – so Aslı Erdoğan. Zugleich klagt sie, dass unter den undemokratischen Verhältnissen in der Türkei und den militärischen Auseinandersetzungen in den kurdischen Regionen die Chance für Demokratie, Recht und Aussöhnung mit den Kurden gegen Null tendiert. Damit spiegelt Erdoğan in ihren Publikationen und Äußerungen ein Stück kurdische Geschichte und Gegenwart wider, die eines der Schlüsselthemen der Türkei und des Nahen Ostens bilden.

Kontinuität des Ausnahmezustands und der »schmutzige Krieg«

Obwohl Kemal Atatürk schon 1920 vor der Ersten Nationalversammlung zum Ausdruck brachte, es gehe bei der Türkei »um ein Volk, das sich aus mehreren Gruppen von Muslimen bildet«, hielt er an seinem

---

88 Die Zeit, 27.7.2017.
89 Aslı Erdoğan: Nicht einmal das Schweigen gehört uns noch. Essays. Regensburg 2016.

Pluralismuskurs nicht fest. Die Argumentationsgrundlage für die kemalistische Ideologie bildete das Primat der nationalen Unteilbarkeit.
Das Nationalverständnis des Kemalismus wurde nach Gründung der
Republik 1923 im Sinne einer politischen, sprachlichen und kulturellen
Türkisierung umgesetzt. Mit der Proklamation der Türkischen Republik
begann zugleich die Phase, in der die kurdische Identität offiziell negiert
und geleugnet wurde. Diese Assimilierungspolitik führte nur sehr begrenzt zum Erfolg, weil die kurdische Bevölkerung mit gegenwärtig etwa
15 bis 20 Millionen Menschen die zweitgrößte ethnische Gruppe bildet,
die sich mit ihrer Sprache, Kultur sowie ihren Sitten und Gebräuchen
von der der türkischen unterscheidet. Die Aufstände der KurdInnen
gegen diese Politik wurden brutal bekämpft und niedergeschlagen. Seitdem herrscht in den kurdischen Provinzen der Türkei zumeist entweder
der Ausnahmezustand oder das Kriegsrecht.

Der Begriff des »schmutzigen Krieges«, bekannt vor allem aus La-
teinamerika, wird in Berichten und Darstellungen von Menschenrechtsorganisationen und Medien verwendet, aber auch in geschichts- und
politikwissenschaftlichen Untersuchungen und Diskussionen. Damit
sind insbesondere »konventionelle« kriegerische Auseinandersetzungen
gemeint, bei denen meist eine der Parteien mit großer Brutalität gegen
die Zivilbevölkerung vorgeht. Dabei geht es um eine militärische Auseinandersetzung, bei der staatliche Sicherheitskräfte und Organisationen
in der Bekämpfung innenpolitischer Gegner und Widerstandsgruppen
systematisch illegale und menschenrechtsverletzende Mittel einsetzen.
Zu den Methoden und zur Praxis des »schmutzigen Krieges« gehören
vor allem auch willkürliche Verhaftungen, Inhaftierungen ohne rechtliche Grundlage, Folter, Verschwindenlassen von politischen Gegnern,
Aktivierung paramilitärischer Verbände und Hinrichtungen. Die US-
amerikanischen Politikwissenschaftler Raymond D. Duvall und Michael
Stohl sprechen vor allem auch von einer Art Staatsterrorismus, der auf
eine schmutzige kriegerische Art praktiziert wird.[90] Angesichts staatlicher

---

90   Raymond D. Duvall/Michael Stohl: Governance by Terror. In: M. Stohl (Hrsg.):
      The Politics of Terrorism. 3. Auflage. New York/Basel 1988, S. 231-272.

Repression und militärischen Vorgehens – gepaart mit Maßnahmen seitens illegaler staatlicher bzw. paramilitärischer Organisationen gegen die kurdische Bevölkerung in der Türkei – wird auch gegenwärtig von einem »schmutzigen Krieg« gesprochen, der sich bis zur Zeit der Republikgründung von 1923 zurückverfolgen lässt.

Parallelen zur heutigen Politik erscheinen frappierend: Einen im März 1925 ausgebrochenen kurdischen Aufstand nutzte Atatürk dazu, sich von der Nationalversammlung mit weitreichenden Vollmachten ausstatten zu lassen und mit extremer Härte gegen die Aufständischen vorzugehen. Mit Hilfe eines verabschiedeten Gesetzes wurden auch führende Mitglieder der im gleichen Jahr verbotenen Republikanischen Fortschrittspartei verfolgt, die sich in Opposition zu Atatürks Republikanischer Volkspartei (CHP) gegründet hatte. Auch Mitglieder von Arbeiterorganisationen wurden festgenommen und zu langjährigen Haftstrafen verurteilt.

Daran wurde in der Folge nahtlos angeknüpft, als 1927/28 und 1931/32 auf Initiative der Choyibun (Unabhängigkeit) weitere kurdische Aufstände stattfanden. Die Antwort: Zehntausende KurdInnen wurden niedergemetzelt, etwa 500 Dörfer zerstört und 100 kurdische Intellektuelle, Anhänger der Choyibun, mit zusammengebundenen Händen und Füßen in den Van-See geworfen. Der Dersim-Aufstand von 1938 wurde ebenso brutal niedergeschlagen. Seyit Riza und zehn weitere Anführer der Bewegung wurden im November 1938 exekutiert. Die türkische Regierung befahl die Deportation aller in den Aufstand verwickelten Stammesverbände, also von nahezu 50.000 Personen. Gleichzeitig wurden die Ortschaft und die Provinz Dersim in Tunceli umbenannt. Zur Symbolik: Während Dersim »silberne Tür« bedeutet, lässt sich Tunceli wörtlich mit »bronzene Faust« und frei mit »eiserne Faust« übersetzen.

Die kurdische Frage ist eines der Schlüsselprobleme, das die Türkei auf der innenpolitischen ebenso wie auf der internationalen Ebene sehr stark belastet. Kein anderer Konflikt hat den Menschen in der Türkei über die Jahre so viel Leid gebracht. Er weist daher heute am deutlichsten darauf hin, dass die türkische Gesellschaft keinen unitaristischen

Charakter besitzt, wie von offizieller Seite mit Anspruch auf die Zentralmacht behauptet wird. Während die allermeisten Minoritäten aus unterschiedlichen historischen Gründen mehr oder weniger assimiliert wurden, bestehen die Konflikte mit der alevitischen (religiösen) bzw. kurdischen (ethnischen) Minderheit weiter.

Die Anpassung der KurdInnen wird auch heute noch als notwendige Maßnahme zur Errichtung einer modernen, zivilisierten türkischen Nation propagiert. Zu ihrer Diffamierung werden KurdInnen nach wie vor als »rückständig« oder als »Räuberbande« abgestempelt, die angeblich den Aufbau eines modernen Staatswesens verhindern wollen. Sie werden häufig auch als Separatisten, Terroristen und Helfershelfer von ausländischen Mächten beschimpft, die angeblich die Republik zu zerstören versuchen. Mit dem Militärputsch 1960 hatte das Militär erneut einflussreiche KurdInnen und ihre Familien in den Westen des Landes zwangsumgesiedelt, und die Militärregierung ersetzte kurdische Dorfnamen durch türkische.

Gerade Ende der 1960er Jahre / Anfang der 1970er Jahre entstanden in der Türkei politisch agierende kurdische Organisationen, die immer mehr an Einfluss gewannen. Hierzu gehörte die linksgerichtete kurdische Massenvereinigung DDKO (Revolutionäre Kulturvereinigungen des Ostens), die aus der damaligen »Arbeiterpartei der Türkei« (TIP) hervorgegangen war. Die TIP war Ende der 1960er Jahre die erste linke Partei in der Türkei, die die kurdische Frage in ihr Parteiprogramm aufgenommen hatte und demokratische Rechte für die kurdische Bevölkerung forderte. Nach dem Militärputsch von 1971 wurde die DDKO als Dachverband verboten, ihre Mitglieder wurden angeklagt. Nach dieser Phase gründeten sich sowohl sozialdemokratische (wie bspw. die Demokratische Partei Kurdistans / Türkei, KUK – Nationale Befreiung Kurdistans) als auch marxistisch orientierte kurdische Organisationen, neben der PKK bspw. Kawa, Özgürlük Yolu, Rızgari und die PPKK (Avandgardistische Kurdische Arbeiterpartei), die immer mehr Einfluss gewannen. Mit dem Militärputsch vom 12. September 1980 wurden alle kurdischen Parteien und Bewegungen verboten und ihre Mitglieder sowie Anhänger massenweise verhaftet.

In der Folge begann eine neue Repressionswelle gegen die kurdische
Bevölkerung und ihre Einrichtungen. Es wurde sogar verboten, in der
Öffentlichkeit über KurdInnen zu sprechen, vielmehr sollte von »Berg-
türken« die Rede sein. Ausgehend von der erklärten Dominanz eines
»türkischen Kulturkerns im Mosaik der anatolischen Völker« wurden
die Anstrengungen erhöht, die kurdischen Gebiete zu türkisieren. 1983
wurde das Sprachenverbotsgesetz verabschiedet, das die türkische Sprache als die Muttersprache aller Staatsbürger festlegte. Es war demnach
verboten, öffentlich und privat Kurdisch zu sprechen oder in dieser
Sprache zu publizieren. Die türkischen Regierungen wiesen stets Forderungen nach Verfassungsänderungen im Bereich der Minderheitenrechte zurück. Hinweise auf Menschenrechtsaspekte wurde von offizieller
Seite als antitürkische und separatistische Propaganda verstanden. Das
Militärgefängnis von Diyarbakır wurde zum Symbol für Folter und un-
menschliche Haftbedingungen. Ein Resultat dieser Repressionspolitik
war die Entstehung eines neuen kurdischen Aufstands unter Führung
der PKK.

Der 1978 gegründeten Partei war es nach dem Militärputsch als einer
der wenigen kurdischen Parteien gelungen, sich zu einer einflussreichen
Bewegung zu entwickeln. Ende der 1980er / Anfang der 1990er Jahre waren mehr als 10.000 Dörfer zerstört und zwangsevakuiert; zudem waren
mehr als drei Millionen Menschen gezwungen, in die Großstädte um-
zusiedeln. Unter diesen Bedingungen nahm die PKK im August 1984
den bewaffneten Kampf gegen den türkischen Staat auf. Ihr Ziel sah sie
darin, die feudalen Verhältnisse abzuschaffen und eine unabhängige sozialistische Kurdenrepublik mit Diyarbakır als Hauptstadt zu gründen.

Die türkischen Sicherheitskräfte begegneten dem mit Übergriffen,
die mehr und mehr ausarteten. Die Türkei war nicht bestrebt, die kurdische Frage mit politischen Mitteln zu lösen und damit einen innenpolitischen Frieden zu ermöglichen. Die zunehmenden Repressalien
gegen die Bevölkerung waren letzten Endes der Nährboden, auf dem
die kurdische Bewegung weiter Zulauf gewann. Ab 1992 eskalierte der
Konflikt weiter, in den folgenden Jahren erklärte die PKK mehrfach
einen einseitigen Waffenstillstand, was Ankara meist ignorierte oder gar

mit der Ausweitung von Militäroperationen und verschärften »Säuberungsaktionen« im Südosten beantwortete, anstatt etwa der Forderung nach Aufhebung des Ausnahmezustandes in den kurdischen Provinzen nachzugehen.

An dem Vorgehen änderte sich auch nichts, nachdem die PKK ab 1993 nicht mehr das Ziel eines unabhängigen kurdischen Staates vertrat, sondern das der kurdischen Gebiete als integralem Bestandteil einer Türkei mit föderativen Strukturen. Ab 1999 richtete die PKK ihre Strategie im Zuge des Annäherungsprozesses der Türkei an EU neu aus. Sie erhoffte sich, dass die EU ihren Beitrittskandidaten Türkei zu einem Dialog mit den kurdischen Parteien drängen würde. Zudem hatte die EU erklärt, eine politische Lösung des Konflikts sei eine unabdingbare Voraussetzung für den EU-Beitritt der Türkei. Dennoch nutzten weder Ankara noch Brüssel einen einseitigen Waffenstillstand der PKK zwischen 1999 und 2004, um eine friedenspolitische Verständigung herbeizuführen. Auch der zwischenzeitliche Versuch der kurdischen Seite, sich eine legale Organisationsstruktur zu geben, war vergeblich.

Unbeeindruckt zeigte sich das türkische Militär in den 1990er Jahren auch von Versuchen aus der türkischen Wirtschaft, den Konflikt zu entspannen. Entsprechende Signale wurden etwa mit Studien gesandt, die die »Türkische Industrie- und Handelskammer« (TOBB) 1995 und der »Türkische Industriellen- und Arbeitgeberverband« (TÜSIAD) 1997 in Auftrag gaben. Der Hintergrund: Angesichts der 1995 gegründeten Zollunion mit der EU sah man neue Marktchancen. TÜSIAD vertrat dabei die Auffassung, dass die Menschenrechtslage in einem Land einen wichtigen Standortfaktor darstelle. Im Sinne der Wirtschaftsverbände hatte der Militärputsch von 1980 seinen Dienst längst getan.

Einen Triumph für die türkisch-nationalistischen Kräfte bedeutete die Festnahme Öcalans im Februar 1999, bei der sich die Türkei auf internationale Unterstützung verlassen konnte. Der damalige Ministerpräsident Bülent Ecevit: »Ohne die USA wäre es nicht möglich gewesen, Öcalan in die Türkei zu verschleppen. Ohne die guten Beziehungen zwischen den Geheimdiensten CIA und MIT hätten wir Öcalan nicht kriegen können.«

Die kurdische Frage in der AKP-Ära

Unter der AKP-Regierung hatte es zumindest kurzzeitig Anzeichen der Entspannung gegeben: Im August 2005 signalisierte Erdoğan in Diyarbakır die Anerkennung der kurdischen Frage. Die kurdische Seite reagierte darauf mit der Verkündung eines neuerlichen Waffenstillstands. Dieser dauerte nicht länger als einen Monat, weil ihn die türkische Regierung und die Armee ignorierten und die Militäroperationen entsprechend fortgesetzt wurden. Erdoğan wurde auch mit der folgenden Botschaft beim Wort genommen, die Anfang April 2006 auf verschiedenen türkischen TV-Kanälen verbreitet wurde: »Unsere Sicherheitskräfte werden die notwendigen Interventionen gegen all diejenigen durchführen, die sich zum Werkzeug des Terrors machen, auch wenn es Kinder oder Frauen sind. Ich möchte, dass dies klar verstanden wird.« Das Vorgehen gegen Minderjährige sorgte für besondere Empörung. So bei den Newroz-Feiern im März 2008 in Hakkari/Yüksekova, als zahlreiche Kinder und Jugendliche von Einheiten der türkischen Polizei, der Gendarmerie bzw. des Militärs angegriffen wurden. Angehörige der Zivilpolizei, des türkischen Geheimdienstes bzw. von Spezialeinheiten in Zivil brachen dem 15-jährigen Cuneyit Ertus vor laufender Kamera den Arm und riefen: »Die Arme, die Steine schmeißen, brechen wir.«[91] Das mochte an zurückliegende Vorfälle erinnern, etwa an einen von November 2004, rund drei Wochen vor dem EU-Gipfel in Brüssel, auf dem die Aufnahme von Beitrittsverhandlungen beschlossen wurde: Ahmet Kaymaz, ein Kraftfahrer, der gerade seinen LKW belud, wurde, gemeinsam mit seinem zwölfjährigen Sohn Uğur, der mit Hausschuhen und Pyjama bekleidet war, von Polizisten kurzerhand erschossen. Vergleichbare Fälle von Polizeiwillkür gegen Zivilpersonen einschließlich Jugendlicher gehören in der Türkei bis heute ebenso zum Alltag wie Verhaftungen, Verschleppungen und Misshandlungen bis hin zu Folter. Im Zuge von Tötungen bleibt es nicht aus, dass auch Beerdigungsdemonstrationen

---

91 Ursprünglich heißt die Parole, die zuvor die damalige türkische Ministerpräsidentin Tansu Ciller verwendete: »Die Hände, die sich gegen die Türkei erheben, werden wir brechen, die Zunge, die gegen uns spricht, wird abgeschnitten.«

angegriffen werden. In aller Regel wird angeklagten Polizisten zugebil-
ligt, aus Notwehr gehandelt zu haben.

Mit einem weiteren einseitigen Waffenstillstand ab Oktober 2006
erklärte sich die PKK bereit, ihre Waffen abzugeben. Dafür müsse eine
»kurdische Identität« in der Verfassung verankert werden. Die KurdInnen
wollten »Bürger der Türkei« sein, hieß es zudem – eine klare Absage an
den alten Wunsch nach einem separaten Kurdistan. Dieser Waffenstillstand wurde von der Armee wieder ignoriert, und der Generalstabschef
Yaşar Büyükanıt erklärte tags darauf in einer Grundsatzrede vor der Mi-
litärakademie in Istanbul, dass die Streitkräfte ihren Kampf gegen den
Terror so lange fortsetzen würden, »bis es keinen einzigen bewaffneten
Terroristen mehr gibt«. Für ihn gebe es nur einen einzigen Weg, nämlich
den, dass die PKK die Waffen bedingungslos niederlege und ihre Mitglieder sich der türkischen Justiz stellten. Die Aussagen von Büyükanıt
zeigen, wie es auch im Jahr Vier der Ära Erdoğan um demokratische und
friedenspolitische Fragen bestellt war – und welche Stellung den Gene-
rälen noch immer zukam. Im Januar 2007 wurde trotz der Äußerungen
des Generalstabschefs in Ankara eine Konferenz unter dem Motto »Die
Türkei sucht ihren Frieden« durchgeführt, an der über 600 Intellektuelle, WissenschaftlerInnen, MenschenrechtlerInnen, GewerkschafterInnen, StudentInnen und FriedensaktivistInnen teilnahmen. Während sie
ihre Stimme für eine Friedenslösung erhoben, bereiteten sich Regierung
und Militär auf eine Invasion in den kurdischen Teil des Irak vor. Mit
Kritik daran hielt sich die türkische Presse zurück, präsent war noch
ein Vorfall von 2004: Gegen einen Journalisten der auflagenstarken Tageszeitung *Hürriyet*, der einen Artikel mit dem Titel »Terroristen mit
Gitarren in den Kandil-Bergen«[92] publiziert hatte, wurden Ermittlungen eingeleitet, weil die Reportage über ein Lager kurdischer Rebellen
im Nordirak angeblich den Straftatbestand der »Propaganda für eine
kriminelle Organisation«[93] erfüllte. Zeitgleich zu diesem Versuch der
Einschränkung der Pressefreiheit stellte die EU-Kommission in ihrem

---

92   Zit. nach: Höhler 2004 (d), S. 5.
93   Ebd.

Jahresbericht 2004 über die Türkei fest, diese habe sämtliche politische Kriterien von Kopenhagen umgesetzt und der Europäische Rat könne somit ohne Verzug in Beitrittsverhandlungen eintreten.

In den folgenden Jahren bis 2016 verschärfte und entspannte sich der Konflikt mal mehr, mal weniger. Als Erdoğan und seine AKP 2016 die Friedensverhandlungen mit der kurdischen Seite abbrachen und auf eine verstärkte Konfrontationslinie setzten, entflammte ein neuer Bürgerkrieg in den kurdischen Städten. Kurdische Jugendgruppen organisierten in zahlreichen kurdischen Städten Widerstand. Die türkische Armee ging äußerst rabiat vor: In der ersten Hälfte des Jahres 2016 wurden kurdische Städte wie Cizre, Şırnak, Nusaybin und die Altstadt von Diyarbakır (Sur) unter Einsatz von Panzern, schwer bewaffneter Artillerie und Kampfflugzeugen in großen Teilen dem Erdboden gleichgemacht. Die verbliebenen Ruinenfelder wurden vom Staat enteignet und eine Wiederansiedlung der schätzungsweise 500.000 vertriebenen KurdInnen in den Orten mit Gewalt verhindert. Bilder der Trümmerlandschaften waren in den westlichen Medien übrigens kaum zu sehen, auch wenn sie mit anderen Kriegsschauplätzen vergleichbar waren. Vielleicht lag es daran, dass hier ein NATO-Partner Krieg im eigenen Land führte.

Eine demokratische Artikulation ihres politischen Willens ist speziell für die kurdische Bevölkerung immer schwerer möglich. So nahm die Kriminalisierungswelle gegen die HDP weiter zu, die bei den Wahlen im Juni und November 2015 große Gewinne erzielte. Ihre politischen Aktivitäten wurden verhindert, Parteibüros verwüstet und kurdische PolitikerInnen kriminalisiert und festgenommen. Am 20. Mai 2016 hob die türkische Nationalversammlung, nachdem Erdoğan kurdische PolitikerInnen öffentlich zur Zielscheibe erklärt hatte, die Immunität von 50 der 59 HDP-Abgeordneten auf. Am 4. November 2016 erfolgte schließlich die Verhaftung der beiden Ko-Parteivorsitzenden Selahattin Demirtaş und Figen Yüksekdağ sowie weiterer zehn Abgeordneter der HDP. Auch auf der kommunalen Ebene verkam die Demokratie zur Makulatur. Per Dekret 674 der Notverordnung wurden 28 Stadtverwaltungen (davon 24 kurdische) unter Zwangsverwaltung des Staates gestellt und die gewählten Bürgermeister ihrer Ämter enthoben. Viele kurdische KommunalpolitikerInnen befinden sich in Haft, so die beiden Bürgermeister der Metropole Diyarbakır, Gülten Kışanak und Fırat Anlı.

Pro-kurdische und linke Medien sind weitestgehend verboten und geschlossen. Mindestens 155 Journalisten kamen ins Gefängnis, rund 3.000 MedienmitarbeiterInnen wurden arbeitslos. Menschen, die gegen diese Entwicklungen demonstrieren, werden mit Tränengas und Wasserwerfern auseinandergetrieben.

Der Durchbruch der HDP

Die fortschrittliche Politikwissenschaftlerin Prof. Dr. Büşra Erşanlı lehrte längere Zeit an der Istanbuler Marmara-Universität in den Fachrichtungen Internationale Beziehungen und Politikwissenschaften. Bereits in ihrer Dissertation »Macht und Geschichte: Die Bildung der ›Offiziellen Geschichtsthese‹ in der Türkei (1929–1937)« beschäftigte sie sich mit der Geschichte und Genesis der ethnischen Minoritäten im Mittleren Asien und in der Türkei. Bei Erşanlı geht es vor allem auch um die kritische Auseinandersetzung mit der offiziellen Geschichtsschreibung des türkischen Staates, die in den 1930er Jahren von Mustafa Kemal Atatürk gefördert wurde. Die türkische Geschichtsthese bildet dabei eine ideologische Grundlage der kemalistischen Türkei und ist als Reaktion auf die osmanische Geschichtsthese und die angebliche türkeifeindliche westliche Geschichtsschreibung entstanden. Sie geht unter anderem von der Hypothese aus, dass das Mittlere Asien den Ursprung der »weißen Rasse« bilde und durch Völkerbewegungen eine Mischung zwischen den Rassen stattgefunden habe. Letztlich ist das türkische Narrativ ein politisch aufgeladenes Nationalismuskonstrukt, das auch gegenwärtig die Grundlage für die Negierung der ethnischen Vielfalt in der Türkei bildet. Im Widerspruch dazu hat sich Erşanlı für die demokratische Lösung der kurdischen Frage in der Türkei engagiert. In diesem Kontext führte sie für die friedliche und politische Beilegung des Konflikts Veranstaltungen in der Politischen Bildungsakademie der inzwischen verbotenen pro-kurdischen »Partei für Frieden und Demokratie« (BDP) durch. Zudem wirkte sie im Parteirat an der Entwicklung und Vorbereitung eines demokratischen Grundgesetzes für die Türkei mit. Im Oktober 2011 wurde sie wegen angeblicher »Mitgliedschaft und Leitungsfunktion« in einer terroristischen Vereinigung festgenommen und neun Monate lang inhaftiert. Die demokratische Öffentlichkeit, Sozialverbände, Menschenrechtsorganisationen und auch zahlreiche Medien haben gegen ihre Festnahme protestiert, so dass Büşra Erşanlı im Juli 2012 freigelassen wurde.

In dem Sammelband »Kurden in der Türkei-Politik«[94] stellt Erşanlı heraus, dass die kurdischen Bewegungen seit der Gründung der Türkischen Republik im politischen Alltag einen wichtigen Stellenwert haben und einen bedeutenden Kampf für die Partizipation in der Gesellschaft der Türkei führen. In ihrem Beitrag analysiert Büşra Erşanlı, dass die kurdische Bewegung im Gegensatz zu anderen ethnischen Formationen nicht eine proaktive, sondern mehr eine reaktive Bewegung ist. Sie verweist auf einen Paradigmenwechsel der kurdischen Bewegungen insbesondere seit den 2000er Jahren, bei dem die kurdischen Bewegungen trotz ihres Primats der Selbstbestimmung in der Mitte der türkeistämmigen Gesellschaft ankommen sollten und somit eine »Partei der Türkei« werden müssten. Für ein solches zeitgemäßes Projekt einer »Demokratischen Autonomie« ließe sich an die Praxis der pro-kurdischen Parteien wie BDP oder DTP, aber auch an den »Demokratischen Gesellschaftskongress« (DTK) anknüpfen. Allein so sei es möglich, eine Marginalisierung und Kriminalisierung der legalen kurdischen Politik zu überwinden und die Notwendigkeit für eine friedliche Lösung der kurdischen Frage im Bewusststein breiter Bevölkerungsteile zu verankern. Im Gegensatz zu anderen pro-kurdischen Parteien hat die HDP die genannte Ausrichtung hin zu einer »Partei der Türkei« zu einem ihrer zentralen Ziele ernannt.

---

94   Büşra Erşanlı / Günay Göksu Özdoğan / Nesrin Uçarlar (Hg.): Türkiye Siyasetinde Kürtler. Direniş, Hak Arayışı, Katılım [Kurden in der Türkei-Politik. Widerstand, Rechtssuche und Partizipation]. 2. Auflage. Istanbul 2014.

Die HDP ist in der Geschichte der Türkei die erste pro-kurdische Partei, der es als Bündnis mit vielen fortschrittlichen und linken Bewegungen gelungen ist, die Zehn-Prozent-Klausel zu überwinden und direkt ins Parlament einzuziehen. Im Juni 2015 gelang es ihr, mit 13,1 % der Wählerstimmen und 80 von 550 Sitzen ins türkische Parlament einzuziehen. Als sich für Erdoğan herausstellte, dass durch die starke parlamentarische Vertretung der HDP eine Alleinregierung der AKP nicht mehr gesichert war, ließ er die Koalitionsgespräche scheitern und kündigte vorgezogene Neuwahlen an. Zugleich kam es türkeiweit zu pogromartigen Übergriffen gegen Parteibüros der HDP. Die türkische Armee begann eine große militärische Offensive in kurdischen Gebieten. Trotz der erneuten Kriminalisierung der kurdischen Politik und einer neuen Bürgerkriegsstimmung in mehreren kurdischen Städten erhielt die HDP bei der vorgezogenen Neuwahl am 1. November 2015 10,8 % der Stimmen und gelangte mit 59 Abgeordneten als drittgrößte Fraktion ins Parlament.

Den Ursprung der HDP bildete der »Demokratische Kongress der Völker« (HDK), der 2012 als eine gemeinsame Plattform von Vertretern verschiedener ethnischer und religiöser Minoritäten – beispielsweise Kurden, Armenier, Aleviten, Yeziden, Asyrer und Araber – sowie von Initiativen aus der Gewerkschafts-, Frauen-, Jugend-, LGBT- und Umweltbewegung entstanden war. Auch sozialistische Parteien wie die EMEP und die ESP sowie zahlreiche linke Gruppen beteiligten sich an der Plattform des HDK. Damit verhalf die HDP einer neuen Oppositionsbewegung zum Durchbruch, die zugleich den sozialen Bewegungen in der Türkei eine Stimme verlieh. Innerhalb vieler gesellschaftlicher Teile wurde die HDP mit ihrer Doppelspitze – geleitet von Selahattin Demirtaş und Figen Yüksekdağ – als eine Bewegungspartei neuen Typs verstanden. Dies hat der HDP insgesamt zu neuer Dynamik verholfen.

Ein charakteristisches Merkmal der HDP besteht darin, dass sie in den sozialen Kämpfen und Auseinandersetzungen gegen die von Erdoğan und seiner AKP gelenkte Repressionspolitik entstand. Landesweit gab es zahlreiche Proteste von Gewerkschaften, Jugendorganisationen und linken Vereinigungen. Einen wichtigen Anstoß gab zweifelsohne auch die neue Bewegung, die im Zuge der Gezi-Park-Proteste in Istanbul entstanden war. Sırrı Süreyya Önder, Abgeordnete der HDP, nahm im Rahmen dieser Proteste eine wichtige Rolle ein und sah eine enge Verbindung zwischen der kurdischen Widerstandsbewegung und dem Widerstand von Gezi: »Der Prozess, der mit der kurdischen Freiheitsbewegung begann und mit Streiks, den Newroz-Feiern und Gezi-Park-Aktionen fortgesetzt wurde, fand seine Krönung im Widerstand an der Technischen Universität des Nahen Ostens.« Es sei die Zeit für einen »Barrikadenbau« gekommen, so Önder, wobei die HDP »der Zement dieser Barrikade« sei.

Selahattin Demirtaş, Ko-Vorsitzender der HDP, der sich seit November 2016 in Haft befindet, sieht in der HDP sogar einen neuen Hoffnungsträger über die Türkei hinaus. So sagte er im Januar 2017 in einer Grußbotschaft an die XXII. Internationale Rosa-Luxemburg-Konferenz in Berlin, die er aus der Haftanstalt in Edirne versandte: »Wir wissen, dass die HDP, in der Menschen aus den in der Türkei existierenden türkischen, kurdischen, alevitischen, arabischen, christlichen und noch vielen anderen religiösen und ethnischen Bevölkerungsgruppen mit linken, sozialistischen, ökologischen und freiheitlichen Ansichten vertreten sind, in kurzer Zeit nicht nur für die Türkei, sondern auch für den Nahen Osten und die Völker Europas zu einer Quelle der Hoffnung geworden ist.«[95] Demirtaş beendete seine Botschaft mit den Worten: »Wie die geliebte Rosa Luxemburg gesagt hat: Wer sich nicht bewegt, spürt seine Fesseln nicht. In diesem Sinne lasst uns gemeinsam die Fesseln zerreißen.«

Nach den Erfolgen der HDP begann landesweit eine Kriminalisierungswelle gegen die pro-kurdische Partei. So wurde der HDP vorgeworfen, dass sie der PKK nahestehe und sich nicht deutlich von ihr distanziere. Zugleich wurde die Türkei von mehreren Bombenanschlägen erschüttert, die von Selbstmordattentätern des IS bzw. radikal-islamistischen Gruppen verübt wurden. Die erste Bombe explodierte im

---

95 Dokumentation der XXII. Internationalen Rosa-Luxemburg-Konferenz vom 14.1.2017 in Berlin (hier Grußbotschaft von Selahattin Demirtaş), S. 7.

Juni 2015 auf einer großen Wahlkundgebung der HDP in Diyarbakır, wobei zwei Menschen getötet und mehrere Dutzend Menschen verletzt wurden. Zuvor hatten bereits mehrere Anschläge auf HDP-Büros stattgefunden. Der zweite Bombenanschlag richtete sich im Juli 2015 gegen ein Camp der Sozialistischen Jugendvereinigung SGDF in Suruç bei Urfa. Zahlreiche Jugendliche aus verschiedenen Teilen der Türkei hatten sich dort versammelt, um ein Kinderdorf in Kobanê einzurichten. Dabei kamen 34 Jugendliche ums Leben, 76 Personen wurden teils schwer verletzt. Dem folgte am 10. Oktober 2015 in Ankara ein Bombenanschlag auf eine große Friedenskundgebung. Während 102 Menschen ihr Leben verloren, wurden 500 weitere Menschen verletzt. Durch die Nachrichtensperre der Regierung gelangten kaum Informationen über den Hintergrund dieser Kette von Anschlägen an die Öffentlichkeit. Die in der parlamentarischen Sondersitzung verabschiedete parteiübergreifende Verurteilung des Bombenanschlages wurde von allen Parteien mit Ausnahme der HDP unterstützt, die ihre Ablehnung damit begründete, dass sie in der Erklärung auch die Anschläge von Diyarbakır und Suruç sowie weitere Attentate explizit erwähnt haben wollte.

Die Kriminalisierung der pro-kurdischen Politik in der Türkei richtete sich insbesondere auch gegen die Abgeordneten der HDP. So änderte die AKP-Regierung am 20. Mai 2016 die Verfassung, um die Immunität der Parlamentsabgeordneten einfacher aufheben zu können. Davon war vor allem die HDP betroffen, weil bereits gegen 50 ihrer 59 Abgeordneten ermittelt wurde.

Nach der Aufhebung der Immunität von Abgeordneten wurden am 4. November 2016 schließlich mehrere Abgeordnete der HDP festgenommen. Darunter befinden sich auch Namen wie Figen Yüksekdağ, Selahattin Demirtaş, Nursel Aydoğan, Leyla Birlik, Gülser Yıldırım, Idris Baluken und Abdullah Zeydan. Diese Festnahmewelle wurde weltweit von demokratischen Bewegungen und auch von der EU deutlich kritisiert.

***

Die belgische Justiz entschied im November 2016, das von der belgischen Föderalstaatsanwaltschaft seit sechs Jahren betriebene Strafverfahren gegen den führenden Europaverantwortlichen der PKK und über 30 kurdische Aktivisten nicht zur Verhandlung anzunehmen. Die Argumentation des Brüsseler Gerichts, bei den Auseinandersetzungen in der Türkei handele es sich um einen bewaffneten Konflikt im Sinne des Völkerrechts und nicht um Terrorismus, sollte auch für die deutsche Justiz maßgeblich sein.

Die Anerkennung der PKK als politische Kraft und die Aufhebung des Verbots in Deutschland wären ein außenpolitisches Signal, das mehr zum Frieden beitragen würde als jeder Einsatz deutscher Bundeswehr-Tornados. Innenpolitisch wäre es ein Zeichen an KurdInnen, dass sie als politisch handelnde Subjekte wahrgenommen und nicht weiter als »terroristisch« stigmatisiert werden und ihre politischen Vorstellungen in einem demokratischen Dialog diskutiert werden könnten. Zu einem inneren und äußeren Frieden gibt es keine Alternative.

IV.
Der »Neue Sultan« und
der Neo-Osmanismus à la AKP

Der Aufstieg von Erdoğan:
Vom Armenviertel Istanbuls zum »Neuen Sultan«

Recep Tayyip Erdoğan startete, nachdem er bei der Parlamentswahl 2002 mit seiner AKP auf Anhieb die absolute Mehrheit der Sitze errungen hatte, mit vermeintlich demokratischen Reformen; doch im Kampf gegen die alten Eliten und einstige Weggefährten, gegen die Gezi-Proteste, den Widerstand von Gewerkschaften und im Umgang mit der kurdischen Frage entwickelte er sich immer mehr zu einem despotischen »Sultan«. Erdoğan zeigte sich im Zuge seiner Machtsicherung als Hoffnungsträger des Volkes und in der Öffentlichkeit als »reformwilliger Demokrat«. Zugleich begann er, das Land Schritt für Schritt zu einer Ein-Mann-Diktatur umzuwandeln. Für die deutsch-türkische Journalistin Çigdem Akyol ist Erdoğan ein Verführer und Narzisst, dessen Machtstreben man erst dann verstehen kann, wenn man sich mit den gesellschaftlichen und politischen Entwicklungen der Türkei auseinandersetzt.[96] Um das Phänomen um die Person Erdoğan besser zu erfassen, ist daher sowohl ein Blick auf die Biografie des türkischen Staatspräsidenten als auch auf die geschichtlichen Umbrüche und Widersprüchlichkeiten von Bedeutung.

---

96   Vgl. Çigdem Akyol: Erdoğan: Die Biografie, Freiburg 2016.

Erdoğan, der am 26. Februar 1954 geboren wurde, kommt aus dem Istanbuler Armenviertel Kasımpaşa, welcher schon geschichtlich durch eine islamische Werteordnung geprägt ist. Auch damals erlebte die türkische Gesellschaft eine tiefe Spaltung. Die sogenannte westlich orientierte städtische Elite besetzte die wichtigsten Posten in Verwaltung und Militär, der Großteil der Bevölkerung lebte im sozialen Abseits. Die türkische Soziologin Nilüfer Göle, die seit 2001 als Wissenschaftlerin am Centre d'Analyse et d'Intervention Sociologiques (CADIS) in Paris tätig ist, beschreibt diesen gesellschaftlichen Riss mit dem Begriffspaar »Weiße Türken« (Beyaz Türkler) und »Schwarze Türken« (Siyah Türkler). Während die »Weißen Türken« politisch gesehen die urbane kemalistische Elite vertreten, symbolisieren die »Schwarzen Türken« die islamisch orientierten »rückständigen« Türken aus Anatolien. In dieser Situation wird Erdoğan in eine Familie von »Schwarzen Türken« hineingeboren und wächst im Hafenviertel Kasımpaşa auf, auf dessen Straßen – wie in vielen ärmeren Stadtvierteln – das Recht des Stärkeren regiert. Während dort zum einen Alkohol als Sünde betrachtet wird und die Frauen strenge islamische Kleidung tragen, ist zum anderen dieses Viertel zu jener Zeit noch von Rückständigkeit in Hinblick auf basale Infrastruktur wie Strom- und Wasserversorgung geprägt. In diesem von Frömmigkeit und Armut durchzogenen Milieu wird der damalige Simit-Verkäufer[97] und zukünftig wichtigste Politiker der Türkischen Republik maßgeblich sozialisiert.

Erdoğan wies eine durchschnittliche Biografie in der Türkei der 1950er und 60er Jahre auf: arm, auf der Straße aufgewachsen, religiös und autoritäres Elternhaus. Gerade diese Sozialisationserfahrungen imponieren heute vielen Anhängern des Staatspräsidenten. Zumal viele Anhänger Erdoğans schon durch ihren eigenen Werdegang eine enge Identifikation mit diesen Erfahrungen herstellen.

In den 1950er Jahren, in denen Erdoğan aufwuchs, war die Türkei durch innenpolitische Auseinandersetzungen und Instabilität polarisiert und gespalten. Schließlich wurde die Regierung unter Adnan Menderes

---

97   Simit: Sesamringe.

am 27. Mai 1960 durch das türkische Militär gestürzt, weil Menderes die »Rückkehr zum Islam« gefordert hatte und somit eine Gefahr für das kemalistisch-laizistische Erbe darstellte. Als Ministerpräsident Menderes und weitere politische Führungspersönlichkeiten 1961 auf der Insel Imralı hingerichtet und zahlreiche weitere Parteifunktionäre und Politiker zu langjährigen Gefängnisstrafen verurteilt wurden, war diese historische Zäsur sehr prägend für das konservative Milieu der Türkei. So auch für den damals siebenjährigen Erdoğan, dessen Eltern wie viele andere Religiös-Konservative die DP (Demokratische Partei) wählten. Diese Form der politischen Entmachtung und deren Folgen haben viele Menschen, auch Erdoğan, als Gefühl eines politischen Unrechts wahrgenommen.

Erdoğan wechselt nach der Grundschule auf die Imam-Hatip-Schule, in der man ein islamisches Fachabitur unter besonderer Berücksichtigung des Koranunterrichts abschließen kann. Häufig dient diese Schule dazu, dass die Absolventen ein theologisches Studium ausüben, um dann etwa den Beruf des Imams auszuüben. Erdoğan verschuf sich – im Gegensatz zu seinen Altersgenossen, die ihre ersten Erfahrungen mit Alkohol, Zigaretten und Flirtversuchen machten –, schnell den Ruf, eine streng islamische Moral zu verfolgen. Seine einzige »unislamische Last« war seine Leidenschaft für Fußball. Er galt als ein Talent, das auch für eine Karriere als Profifußballer hätte reichen können, jedoch verheimlichte er seine Leidenschaft vor seinem Vater, da das Tragen kurzer Hosen als »unislamisch« galt. Als dieses Doppelleben aufflog, musste er rasch den Traum einer Fußballkarriere begraben.

Neben dem Gefühl, einem politischen Unrecht seitens der sogenannten »weißen Türken« bzw. der kemalistischen Eliten ausgesetzt zu sein, waren für Erdoğan der Besuch einer islamischen Schule und das Aufwachsen im islamisch-konservativen Milieu prägend.

Eine andere Leidenschaft neben dem Fußball ist schon für den jungen Erdoğan die Politik. Als Erdoğan 1970 sechszehn wird, gründet Necmettin Erbakan, der zuvor in Aachen Maschinenbau studierte und anschließend auch am selben Ort promovierte, die »Partei der Nationalen Ordnung« (MNP). Diese Partei ging aus der ebenfalls von Erbakan gegründeten islamistischen Bewegung »Milli Görüş« hervor. Der junge Erdoğan findet in der Jugendorganisation dieser Partei seine politische Heimat und entdeckt in Erbakan ein politisches Vorbild. Der politische Mentor wiederum erkennt mit der Zeit Erdoğans Talent als Redner und Rhetoriker, welches er sich in der Imam-Hitap-Schule angeeignet hatte. In dieser Zeit lernen sich Erdoğan und Emine Gülbaran kennen und heiraten im Juli 1978. Sie haben insgesamt vier gemeinsame Kinder, und zwar zwei Söhne, Ahmet Burak und Necmettin Bilal (nach Necmettin Erbakan benannt), und zwei Töchter, Esra und Sümeyye.

Bis in die 1990er Jahre bleibt Erbakan Erdoğans Mentor. In dieser Zeit baut Recep Tayyip Erdoğan vielseitige Fähigkeiten für sein politisches Handeln auf: so begreift er, wie wichtig es ist, mit den »richtigen« Leuten zu verkehren, politische Strategien zu entwickeln, politische Gegner ins Abseits zu stellen und die eigene Macht sukzessive aufzubauen. Die besondere Fähigkeit des späteren Staatspräsidenten ist seine Lernbereitschaft auf politischem Feld, in dem es darum geht, im machiavellistischen Sinne seine Machtposition auszubauen. Neben seinem islamistischen Ziehvater Erbakan lernt Erdoğan auch viel von der politischen Konkurrenz, vom ersten Staatspräsidenten nach dem Militärputsch von 1980, Turgut Özal. Dieser war Mitglied der neugegründeten ANAP (Mutterlandspartei), einer islamisch-konservativen Partei mit wirtschaftsliberaler Ausrichtung. Erdoğan erkennt an diesem Beispiel, dass diese Synthese ein erfolgreiches Konzept für Wahlerfolge ist.

Nach seinem Abschluss in Betriebswirtschaft arbeitet Erdoğan in einer Istanbuler Wurstfabrik und sammelt die ersten Berufserfahrungen im Bereich der Betriebsführung. Zwar kehrt er nach dem Wehrdienst wieder zum Betrieb zurück, jedoch erkennen die Geschäftsleute das politische Potenzial Erdoğans und fördern ihn finanziell in einer Größenordnung, die es ihm möglich macht, sich ausschließlich dem Beruf des Politikers zuzuwenden.

Erdoğan kandidiert 1989 das erste Mal für ein politisches Amt, und zwar für das des Bürgermeisters des Istanbuler Stadtteils Beyoğlu. Die Wahl verliert er, konnte jedoch einen Achtungserfolg erzielen. Ab diesem Zeitpunkt werden die ersten Risse zwischen dem Mentor Erba-

kan und Erdoğan sichtbar. Denn Erdoğan genießt zu jener Zeit in der
neugegründeten Wohlfahrtspartei (Refah Parisi, RP) große Beliebtheit.
Zu den Kommunalwahlen 1994 will Erdoğan für die Wohlfahrtspartei
kandidieren, jedoch spricht sich Erbakan für Ali Coşkun aus, um den
Rivalen Erdoğan ins Abseits zu stellen. Die Parteibasis besteht jedoch
im Gegensatz zu Erbakan auf der Kandidatur Erdoğans zu den Kommunalwahlen – und setzt sich schließlich durch. Erdoğan gewinnt die
Kommunalwahlen in Istanbul und hat als Oberbürgermeister der Mil-
lionenmetropole zum ersten Mal in seinem politischen Leben eine reale
Machtposition inne. Mit diesem Wahlerfolg beginnt für Erdoğan eine
steile politische Karriere. Einmal im Amt, wird seine politische Ausrichtung bald deutlich. In dieser Zeit erprobt er die dualistische Ausrichtung
der islamisch-neoliberalen Synthese.

Am 12. Dezember 1997 rezitierte Erdoğan vor seiner Anhängerschaft in Siirt einen programmatischen Vers des türkischen Publizisten
Ziya Gökalp (1876–1924): »Die Demokratie ist nur der Zug, auf den
wir aufsteigen, bis wir am Ziel sind. Die Minarette sind unsere Bajonette, die Kuppeln unsere Helme, die Moscheen unsere Kasernen und
die Gläubigen unsere Soldaten.« Dafür wurde er im April 1998 vom
Staatssicherheitsgericht von Diyarbakır zu zehn Monaten Gefängnis verurteilt, zudem wurde ihm ein lebenslanges Politikverbot erteilt. Auch
wenn die die Haftstrafe nach vier Monaten Haft erlassen wurde: Seine
Anhänger feierten Erdoğan als politischen Märtyrer. Neben dem Gefühl
des erneuten politischen Unrechts stellte die größte Wirtschaftskrise in
der Geschichte der Republik die Rahmenbedingung für den weiteren
politischen Erfolg Erdoğans. Zudem verhalfen ihm die dualistische Aus-
legung seiner Politik, die Loslösung von seinem Mentor Erbakan und
die sogenannte Aussöhnung zwischen Islam und Staat zum Siegeszug bei
den Wahlen von 2002: Mit der erst 2001 gegründeten »Partei für Gerechtigkeit und Entwicklung« (AK Parti bzw. AKP) erreichte Erdoğan
34,3 Prozent und – da ansonsten nur noch die CHP den Einzug ins
Parlament schaffte – die absolute Mehrheit der Sitze. Die Zehn-Prozent-
Klausel prägte das Wahlergebnis von 2002 in besonderem Maße, da die
einst etablierten Parteien, die in mehreren Regierungskoalitionen mitge-

wirkt hatten, nicht mehr ins Parlament einzogen. Die konservativ-natio-
nalistische DYP unter der Führung von Tansu Çiller bekam 9,5 %, die
rechtsextreme MHP von Devlet Bahçeli 8,3 %, die ANAP unter Mesut
Yılmaz 5,1 % und die sozialdemokratische DSP von Ecevit nur 1,2 %
der Stimmen.[98] Wegen der genannten Haftstrafe war Erdoğan selbst
kein Abgeordneter und durfte damit das Amt des Ministerpräsidenten
nicht antreten. Das bekleidete zunächst sein Stellvertreter Abdullah Gül.
Nach einer Verfassungsänderung übernahm Erdoğan 2003 den Posten,
Gül wurde Außenminister.

In der Regierungszeit von Erdoğan erlebte die Türkei einen grundlegenden Wandel von einem »unterentwickelten« Krisenland zu einer
Regionalmacht. Auch zu dem Zweck verfolgte Erdoğan wirtschaftspoli-
tisch eine noch weiter forcierte Liberalisierung des türkischen Marktes
und den EU-Beitritt als Ziel. Hinzu kam, dass die Türkei sich zu dieser
Zeit in einer großen Wirtschaftskrise befand, die einen historischen Höhepunkt erreichte und deren Folgen sich in vielen Lebensbereichen zeigten. Als Retter aus der wirtschaftlichen Not stützten sich die bürgerlich-
kemalistischen Eliten auf den damaligen Vizepräsidenten der Weltbank,
Kemal Derviş, der die türkische Wirtschaft durch ein Umschuldungs-
programm wieder ankurbeln sollte. Erdoğan kam schließlich zur rechten
Zeit, setzte das von Derviş vorgeschlagene Wirtschaftsprogramm um
und nahm neue Kredite vom Internationalen Währungsfonds (IWF)
auf. Mit dem wirtschaftlichen Aufschwung erhielt Erdoğan zudem innenpolitische Unterstützung aus unterschiedlichen Unternehmerkrei-
sen, besonders aus den islamisch orientierten Verbänden wie MÜSİAD
(Verein unabhängiger Industrieller und Unternehmer) sowie dem größten Unternehmerverband, TÜSİAD (Verein türkischer Industrieller und
Unternehmer). Durch das wirtschaftliche Liberalisierungsprogramm
erhielt die AKP auch Unterstützung von liberal-konservativen Kreisen.
Unter seinen Förderern bestand der Wunsch nach Umformung der kemalistischen Staatsideologie, vor allem um den militärisch-bürokratischen
Apparat aufzubrechen und zu reformieren.

---

98   Vgl. Der Spiegel, 4.11.2002.

Erdoğan erweckte zunächst den Eindruck, dass er sich von einem religiösen Fundamentalisten zu einem modernen demokratischen Reformer entwickelt, um die alten Eliten des kemalistischen Staates Schritt für Schritt zu entmachten, eine eigene religiös-wirtschaftliche »Kapitalschicht« zu etablieren, einen Wirtschaftsboom hervorzurufen und die islamisch-konservativ orientierten Massen aus der Armut und der politischen Sprachlosigkeit zu befreien.

Nach jedem weiteren Wahlerfolg kam indes das islamistische Gesicht Erdoğans immer mehr ans Tageslicht. Er wurde autoritärer und ging aggressiver gegen Kritiker vor. Er ließ Proteste niederschlagen, Demonstrationen attackieren, JournalistInnen und WissenschaftlerInnen festnehmen, Medienanstalten verbieten, Oppositionelle kriminalisieren und Kritiker verhaften. »Erdoğan ist auch als Politiker ein Straßenkämpfer geblieben«, so Rechtsanwalt Turgut Kazan, der Erdoğan seit Jahren kennt. Schritt für Schritt verankerte die AKP schließlich strengere islamische Moralvorstellungen in der türkischen Gesellschaft und mischte sich in den Alltag der Menschen ein. Der Reformer wurde zum »Neuen Sultan«, der immer mehr zur Gefahr für das Land wurde. Wenn er sich von seinen Anhängern verabschiedet, hebt er gerne seine Hand zum Gruß der Muslimbrüder und ruft: »Unsere Mission hat gerade erst begonnen.«

Das »grüne Kapital«[99] im Zeichen des Neoliberalismus

In der innen- und außenpolitischen Ausrichtung der AKP haben sich mit der Zeit drei ideologische Kernelemente herausgebildet, die gegenwärtig für die Linie von Erdoğan bestimmend sind: islamischer (Neo-) Liberalismus, islamischer Populismus und islamischer Nationalismus. Diese ideologischen Perspektiven beziehen sich auf internationale Kapitalkreise, global-intellektuelle Bewegungen wie auch auf die Regie-

---

99   Der Begriff des »grünen Kapitals« ist seit den 1990er Jahren geläufig und steht symbolisch für »islamische« Kapitalkreise und Kapitalinteressen.

rungshierarchie der Türkei. Das Ziel dieser ideologischen Ausrichtung bestand in erster Linie darin, im Kontext der türkisch-islamischen Synthese eine vermeintlich alternativlose, große populistische Partei zu hegemonisieren und fortschrittlich-linke Einstellungen ins gesellschaftliche Abseits zu drängen. Durch diese Neuausrichtung gewann die AKP an Verhandlungsmasse gegenüber internationalen Akteuren, nicht zuletzt gegenüber dem Kapital.

In der Regierungszeit der AKP hat sich eine lang andauernde Neoliberalisierung der Gesellschaft herausgebildet, die sich in vielen gesellschaftlichen Bereichen zeigt. Im Umfeld der AKP ist eine neue »grüne« Kapitalklasse entstanden, die in Abhängigkeit vom Machtsystem Erdoğans steht. Nach dem Motto »Der Staat ist Beute, die oben bekommen große Stücke, nach unten fallen Krümel« hat sich in der AKP-Ära ein ausgeprägtes System von wirtschaftlichen Abhängigkeiten etabliert. Gerade die größte Wirtschaftskrise in der Geschichte der Türkei und die hohe Verschuldung gegenüber dem Internationalen Währungsfonds verhalfen der AKP 2002 zu dem außergewöhnlichen Aufstieg. Anfangs vertrat sie daher auch die wirtschaftspolitischen Interessen von kleinen und mittelständischen Unternehmen, die bislang Verlierer der vorherigen neoliberalen Politik waren. So entstand mit der Zeit im Umfeld der AKP eine neue islamisch-konservative Kapitalschicht.

Das Resultat der neoliberalen Wirtschaftspolitik in der AKP-Ära war die Umsetzung des umfangreichsten Privatisierungsprogramms in der Geschichte der Türkei, womit die bisherige Wirtschaftspolitik noch weiter radikalisiert wurde: Von 2003 bis 2015 fanden Privatisierungen in Höhe von 59 Milliarden Dollar statt. Die offizielle Arbeitslosigkeit stieg auf bis zu 12 Prozent, bei einer noch wesentlich höheren verdeckten Arbeitslosigkeit. Durch Leiharbeit, Flexibilisierung, Lockerung von Arbeitsschutzgesetzen und Eingrenzung gewerkschaftlicher Mitbestimmungsrechte wurden die Löhne weiter gedrückt, so dass viele abhängig Beschäftigte ein Leben unter dem Existenzminimum führen müssen. Nach Angaben des Internationalen Gewerkschaftsbundes gehörte die Türkei im Jahre 2016 zu den zehn Ländern mit den niedrigsten Sozialstandards der Welt. Die Internationale Arbeitsorganisation ILO spricht davon, dass die Türkei bei der Zahl von Arbeitsunfällen inzwischen einen Spitzenplatz erreicht hat. Ebenso hat sich die Inflation seit Ende 2015 auf 12 Prozent nahezu verdoppelt, und die Kaufkraft der Bevölkerung ist weiter gesunken.[100] Auch wenn einerseits durch den Bau- und Konsumboom angeblich die Wirtschaft angekurbelt wurde, zeigt sich andererseits eine hohe Verschuldung insbesondere bei Unternehmen und privaten Haushalten, was nicht zuletzt in Kapitalkreisen Ängste auslöst.

Eine nachhaltige Verbesserung der Lage der Beschäftigten ist trotz des sogenannten Booms sowie der Sozialhilfemaßnahmen der AKP-Regierung nicht erfolgt, stattdessen hat sich in der neoliberalen Logik die Prekarisierung und Flexibilisierung weiter vertieft. Ein wesentliches Element ist zugleich die wirtschaftliche Prosperität von Unternehmen, die mit der AKP verbunden sind. Errol Babacan konstatiert: »Insgesamt gestaltet sich die Regierungszeit der AKP zwar kapitalfreundlich und die größten Unternehmen profitierten zweifellos am meisten. Dennoch ist die AKP-Phase mit dem Aufstieg von vielen Unternehmen verbunden, die organisch mit der Partei verbunden sind. ... Die gestiegene Konkurrenz begrenzt den politischen Gestaltungseinfluss der etablierten Unternehmen. Schließlich stellt sich bei öffentlichen Ausschreibungen großer Bauaufträge oder von Privatisierungen die Frage, welche Unternehmen den Vorzug erhalten.«[101] Klar ist, dass die AKP unter Erdoğan eine gigantische Wirtschaftsmaschinerie aufgebaut, ein System von Abhängigkeiten geschaffen und somit den wirtschaftlichen Aufstieg von Unternehmen, die organisch mit der AKP verbunden sind, besonders gefördert hat. Zweifelsohne ist dieses System von Abhängigkeiten nicht erst durch die AKP eingeführt wurden, aber nie war es so stark wie heute.

Fakt ist, dass sich die Türkei nach den Jahren des wirtschaftlichen Aufschwungs, der teilweise auch der internationalen Konjunktur geschuldet war, derzeit in einer Krise befindet. Während das Institut für

---

100   Vgl. Vincent Körner: Paradies des Neoliberalismus. Das Kapital und Erdoğan: Zur
      sozialen und ökonomischen Lage der Türkei. In: neues deutschland, 15./16. Juli
      2017, S. 18.
101   Errol Babacan: Neoliberaler Generalangriff. In: Marxistische Blätter, 6/2016, S. 30.

Wirtschaft in Köln im Zuge der politischen Instabilität der Türkei auch von einem Niedergang der wirtschaftlichen Erfolgsgeschichte spricht, erklärt Klaus-Jürgen Gern vom Institut für Wirtschaft in Kiel: »Die großen Pläne der türkischen Führung, die Türkei zu einem modernen Industrieland umzubauen, das an der Nahtstelle von Orient und Okzident als Zentrum von Handel und Produktion Wohlstand für die inzwischen 80 Millionen Einwohner generiert, drohen zu platzen.«[102] Auch wenn die Politik von Ratingagenturen mit Vorsicht zu genießen ist: Im Januar 2017 stufte die US-Agentur Fitch die Kreditwürdigkeit des Landes auf Ramschniveau herab und wies auf eine wirtschaftliche Konjunkturkrise hin. Während die Bevölkerung derzeit mit den Auswirkungen der hauptsächlich auf sie abgewälzten Wirtschaftskrise kämpfen muss, versucht Erdoğan unentwegt, seine neo-osmanischen Machtutopien zu verwirklichen.

Erdoğan und das neo-osmanische Machtstreben

Ertuğrul Kürkçü ist Abgeordneter der HDP und einer der bekannten Namen der 1968er Bewegung in der Türkei. In seiner Ansprache auf der Rosa-Luxemburg-Konferenz im Januar 2017 in Berlin vertrat er die Position, dass an der Peripherie der EU eine neue »faschistische Diktatur« entstehe, die sich nach einem »Osmanischen Sultanat als Mittelpunkt der Welt sehnt«. Gerade letzterer Befund lässt den Charakter des gegenwärtigen Machtstrebens der AKP und Erdoğans erkennbar werden. Sie verstehen die gegenwärtige Türkei als Erbin des Osmanischen Reiches und damit als Epizentrum islamisch-nationalistischer Politik – gleichsam als historisch-politische Synthese.

Die neo-osmanischen Ausgeburten kamen zweifelsohne nicht über Nacht. Vielmehr sind sie Resultat der türkischen Geschichte und der politischen Auseinandersetzungen, die seit dem Zusammenbruch des

---

102   Klaus-Jürgen Gern: Türkei/EU-Konflikt: Wirtschaft in den Vordergrund! In: Wirtschaftsdienst, 4/2017, S. 238.

Osmanischen Reiches eine Kontinuität aufweisen. Der von Erdoğan
und seiner AKP vertretene politische Islam beinhaltet die Vorstellung
von einer Türkei, die sich auf das Osmanische Reich zurückbesinnt. Eine
heute entsprechend reproduzierte Nostalgie spiegelt auch wider, dass die
»moderne« Türkei diese geschichtliche Epoche mit ihren Auswirkungen
nicht im aufklärerischen Sinne verarbeitet hat. Auch nach dem Niedergang des Osmanischen Reiches und der Gründung der Republik hat
es keine kritische Auseinandersetzung mit den Folgen der osmanischen
Machtexpansion und Kriege gegeben. Vielmehr geht es weitestgehend
um eine geschichtliche Verdrängung und gleichzeitige Verklärung im
Kollektivbewusstsein, was sich heute in Konzepten neuer islamischer
und nationalistischer Bewegungen zeigt.

Den Begriff des »Neo-Osmanismus« verwendet bereits Bassam Tibi
in seiner Analyse »Aufbruch am Bosporus«[103]. Hier beschreibt Tibi
schon Ende der 1990er Jahre aus liberal-soziologischer Perspektive,
wie die Grundbausteine des staatlichen Kemalismus Schritt für Schritt
demontiert werden, um eine (Re-)Islamisierung der gesamten Türkei
zu forcieren. Vor diesem Hintergrund bezeichnet Tibi die türkischen
Islam-Fundamentalisten als »Neue Osmanen«. Zudem betont er, dass
bereits Necmettin Erbakan mit seiner Milli Görüş durch eine schlei-
chende Politik der »Entwestlichung« – bei Kontinuität wirtschaftlicher
Beziehungen und des militärischen Bündnisses –, mit einem Marsch
durch die Institutionen und durch den Ausbau der von den Islamisten
dominierten Imam-Hatip-Schulen einen neo-osmanischen Aufbruch
gestartet habe. Gerade in diesen Imam-Hatip-Schulen wurde und wird
die permanente Rekrutierung der neuen türkisch-islamischen Eliten betrieben, die langfristig durch Unterwanderung des Staatsapparates die
kemalistischen Führungskräfte ersetzen sollen. Dabei ist zu beobachten,
dass die türkischen Islamisten sich von den anderen Islamisten durch
ihre neo-osmanische Nostalgie unterscheiden, die eine eigenartige Mischung aus Islamismus, Pantürkismus und Osmanismus ist. Obwohl

---

103   Bassam Tibi: Aufbruch am Bosporus. Die Türkei zwischen Europa und dem Islamis-
      mus. München 1998.

der Islam universell ist und keine nationalen Grenzen sowie Ethnizität zulässt, ist der türkische Islamismus äußerst nationalistisch, sunnitisch und pantürkisch gefärbt. Sicherlich spielt für die gegenwärtige Türkei auch das Konzept der »türkisch-islamischen Synthese«, das insbesondere nach dem Militärputsch von 1980 als reaktionäres Gegenkonzept zu fortschrittlichen Ideen und Gesellschaftsbildern fungierte, eine Schlüsselrolle in der Manifestierung islamzentristischen und neo-osmanischen Machtstrebens. Seit den 1980er Jahren verbreiten und propagieren insbesondere islamische Bewegungen, Gemeinden, Ordensgemeinschaften, Sekten und Religionsschulen ein neo-osmanisches Gesellschaftsmodell als Alternative zum kemalistischen System, aber auch als Alternative zu einer demokratischen Ordnung.

Die ideologische und politische Basis für das neo-osmanische Machtstreben bildete die Milli-Görüş-Bewegung, die in ihrem islamischen Konzept die Überwindung einer »nichtigen«, »falschen« bzw. »verwerflichen Ordnung« forderte. Der Clou am türkischen Begriff dafür (Batıl düzen): Er ist sprachlich sehr nah an dem für »westliche Ordnung« (Batı düzen). Zugleich wurde die Rückbesinnung auf osmanische Quellen, Werte, Normen und Traditionen propagiert. In dieser ideologischen Ausprägung wurzelt auch die Grundlage des Neo-Osmanismus von Erdoğan, der dieses Konzept inzwischen mit einer gleichzeitig neoliberalen Wirtschaftspolitik weiterentwickelte. Das zeigt: Eine dem Wort nach gegen »George« und »Hans« gerichtete Politik spielt sich vor allem auf der politischen und ideologischen Ebene ab, nicht aber auf der ökonomischen, wo man sich nach wie vor an jenen marktradikalen Überzeugungen orientiert, wie sie einst von den »Chicago Boys« ersonnen wurden. Nicht zuletzt kommen in dem durch das Referendum vom 16. April 2017 bestätigten Übergang zu einem Präsidialregime auch neo-osmanische Visionen einer Ein-Mann-Diktatur zur Geltung. Zumal Erdoğan die Türkei in erster Linie als Erbe und Weiterfolge des Osmanischen Reiches sieht und ein »neues« regionales Epizentrum aufbauen möchte. Das Streben nach alter militärischer Bedeutung schlägt sich auch auf symbolischer Ebene nieder: Gerne lässt sich Erdoğan zeremoniell mit Soldaten in den Uniformen des Osmanischen Reiches ablichten.

Die unter Erdoğan forcierte Welle von Repressionen, Verhaftungen, Verboten und Kriminalisierung spaltet die Türkei, während zugleich gegen kurdische Gebiete, d. h. gegen die eigene Bevölkerung offen Krieg geführt wird. Mit dieser Strategie der Spannung – Erzeugung von Instabilität und eines Klimas der Angst – wird zugleich die Verhängung des Ausnahmezustandes und der Übergang zu einem Präsidialsystem mit diktatorischen Machtbefugnissen gerechtfertigt.

Während die Türkei bereits durch ihre frühe Mitgliedschaft in der NATO und im Europarat – später auch mit der Perspektive einer EU-Mitgliedschaft – als gesicherter Partner des Westens fungierte, wird heute – vor allem auf diplomatischer Ebene – die Verlässlichkeit der Westpartnerschaft in Frage gestellt. Hierzu gehören neben einer verschärften Innenpolitik und der Festnahme etwa deutscher Staatsbürger auch außenpolitische Differenzen wie teilweise in der Syrienpolitik, bei den Beziehungen zum Iran oder beim Umgang mit Russland.

Im Zuge des Arabischen Frühlings zeigte sich die Türkei ab 2011 als aufstrebende neue Regionalmacht mit eigenen Interessen bei einem Umbau des Nahen Ostens. Das Ziel von Erdoğan bestand auch darin, Vorbild für ein neues Nordafrika zu sein. Im September 2011 waren schließlich Ägypten, Tunesien und Libyen hintereinander seine wichtigsten Reisestationen, um die Türkei als mögliches Modell anzubieten. Gerade nach den politischen Umwälzungen in Nordafrika war Erdoğan bestrebt, sich als neue Führungsfigur der islamischen Welt in Szene setzen. In Tunesien und Ägypten unterstützte er offen die Muslimbruderschaft. Doch spätestens als die Mursi-Regierung in Ägypten 2013 einem auch von Saudi-Arabien geförderten Putsch unter militärischer Führung von al-Sisi zum Opfer fiel, sah die Türkei ihrer Rolle als Modell Grenzen gesteckt. Auch beim Syrienkrieg sieht sich die Türkei zunehmend Interessenkonflikten mit ihren Bündnispartnern gegenüber. Während sie lange Zeit zusammen mit anderen NATO-Staaten mit allen Mitteln vor allem »Regime Change«-Politik verfolgte, geht es ihr inzwischen in erster Linie darum, eine kurdische Autonomieregion um jeden Preis zu verhindern. Das türkische Militär verstärkte seinen Krieg gegen die PKK und deklarierte auch die in Syrien agierende PYD/YPG als verlängerten

Arm der PKK und damit als Terrorgruppe. Neben Angriffen auf PKK-Stellungen im Irak geht die türkische Armee auch gegen die YPG in Syrien vor. Doch die YPG gilt gegenwärtig als der wichtigste Verbündete des Westens, allen voran der USA, im Kampf gegen die IS-Terrormiliz, mitunter auch beim Vorgehen gegenüber der syrischen wie der russischen Seite.

Erdoğan ist zwar ein strategischer Innenpolitiker, der die Eigenschaften und Charakteristika der türkischen Gesellschaft gut kennt, doch in der Außenpolitik hat er den Bogen bisweilen überspannt, dem Ziel von einer neo-osmanischen Regionalmacht werden immer mal wieder Grenzen aufgezeigt.

Innenpolitisch hat die im Zuge der Gezi-Proteste in Istanbul entfachte Repressionspolitik schließlich in Kombination mit der Wahl Erdoğans zum Staatspräsidenten im August 2014 einen tiefen Bruch in der Entwicklung des Landes erzeugt. Vor allem in der europäischen Öffentlichkeit wurde vor der Gefahr eines neuen Autoritarismus in der Türkei gewarnt. Dem folgte eine aggressiver werdende Politik, die ihren vorläufigen Höhepunkt in der Schließung von Medienanstalten, der Festnahme von JournalistInnen, SchriftstellerInnen, PolitikerInnen, LehrerInnen, ProfessorInnen und WissenschaftlerInnen, einer Säuberungswelle in Justiz, Polizei, Militär und Bürokratie, in der Schließung von zahlreichen Einrichtungen und Stiftungen, in Einschränkungen des Demonstrationsrechts, in Polizeigewalt gegen Demonstrierende u. ä. gefunden hat.

Erdoğan bringt offen zum Ausdruck, dass er die »Demokratie« nur als ein Mittel auf dem Weg zu seinem islamischen und neo-osmanischen Regime sehe. Sein bereits angeführtes Zitat von 1997, wonach die Demokratie »nur der Zug« sei, »auf den wir aufsteigen«, hingegen die »Minarette … unsere Bajonette, die Kuppeln unsere Helme, die Moscheen unsere Kasernen und die Gläubigen unsere Soldaten« seien, sprach schon früh Bände. Seine reale Politik lässt sich daran ebenso messen wie etwa seine symbolische und kulturelle Betonung und Heroisierung der osmanischen Sultane und seine Orientierung. Über den Grundsatz des Laizismus, der – wenn auch nur bedingt umgesetzt – einen Grundpfeiler der kemalistischen Staatsideologie bildet, redet heute kaum noch jemand.

Ahmet İnsel ist Professor an der Wirtschaftswissenschaftlichen Fakultät der Galatasaray-Universität in Istanbul und versteht sich als linksliberaler Wissenschaftler, der regelmäßig für die sozialistische Theoriezeitschrift *Birikim* schreibt. Im repressiven Umgang der AKP-Regierung mit der Gezi-Bewegung sieht İnsel einen Wendepunkt und einen klaren Abschied Erdoğans von der Demokratisierung: »Seither hat die AKP zusammen mit der Gülen-Gemeinde an der Etablierung einer neofeudalen Ordnung gearbeitet. Anfangs betrieb sie die Autoritarisierung noch vorsichtig, weil sie einen Eingriff des Militärs fürchtete. Seit 2010/11 aber wurde sie immer deutlicher – bis sie mit der Gezi-Bewegung erstmals auf breiten zivilen Widerstand stieß. Mit ihrer arroganten, repressiven und rachsüchtigen Reaktion darauf haben sich die AKP und Erdoğan als Kräfte der Demokratisierung verabschiedet.«[104] Zwischenzeitlich hat die AKP auch ihrem alten Weggefährten einen rigorosen Kampf angesagt.

Bruch mit dem Weggefährten:
Machtkampf zwischen Erdoğan und Gülen

Nach dem Putschversuch vom 15. Juli 2016, für den Erdoğan die Gülen-Bewegung verantwortlich machte, startete die AKP-Regierung eine Hetzjagd gegen deren tatsächliche oder vermeintliche Anhänger, Medien, Einrichtungen und Unternehmen. Zuvor hatte Erdoğan in seinen Reden immer wieder verkündet, man sei »gemeinsam diesen Weg gegangen«. Nun stellt sich die Frage, warum es zum Bruch mit dem Weggefährten Gülen kam.

Seit den 1970ern und 80ern hatte sich in der Türkei verstärkt eine neue Bewegung um die Person des islamischen Predigers Fethullah Gülen herausgebildet, der über einen internationalen Verbund an Bildungs-

---

104   Zitiert nach Deniz Yücel: Taksim ist überall. Die Gezi-Bewegung und die Zukunft der Türkei. Hamburg 2014, S. 36.

einrichtungen, Medresen[105], Stiftungen, Unternehmen und Medien in mehr als 50 Ländern verfügt. Die Gülen-Bewegung, die auch unter dem Namen »Cemaat« (Gemeinde) oder »Hizmet-Bewegung« (Hizmet: Dienst) bekannt ist, agiert mit der Mission, weltweit eine neue islamische Intelligenzia auszubilden, um in staatliche und gesellschaftliche Institutionen einzusickern und an Macht zu gewinnen. Um ihre Ziele zu erreichen, erschuf die Gülen-Bewegung ein großes Medienimperium, das von Tageszeitungen über mehrere Zeitschriften und Radioanstalten bis hin zu Privatsendern reichte. Das politische Rückgrat der Gülen-Bewegung bildete die Regierungspartei AKP unter Erdoğan sowie ein konservativ-nationalistisches Establishment. Daher propagierten die Gülenisten im Kern eine Synthese zwischen Islam und Nationalismus. Die Popularität Gülens nahm insbesondere nach den Anschlägen vom 11. September 2001 weiter zu. Gülen stilisierte sich in seinen zahlreichen Publikationen mit einer moderneren Deutung der Schriften des Sufi-Predigers Said Nursi (ca. 1876–1960) zu einem »Reformator« des Islam und schuf sich eine eigene religiöse Basis in der Türkei.

Der pensionierte Prediger Fethullah Gülen wurde 1938 in der ostanatolischen Provinz Erzurum/Türkei geboren. In jungen Jahren wirkte er in Erzurum an der Gründung der militanten »Vereine zur Bekämpfung des Kommunismus« mit. Als junger Imam der staatlichen Religionsbehörde Diyanet sowie als Geistlicher der Ordensgemeinschaft Nurculuk/Nurcular reiste er in den frühen 70er und 80er Jahren durch viele Städte sowie Provinzen der Türkei und gewann damals schon eine breite Anhängerschaft. In ihrer Historie stützt sich diese Ordensgemeinschaft, die trotz Verbot und Verfolgung seit der kemalistischen Republikausrufung weiter existiert, auf die Lehren des Said Nursi.

Nach dem Militärputsch von 1971 wurde Gülen wegen seiner islamistischen Predigten und Aktivitäten für einige Monate verhaftet. Nach seinem Ausscheiden als Prediger aus der staatlichen Religionsbehörde Diyanet war er bestrebt, eine neue islamische Richtung jenseits der Nur-

---

105 Medrese: Lehranstalt im Islam; meist Koranschule einer Moschee oder eine islamische juristisch-theologische Hochschule.

Bewegung ins Leben zu rufen, die sich verstärkt dem Mystizismus und Sufismus zuwenden und auf eine ideologische Synthese zwischen Islam und türkischem Nationalismus stützten sollte. Einen Aufschwung erlebte die Gülen-Bewegung nach dem Militärputsch vom 12. September 1980. Als Gegengewicht gegen eine linke und pro-kurdische Bewegung unterstützte Gülen die Militärjunta, für die er umgekehrt eine wichtige Funktion erfüllte: Von der Idee des »kurdischen Nationalismus« seines auch Said-i-Kurdi genannten Inspirators Saidi Nursi war Fethullah Gülen schließlich zu der Vorstellung eines großtürkischen Nationalismus bzw. Turanismus gelangt. Im Zentrum seiner Predigten und Schriften stand immer wieder der Kampf gegen Kommunismus und Atheismus sowie gegen die Evolutionstheorie.[106]

Große Sympathien ernteten Gülen und seine Gefolgschaft vor allem in den 1990er Jahren mit den geschürten und damit erstarkten islamistischen Auffassungen und Tendenzen innerhalb breiter Bevölkerungsteile, aber auch innerhalb der konservativ-nationalistischen Parteien und Bewegungen des Landes. Von renommierten Politikern und den konservativ-nationalistischen Parteien wurde er sogar als »Vorzeigemuslim« gesehen, der angeblich eine Brücke zwischen islamischen Tugenden und der vom Kemalismus vorgegebenen Trennung von Islam und Politik anstrebe. Bekannt ist, dass Gülen insbesondere in den 1990er Jahren von renommierten Politikern und Staatsoberhäuptern, wie beispielsweise dem damaligen konservativen Staatspräsidenten Turgut Özal, der damaligen konservativ-nationalistischen Premierministerin Tansu Çiller und nicht zuletzt auch dem sogenannten sozialdemokratischen Ministerpräsident Bülent Ecevit öffentlich hofiert wurde. Sie alle fanden in Gülen einen guten Verbündeten, der ihnen eine politische Legitimität in islamischen Kreisen verschaffte. Über sehr gute Kontakte verfügte Gülen ebenso zur islamistischen Wohlfahrtspartei (RP) von Necmettin Erbakan, deren Wahlkampf er finanziell unterstützte. Insbesondere von 1994 bis 1999 drängten sich Politiker und andere prominente Persönlichkeiten darum, mit Gülen zusammen gesehen zu werden und ihn auf Konferenzen ein-

---

106 Vgl. Nick Brauns: Die Dritte Kraft in der Türkei. In: junge Welt, 19.6.2009, S. 10.

zuladen. Gülen folgte der Erkenntnis Nursis, dass der säkulare Staat ein zu mächtiger Gegner sei, um ihn frontal anzugreifen. Deshalb setzte er auf gute Beziehungen zu den jeweiligen Regierungsparteien, denen er die Stimmen seiner Anhänger anbot.[107]

Nach dem Präsidialputsch vom 28. Februar 1997, der sich in erster Linie gegen die Gefahr der islamischen Bewegungen in der Türkei richtete, geriet Gülen ins Fadenkreuz des Nationalen Sicherheitsrates, obwohl er sich als islamischen Gegenpol zur Wohlfahrtspartei vorerst auf die Seite von Staat und Militär stellte. 1999 startete schließlich eine staatliche Kampagne gegen Gülen, die ihn zur islamistischen Gefahr erklärte. Ausgangspunkt hierfür war eine Rede, in der er seiner Gefolgschaft Anleitungen für einen Marsch durch die Institutionen gab und sie aufforderte, sich konspirativ zu verhalten, bis angeblich die Zeit für die Machtübernahme gekommen sei. Kurz darauf wurde im Fernsehsender NTV ein geheimes Video ausgestrahlt, in dem der »Hocaefendi« Gülen seinen Anhängern Folgendes auf den Weg gab: »Die Anwesenheit unserer Schüler in der Justizverwaltung und dem übrigen Staatsapparat ist der Garant für unsere Zukunft. … Die Muslime dürfen nicht eilig handeln. Wer voreilig handelt, gerät in Gefahr, wie in Algerien, dass sein Kopf zerquetscht wird. … Ihr müsst, ohne aufzufallen und ohne auf euch aufmerksam zu machen, an die Schaltstellen der Macht gelangen. Wir brauchen keine Märtyrer. Wenn eure Kollegen im Amt Rakı trinken, so müsst ihr sogar im Fastenmonat mit ihnen trinken, um nicht aufzufallen. Für unsere große Sache ist es euch erlaubt, euch zu verstellen.«[108]

Als die Rede öffentlich wurde, setzte sich Gülen im März 1999 »einer gesundheitlichen Untersuchung wegen« in die USA ab. Ein Verfahren wegen Republikverrats wurde eingeleitet. Gülen bezeichnete die Aufzeichnungen als manipuliert und witterte ein »Komplott von Marxisten und Atheisten«. Der türkische Generalstaatsanwalt Nuh Mete

---

107 Vgl. ebd.

108 Zit. nach: Kozmopolit. Deutsch-türkisches Onlinemagazin, Nr. 9, Juni 2003; www. kozmopolit.com.

Yüksel schrieb im Jahr 2000 zu den Aktivitäten von Gülen: »Sein Ziel ist es, eine islamische Diktatur zu errichten, in der in allen staatlichen Systemen die islamischen Rechtsvorschriften herrschen. ... Fethullah Gülen hat geplant, die Jugend zu benutzen, die an seinen Schulen einer Gehirnwäsche unterzogen wurde, um der türkischen Republik, einem laizistischen, demokratischen und sozialen Rechtsstaat, ein Ende zu bereiten und an ihrer Stelle einen nach den Gesetzen der Scharia herrschenden islamischen Staat zu gründen.«[109]

In der Regierungsära der AKP wurde das Verfahren gegen Gülen 2003 ausgesetzt. 2006 erwirkte er infolge von Gesetzesänderungen in Abwesenheit einen Freispruch. Obwohl einer Rückkehr in die Türkei nichts im Wege stand, beharrte Gülen weiterhin darauf, in den USA zu leben. Seit Ende 2008 verfügt er über eine Greencard zum dauerhaften Aufenthalt in den USA.

Nick Brauns und Murat Çakır sehen in der Gülen-Bewegung durchaus eine »faschistoide Vorfeldorganisation«, die im Dienst »der westlichen Geheimdienste, insbesondere der CIA seit langem tätig ist ... Durch Wikileaks-Veröffentlichungen oder durch die vielen Veröffentlichungen der Whistleblowerin und ehemaligen FBI-Mitarbeiterin Sibel Edmonds ist bekannt, dass die Gülen-Bewegung von der CIA zur Destabilisierung Russlands und Eindämmung des chinesischen Einflusses in Zentralasien eingesetzt wurde.«[110]

Die Ideen von Gülen bilden ein Konglomerat aus verschiedenen gesellschaftspolitischen Diskursen. Gülens Lehre, die über die letzten 40 Jahre einen gewissen Wandel durchmachte, unterscheidet sich von klassischen Nurcu-Gruppen dadurch, dass er einen türkischen Nationalismus und die Bedeutung der Bildung betont. Deshalb nehmen in seinen Schriften die Themen Türkentum und Islam einen wichtigen

---

109   Nuh Mete Yüksel: İddianame [Anklage], Kapitel III.1 (Zwischen Netzwerk und Diskurs. Das Bildungsnetzwerk um Fethullah Gülen (geb. 1938): Die flexible Umsetzung modernen islamischen Gedankenguts. Übers.: Bekim Agai, Bonn 2008, S. 17).

110   Nick Brauns / Murat Çakır: Die faschistoide Vorfeldorganisation. Über die Gülen-Bewegung und ihre Verstrickung in den gescheiterten Putschversuch in der Türkei. In: Marxistische Blätter, 6/2016, S. 37 f.

Platz ein. Die von ihm verstärkt vertretene Verbindung aus türkischem Nationalismus und Islam ist ein zentraler Schlüssel für den Aufstieg seiner Bewegung in der Türkei. Dabei versucht Gülen, den türkischen Nationalismus stärker zu islamisieren.[111] Dieser Ansatz wurde von seinen Anhängern auch in andere Länder exportiert.

In den 1980er Jahren strebte Gülen danach, in der Türkei eine »grüne Revolution« nach dem Vorbild der »Iranischen Revolution« durchzusetzen. Um einen islamischen Umsturz zu realisieren, sei in der gesamten Türkei auch eine nationale Mobilisierung notwendig. Auf mehreren Veranstaltungen der Nurculuk-Bewegung proklamierte er ab Mitte der 1980er die »Huruç Harekatı«, jene Bewegung, die in jeder türkischen Stadt und Provinz ihre Führungspersonen festlegen und sich an einem islamischen Aufstand beteiligen sollte. Dabei wurde das Ziel formuliert, im gesamten Land eigene Bildungseinrichtungen, -institutionen und -internate für GymnasiastInnen und Studierende zu eröffnen, um sie für die Ideen zu begeistern. Ein zentrales Ziel war es, vor allem ein Großteil der LehrerInnen für diese Inhalte zu begeistern und zu mobilisieren.[112]

In den 90er Jahren änderten Gülen und seine Gefolgschaft grundlegend ihre Strategie, die sich auch am Zeitgeist orientieren musste. Im Gegensatz zu den anderen islamischen Bewegungen und Verbänden, die in der Globalisierung eine Verschwörung sahen, erkannte Gülen darin eine glückliche Fügung, nutzte sie als Chance. Daher trat er auf globaler Ebene intensiv für eine Öffnung ein, um dem Islam breitere Geltung zu verschaffen. In einer modernen Welt könne gesellschaftliche Partizipation nicht allein durch Religion an sich erreicht werden, vielmehr müsse man verstärkt über Bildungseinrichtungen, Medien sowie durch wirtschaftlichen Einfluss ein neues Machtzentrum aufbauen.

Die Tendenzen und Auffassungen der Gülen-Bewegung scheinen auf den ersten Blick modern und moderat zu sein. Es geht vor allem darum,

---

111 Vgl. M. Hakan Yavuz: Towards an Islamic Liberalism? The Nurcu Movement and Fethullah Gülen. In: Middle East Journal, Nr. 53, 4/1999, S. 584-605 (hier S. 594).

112 Vgl. Faik Bulut: Kim Bu Fethullah Gülen? Dünü, Bugünü, Hedefi [Wer ist dieser Fethullah Gülen? Gestern, Heute, Ziele]. Istanbul 1999, S. 231.

dass der Islam alle Errungenschaften der Wissenschaft in sich vereint, damit er mit dem Westen konkurrieren kann. Deshalb zeigt sich die Gülen-Bewegung gerne als Vorzeigeobjekt eines »modernen Reform-Islam«. In seinen Schriften beschreibt Gülen hingegen aus einem anti-modernistischen, religiös-dogmatischen Blickwinkel, dass der Koran die Welt ausschließlich durch göttliche Vorherbestimmungen verstehe. Zugleich wird das Ausland verantwortlich für das sogenannte zerstörerische Gedankengut in der Türkei gemacht. So wird der Rückgriff auf die chronische Angst vor der Spaltung der Türkei seitens ausländischer Feinde auch unter islamischen Vorzeichen genutzt.

Gülens moderne Toleranzlehre stößt bei Kurden und Aleviten schnell an ihre Grenzen. »Wenn diese Mitbürger sich als Türken fühlen, gibt es nichts, was uns trennen könnte«, weist Gülen deren Forderungen nach Anerkennung ihrer Rechte zurück.[113] Gerade hier kommt Gülens Nationalismus und Assimilierungspolitik zum Ausdruck, die auf die Herstellung kultureller Hegemonie des Türkischen und Sunnitischen setzt.

Die inzwischen verbotene Tageszeitung *Taraf*[114] veröffentlichte 2009 einen Plan aus dem türkischen Militärapparat, in dem Strategien gegen die regierende AKP und die Gülen-Bewegung offengelegt wurden. Angeblich wollte man beide damals verbündeten islamischen Fraktionen aus allen gesellschaftlichen Institutionen verdrängen und aus der Politik ausschließen. Diese Verschwörungspläne seitens des türkischen Militärs lösten sowohl bei der AKP als auch bei der Gülen-Bewegung Existenzängste aus, die Auswirkungen der Militärputsche waren bekannt und gefürchtet. Aufgrund dessen unternahmen sowohl die AKP-Regierung als auch die Gülen-Bewegung alles Mögliche, den juristischen Kampf gegen die Ergenekon-Machenschaften zu unterstützen bzw. zu führen. Es galt, die alte Militärgarde nachhaltig zu schwächen.

Ein wichtiges Merkmal der Gülen-Bewegung ist, dass sie sich auch als islamische Bildungsbewegung etablierte, die in den letzten 30 Jahren

---

113   Milliyet, 13.1.2005.
114   Taraf, 12.6.2009.

ein Netz von Schulen, Bildungsstätten und Internaten in der Türkei und im Ausland aufgebaut hat, in deren Betrieb Gülen selbst aber nicht aktiv involviert ist. Bis zum Juli-Putsch von 2016 verfügte die Gülen-Bewegung landesweit über mehrere private Universitäten, zahlreiche Privatschulen, Nachhilfeeinrichtungen, Studentenwohnheime sowie eine große Anzahl von »Lichthäusern« für den Religionsunterricht. Hinzu kommen die Asya-Finanzgruppe, Unternehmerverbände, Krankenhausketten, mehrere Stiftungen und Buchhandlungen. Gülen nahm an einem »Gipfeltreffen« mit christlichen und jüdischen Repräsentanten teil, traf sich mit Papst Johannes Paul II. und wurde von Politikern wie dem ehemaligen US-Präsidenten William Clinton empfangen. Der ökonomische Wert der über tausend Schulen, Stiftungen, Unternehmen und Medien, die in nahezu 150 Ländern zur Gülen-Bewegung gehören, wird auf mehrere Milliarden US-Dollar geschätzt.[115] Die in den letzten 30 Jahren aus diesen Bildungseinrichtungen hervorgegangene Gülen-Elite saß in Schlüsselpositionen: in Ministerien, in der Wirtschaft, in Polizei, Militär, juristischen Entscheidungsgremien, Schulen, Hochschulen usw.

Mit dem offensiven Konzept der Unterwanderung und Übernahme staatlicher Institutionen avancierte die Gülen-Bewegung neben dem Militär und der AKP zur drittstärksten Kraft in der Türkei. Nach Erlangung von ausreichend Einfluss innerhalb der AKP war das Ziel der Gülen-Bewegung, die ganze Macht im Staat an sich zu reißen.

Auf Einfluss und Kontrollfunktion der Gülen-Bewegung innerhalb der türkischen Polizei machte bereits der ehemalige stellvertretende Direktor der Polizei-Nachrichtenabteilung Hanefi Avcı in seinen 2010 und 2015 erschienen Büchern aufmerksam.[116] Hier schildert Avcı, wie die Gülen-Bewegung die türkische Polizei kontrollierte und innerhalb des Polizeiapparates mit illegalen Mitteln agierte. Avcı wurde kurz nach Erscheinen seines ersten Buches festgenommen. Im März 2011 wurde

---

115 Vgl. BBC Türkiye, 27.1.2014.

116 Vgl. Hanefi Avcı: Haliçte yaşıyan Simonlar. Dün Devlet, bugün Cemaat [Gestern Staat, heute Gemeinde]. Istanbul 2010; Hanefi Avcı: Cemaatin İflası. Hocanın ayağının kaydığı yer [Der Niedergang der Gemeinde]. Istanbul 2015.

128   DER NEUE SULTAN

auch der investigative Journalist und Autor Ahmet Şık im Rahmen der
Ergenekon-Ermittlungen festgenommen, weil er in dem Manuskript
»Die Armee des Imam«, das kurz vor der Veröffentlichung stand, über
die Unterwanderung der türkischen Polizei und Justiz durch die Gülen-
Bewegung berichtete. Zudem wurde sein Kollege Nedim Şener festgenommen. Şıks »Buch« galt als das gefährlichste des Landes und wurde
bereits vor Drucklegung konfisziert. Im März 2012 wurde Şık mit seinem Kollegen Şener aus der Haft entlassen. Im Dezember 2016 wurde
Şık erneut festgenommen. Angeblich hatte er Propaganda für terroristische Organisationen – für Fethullah Gülen und die PKK – verfasst und
Staatsorgane beleidigt. Als Grund für seine Festnahme wurden Twitter-
Kommentare und Artikel genannt, die in der *Cumhuriyet* erschienen
seien. Gerade die Beschuldigung, Şık habe der Gülen-Bewegung zuge-
arbeitet, ist indes irrwitzig, weil er in der Türkei doch als einer ihrer
konsequentesten Kritiker bekannt ist.

Der grundlegende Bruch zwischen Erdoğan und Gülen zeigte sich
Mitte Dezember 2013 an einem Korruptionsskandal um den damaligen
Ministerpräsidenten Erdoğan, dessen Familie und zahlreiche Minister.
Erdoğan musste binnen kurzer Zeit zahlreiche Minister des Kabinetts
austauschen und warf der Gülen-Bewegung mehrfach Umsturzversuche
vor. Er behauptete, es habe einen von ihr durchsetzten »tiefen Staat«
gegeben. Auf Anweisung von Erdoğan folgten zahlreiche Festnahmen
sowie Massenversetzungen und -entlassungen im Justiz- und Polizei-
apparat. Es begann eine Säuberungswelle in staatlichen Institutionen.
Zudem warf Erdoğan Gülen vor, einen »Parallelstaat« innerhalb der türkischen Verwaltung zu errichten und einen Putsch zu betreiben. Im Februar 2015 erließ ein Istanbuler Gericht einen neuen Haftbefehl gegen
Gülen, diesmal wegen »Gründung und Führung einer bewaffneten
Terrororganisation«, inzwischen als »FETÖ-Bande« (Fethullahçı Terör
Örgütü, »Fethullahistische Terrororganisation«) bekannt. 2014 betonte Erdoğan in einer Ansprache an die Bürgermeister des Landes: »Was
wollten sie denn, was wir ihnen nicht gegeben haben.« Damit brachte er
zum Ausdruck, dass die AKP kontinuierlich Gülen und seine Bewegung
unterstützt hatte.

Der endgültige Bruch zwischen Erdoğan und Gülen kam schließlich mit dem gescheiterten Militärputsch. Unmittelbar nach dem 15. Juli 2016 warf Erdoğan seinem einstigen Mitstreiter vor, der Hauptverantwortliche für diesen Putschversuch zu sein, und verlangte von den USA seine Auslieferung. Gülen bestreitet, irgendetwas mit dem Putsch zu tun zu haben. Im Gegenteil wäre er in der Geschichte der militärischen Interventionen immer Opfer und Beschädigter von Staatsstreichen gewesen, so Gülen. Daher schlug er öffentlich vor, die Ereignisse von einer unabhängigen internationalen Kommission untersuchen zu lassen, der er sich zu stellen bereit sei. Seiner Überzeugung nach stecke vielmehr Präsident Erdoğan selbst hinter dem Putsch, der diesen umgehend als »Gottesgeschenk« bezeichnete.[117]

»Ein Segen Gottes«: Putsch und »Gegenputsch«

Nach dem gescheiterten Putsch vom 15. Juli 2016 erlebte die Türkei einen ihrer turbulentesten Sommermonate. In der Putschnacht hielten militärische Einheiten Teile von Istanbul und Ankara besetzt und bombardierten wichtige Einrichtungen, unter anderem das Parlament. Im Zuge des Putsches wurden bis zu 300 Menschen getötet und ca. 1.400 verletzt, darunter auch zahlreiche Zivilisten.

Nach dem Putsch brach die Wirtschaft vorübergehend ein. Es begann eine regelrechte Hetzjagd gegen unliebsame Militär- und Polizeiangehörige, gegen Teile des Bildungspersonals, gegen JournalistInnen, WissenschaftlerInnen, unerwünschte RichterInnen und Staatsanwälte sowie allgemein gegen Oppositionelle. Während eine beispiellose Entlassungswelle einsetzte, wurde versucht, unliebsame Medien mundtot zu machen. In den kurdischen Gebieten wurden zahlreiche Städte unter Beschuss genommen. Während zugleich der IS die Türkei zur Zielscheibe von Anschlägen erklärte, nutzte die Regierung entsprechende Terroranschläge aus, um rechtsstaatliche Methoden weiter außer Kraft zu setzen.

---

117 Fethullah Gülen: Vielleicht will Gott uns strafen. Interview in: Die Zeit, 2.10.2016.

Unter Verhängung des Ausnahmezustands wurden erst einmal über 80.000 Staatsbeamte suspendiert – weitere Zehntausende sollten folgen. Unter ihnen waren vor allem Offiziere, RichterInnen und LehrerInnen, die verdächtigt wurden, an dem Putsch 2016 beteiligt gewesen zu sein bzw. die Gülen-Bewegung unterstützt zu haben. Zunächst wurden mehr als 20.000 Menschen verhaftet. Im Laufe des ersten Jahres nach dem Putsch wurden insgesamt mehr als 100.000 Menschen festgenommen, über 50.000 in Untersuchungshaft genommen und gegen rund 170.000 Strafverfahren eingeleitet.[118] Die Gouverneure von 47 Bezirken und mehrere Dekane verschiedener Universitäten wurden zum Rücktritt gezwungen. Zahlreiche AkademikerInnen, die zuvor die Friedenspetition zur friedlichen Beilegung des Bürgerkrieges in den kurdischen Regionen unterzeichnet hatten, wurden festgenommen, entlassen, öffentlich diffamiert und kriminalisiert. Zudem wurde AkademikerInnen verboten, das Land zu verlassen. Diejenigen unter ihnen, die sich im Ausland befanden, wurden aufgefordert, zurück ins Land zu kommen. Tausende Straftäter entließ die Regierung frühzeitig aus der Haft, um in den Gefängnissen Platz für vermeintliche Verschwörer zu schaffen.

Strategisch handelnd, nahm Erdoğan den Putsch zum Anlass, seine Macht noch stärker abzusichern. Zumindest vorübergehend schaffte er es, nahezu alle Kräfte, die bislang gespalten waren, vom islamischen, konservativen, ultranationalistischen bis hin zum kemalistisch-sozialdemokratischen Lager unter nationalistischen Vorzeichen zu vereinen und dabei nach dem Motto »Wer nicht für mich ist, ist gegen mich« den Ton anzugeben. So versammelten sich am 7. August 2016 in Istanbul nach einem Aufruf Erdoğans einige Millionen Menschen zu einer Kundgebung für »Demokratie und Märtyrer«. Auch die Oppositionspartei CHP mit ihrem Vorsitzenden Kemal Kılıçdaroğlu und der Führer der ultranationalistischen MHP, Devlet Bahçeli, reihten sich dort ein.

Während für Erdoğan der Putsch selbst ein »Segen Gottes« war, erklärte er auch: »Das Scheitern des Putsches war Allahs Wille.« In der Nacht des Putsches hatten sich die Ereignisse überschlagen: Zunächst

---

118   Vgl. junge Welt, 14.7.2017.

rief Erdoğan über eine Handybotschaft, die über den türkischen Nachrichtensender *CNN Türk* übertragen wurde, die Bevölkerung dazu auf, Widerstand gegen den Putsch und die der Gülen-Bewegung nahestehenden Soldaten zu leisten. Tausende versammelten sich in verschiedenen Städten der Türkei und machten Jagd auf Militärs, die sie für Gülenisten hielten. In Istanbul wurden in der Nacht des Putsches teilweise Soldaten gelyncht, die die Brücken gesperrt hatten (und die größtenteils geglaubt hatten, sie nähmen an einem Manöver teil). Der Coup wurde noch in der Nacht beendet. Erdoğan erklärte sich unmittelbar nach dem Scheitern des Putsches zum glorreichen Sieger und Retter des Landes. Noch in der gleichen Nacht landete er in Istanbul und erklärte in einer Siegespose den Kampf gegen die Putschisten und die nunmehr »terroristische« Gülen-Bewegung. Empfangen wurde er auf dem Istanbuler Flughafen von Kabinettsmitgliedern. Er sprach zu Zehntausenden und bejubelte mit den versammelten Massen den Sieg gegen die Putschisten. Zugleich sprach er von der endgültigen Abrechnung mit Gülen und dessen Anhängern. Die Massen inspirierte er mit der Forderung nach der Wiedereinführung der Todesstrafe und rief die gesamte Bevölkerung dazu auf, gegen die Putschisten zu protestieren und »Mahnwachen für die Demokratie« abzuhalten. In den darauffolgenden Tagen wurde im gesamten Land der Ausnahmezustand (OHAL) verhängt, der zunächst nach einem Monat aufgehoben werden sollte. Faktisch wurde er immer weiter verlängert, so dass Erdoğan alle Entscheidungen per Dekret (KHK) umsetzen und demokratische Rechte außer Kraft setzen kann. Der fortwährende Ausnahmezustand bedeutete so die Vorwegnahme des Präsidialregimes.

Insbesondere seit diesem 15. Juli 2016 tritt Erdoğan stärker auf als je zuvor, Schritt für Schritt sichert er seine Macht und Kontrolle über das Land und die AKP ab. Für viele westliche Medien und politische Beobachter bleibt der Hintergrund der Juli-Ereignisse mysteriös, weil es erstmals bei einem Putsch in der Türkei keine Gesichter, Namen und Verantwortlichen für die Tat gibt. Nach jedem Putsch – egal ob 1960, 1971, 1980 oder bei dem »kalten« von 1997 – stellten sich die Generäle oder Oberbefehlshaber mit ihrem Namen und ihren Gesichtern vor die Öffentlichkeit und verlasen ein Putschdekret. Bei dem Putsch vom Sommer 2016 liegt zwar ein Dekret vor, doch es gibt keine verantwortlichen Namen und Gesichter. Die im staatlichen Sender TRT ausgestrahlte Erklärung der Putschisten wurde schließlich von einer Moderatorin verlesen. Unter dieser Putscherklärung befindet sich nur die Bezeichnung »Rat für Frieden im Lande«. Wer sich konkret hinter diesem Namen befindet, welche Militärstellen in den Putsch involviert waren, ist bislang ungeklärt. Sehr zügig entstand auch als offizielle Bezeichnung der Name »Fethullahistische Terrororganisation«, kurz FETÖ.

Der Chef des Bundesnachrichtendienstes (BND), Bruno Kahl, widerspricht in einem *Spiegel*-Interview vom 18. März 2017 der Darstellung der türkischen Regierung. »Der Putsch war wohl nur ein willkommener Vorwand«[119], erklärte Kahl über die Säuberungswelle in der Türkei nach dem gescheiterten Putschversuch. »Was wir als Folge des Putsches gesehen haben, hätte sich – vielleicht nicht in der gleichen Tiefe und Radikalität – auch so ereignet«, so Kahl weiter. Der BND-Chef sieht außerdem keine Anzeichen dafür, dass die Gülen-Bewegung hinter dem Putschversuch steckt: »Die Türkei hat auf den verschiedensten Ebenen versucht, uns davon zu überzeugen. Das ist ihr aber bislang nicht gelungen«, erklärte er gegenüber dem *Spiegel*. Kahl wirft zudem Erdoğan vor, unter dem Putschvorwand mehr als hunderttausend Beamte entlassen und inhaftiert zu haben. Auch wenn diese Einschätzung schlüssig ist, so ist zu bedenken, für wen Kahl Dienst tut: Weder die NATO noch führende westliche Geheimdienste konnten bislang Hinweise entkräften, wonach sie in den türkischen Militärputsch von 1980 ebenso involviert waren wie bei vergleichbaren Staatsstreichen in Griechenland (1967) oder Chile (1973).

Unklar blieb auch, wann der türkische Geheimdienst MIT, der Generalstabschef, Staatspräsident Erdoğan, Ministerpräsident Yıldırım und weitere Regierungskreise über die angeblichen Putschpläne informiert waren. Bereits im März 2016 kursierten Gerüchte über einen möglichen Putsch in der Türkei, was der Generalstabschef unmittelbar danach offiziell als falsche Information zurückwies. Geheimdienstchef Hakan Fidan, der als engster Berater von Erdoğan gilt, erklärte kurz nach

---

119   BND zweifelt an Gülens Verantwortung für Putschversuch. In: Der Spiegel, 18.3.2017.

dem Putschversuch, dass er bereits am frühen Nachmittag des 15. Juli über die Putschpläne informiert gewesen sei. Gegen 16.00 Uhr habe sich Geheimdienstchef Fidan mit dem Generalstabschef getroffen, um Gegenmaßnahmen zu erarbeiten. Dies widerspricht jedoch den Aussagen von Erdoğan, der angeblich erst gegen 20.00 Uhr bzw. 20.30 Uhr von seinem Schwager telefonisch von dem Putschversuch erfahren haben will. Zudem berichtete er, dass er mit dem Geheimdienstchef und dem Generalstabschef keinen Kontakt herstellen konnte. Ministerpräsident Yıldırım äußerte sich ähnlich.[120] Fraglich bleibt, wenn sich der Generalstabschef nach eigenen Aussagen mit dem Geheimdienstchef schon gegen 16.00 Uhr traf, um Maßnahmen gegen den Putschversuch zu ergreifen, warum der Staatspräsident und der Ministerpräsident (angeblich) nicht informiert waren. Offenkundig ist, dass die Putschpläne schon im Vorfeld bekannt waren und in Abstimmung mit dem Geheimdienst und dem Generalstab schon vorab Pläne zur Entmachtung der Putschisten gemacht worden waren. In diesem Zusammenhang sprach der Vorsitzende der sozialdemokratisch-kemalistischen CHP, Kemal Kılıçdaroğlu, von einem »kontrollierten Putsch«, der schließlich von Erdoğan und seinem Machtapparat gesteuert worden sei.[121]

Fest steht, dass die Ereignisse für Erdoğan den Weg ebneten, die Macht noch fester an sich zu reißen. Im Zuge des Putsches stieg die Zustimmungsrate für Erdoğan unter der Bevölkerung von 47 auf 68 Prozent. Infolge der Julitage gab es einen strategischen Wandel in der Bündnispolitik Erdoğans, nachdem sein Regierungsstil auch in den eigenen Reihen vereinzelt auf Kritik gestoßen war. Zudem benötigt er gerade im Kampf gegen tatsächliche oder vermeintliche Gülenisten sowie gegen den kurdischen und linken Widerstand neue Verbündete. Er änderte in den folgenden Wochen den Ton und zeigte ein neues politisches Kalkül. Plötzlich sprach er von »Versöhnung« und »Nationaler Einheit« und zog nach eigener Erklärung einmalig sämtliche Klagen gegen jene zurück, die ihn angeblich beleidigt hatten. Als symbolischen Akt erklärte er den

---

120 Cumhuriyet, 2.8.2016.
121 Birgün, 5.4.2017.

15. Juli zum offiziellen Feiertag für »Demokratie und Nationale Einheit«.[122]

Auch als Ausdruck der geänderten Taktik empfing Erdoğan nach
längerer Zeit wieder den Vorsitzenden der CHP, Kemal Kılıçdaroğlu,
mit dem es zuvor zum politischen Bruch gekommen war. Zudem traf
er sich mit dem Parteivorsitzenden der rechtsextremen MHP, Devlet
Bahçeli, und strebte ein Bündnis mit den Grauen Wölfen an. Bereits
2015 hatte er den Sohn des ehemaligen MHP-Führers Alparslan Türkeş,
Tuğrul Türkeş, als stellvertretenden Ministerpräsidenten in sein Kabinett aufgenommen – wonach sich dessen Wege von der MHP trennten.
Erdoğan benötigte ein starkes Bündnis mit der MHP, um seine alleinige
Macht im Rahmen eines Präsidialsystems abzusichern und das Referendum vom 16. April 2017 gewinnen zu können.

Daher signalisiert der Sieg über den Putsch keineswegs einen demokratischen Aufbruch in der Türkei, sondern vermittelt vielmehr das
Bild einer islamisch-nationalistischen Gegenrevolution, mit der Legitimation eines Präsidialputsches im Sinne Erdoğans. Anstelle eines De-
mokratisierungsprozesses kam es nach dem Pusch zur Repression gegen
den restlichen Teil der kritischen Öffentlichkeit. Erol Önder, Vertreter
von »Reporter ohne Grenzen« in der Türkei, erklärte: »Wer glaubte,
Erdoğan für Freiheit und Aussöhnung gewinnen zu können, muss diese Hoffnung spätestens jetzt begraben.«[123] Dies zeigte sich vor allem
im Zuge von Massenverhaftungen, Verboten und Zensur gegenüber
kritischen Medien, restriktiven Einschränkungen im Demonstrations-
und Versammlungsrecht sowie in einer Säuberungswelle in staatlichen
Strukturen. Menschenrechtsorganisationen kritisieren und problema-
tisieren zugleich, dass in der Türkei insgesamt eine »Lynchstimmung«
gegen Oppositionelle und Andersdenkende entstanden sei. In Malatya
attackierten AKP-Anhänger in der Putschnacht auch alevitische Sied-
lungen und Glaubensstätten. Bei der Beerdigung von Opfern der
Putschnacht skandierten BesucherInnen Parolen wie »Wir wollen die

---

122   Bianet/BIA Haber Merkezi, 26.10.2016.
123   Erdoğans Putsch. In: Spiegel Spezial, 31/2016 (13.9.2016).

Todesstrafe!«. Dies hatte bereits Erdoğan auf Kundgebungen öffentlich gefordert.

Die von Erdoğan forcierte Polarisierung spaltete das gesamte Land mit einer neuen Politik nach dem Motto »Wir gegen sie«. Dadurch will Erdoğan Rache nehmen und die Situation ausnutzen, um ein diktatorisches System durchzusetzen. Das Ergebnis dieser Frontstellung ist schließlich eine Spaltung und Abgrenzung zu Liberalen, Linken, KurdInnen, AlevitInnen, Gülenisten und nicht zuletzt dem kemalistisch-bürgerlichen Establishment.

Erdoğan und seine Grauen Wölfe

Evet! 51,4 zu 48,6 Prozent lautete das offizielle Ergebnis des Verfassungsreferendums vom 16. April 2017, das Recep Tayyip Erdoğan den Weg in ein präsidiales System ebnete. Die Zukunft des Landes ist ungewiss, die politische Lage ist weiterhin angespannt, nicht nur in der Türkei selbst. Spätestens seit den Wahlkampfauftritten der AKP-Regierung vor dem Referendum zeigt sich auch eine gesellschaftliche Polarisierung unter den Türkeistämmigen in Deutschland. Parallel dazu nimmt der Einfluss rechtsextremer und nationalistischer Lobbyorganisationen zu. Seit dem gescheiterten Putsch, der zunehmend repressiven antikurdischen Politik, der Armenien-Resolution des Bundestages und den viel diskutierten Wahlkampfverboten für türkische Regierungspolitiker eskalierten die Spannungen auch innerhalb der türkeistämmigen Bevölkerung in Deutschland.

Als Präsident Erdoğan und seine AKP erkannten, dass sie nicht genügend Stimmen haben würden, um mit alleiniger Kraft das Referendum zum Präsidialsystem einzuleiten, fand ein politischer Kurswechsel zum extrem nationalistischen Lager statt. Als neuen Verbündeten wählte sich Erdoğan die rechtsextreme MHP unter Devlet Bahçeli, die ihm die fehlenden Stimmen bringen sollte.

Bei der MHP handelt es sich um die Partei, die in ihrer politischen Ausrichtung als Sammelbecken für die Grauen Wölfe bekannt ist. Bereits Anfang der 1960er Jahren formierte sich ihr Vorläufer ideologisch als rechtsextrem-nationalistische Partei. Der Hintergrund: Am 27. Mai 1960 stürzte die aus 38 Offizieren bestehende Gruppe »Komitee der Nationalen Einheit« die Regierung. Mitglieder des Komitees repräsentierten ein breites politisches Spektrum, das von rechtsextremen Strömungen bis hin zu kemalistischen Kräften reichte. Dem Komitee der putschenden Offiziere gehörten auch Alparslan Türkeş und Sadi Kocaş an, die im Bericht der deutschen Sicherheitspolizei vom Oktober 1944 als führende Pan-Turanisten bezeichnet worden waren. Türkeş wurde nach dem Putsch der persönliche Sekretär von Staatspräsident Cemal Gürsel und galt als der eigentliche Machthaber hinter den Kulissen, der für die Errichtung eines dauerhaften autoritären Regimes seine pan-turanistischen und nationalistischen Ideen durchsetzen wollte. Schließlich scheiterte er mit seinen Vorstellungen, wurde aus dem Komitee ausgeschlossen und als Militärattaché an die türkische Botschaft in Neu-Delhi versetzt.

1964 schied Türkeş aus dem Militärdienst aus und trat der »Republikanischen Nationalen Bauernpartei« (CKMP) bei. Durch seinen Einfluss gewannen er und seine Anhängerschaft in der CKMP die Macht, so dass die CKMP auf ihrem Kongress im März 1969 in »Partei der Nationalistischen Bewegung« (MHP) umbenannt wurde. Ihre Fahne wurde in drei auf den Rücken gekehrte Halbmonde auf rotem Hintergrund geändert. Das Zeichen der drei Halbmonde – der offiziellen Flagge des einst mächtigen Osmanischen Reiches – sollte dazu dienen, weitere Wählerschichten einzufangen.

In den 1960er und 70er Jahren radikalisierte sich die Bewegung und wollte mit Terror und Gewalt die Macht an sich reißen. Türkeş, auch als Verehrer von Hitler und dessen Werk »Mein Kampf« bekannt, wandte eine Strategie an, die auf drei Stufen basierte und im halboffiziellen MHP-Organ *Devlet* (Der Staat) beschrieben wurde: »Die Eroberung der Straßen, die Eroberung des Staates und die Eroberung des Parlaments«. So wurden nach diesem Vorbild militante Jugendgruppen gebildet und paramilitärische Kommandos der Grauen Wölfe aufgebaut. Auf deren Konto gingen von den 1960er bis zu den 1990er Jahren Mordanschläge etwa gegen SozialistInnen, GewerkschafterInnen und StudentInnen sowie Pogrome gegen AlevitInnen in Kahramanmaraş, Çorum, Sivas, Gazi und Ümraniye. Zudem kam es zu paramilitärischen Anschlägen auf kurdische PolitikerInnen und JournalistInnen. Das Ziel der MHP war es, mit Hilfe der Grauen Wölfe einen Bürgerkriegszustand zu schaffen, der den Ruf nach dem »starken Mann« laut werden lassen und letztendlich zur Machtergreifung der Faschisten führen sollte. Auch wenn es dazu nicht kam: Im Vorfeld des Militärputsches von 1980 deckte sich diese durch die MHP bzw. die Grauen Wölfe miterzeugte Strategie der Spannung mit den Interessen des Militärs. Man war gewissermaßen gegenseitig zu Diensten. Im Laufe ihrer Geschichte verstand sich Partei jedenfalls auch als militanter und radikaler Flügel des Staatsnationalismus.

In den 1970er Jahren gewann die MHP auch parlamentarisch an Bedeutung. Sie beteiligte sich in den 1970ern an beiden Regierungen unter Premierminister Demirel. 1978 sah man sich international aufgewertet, als Türkeş eine Audienz bei Franz Josef Strauß (CSU) bekam.

Nach der Verhaftung von Abdullah Öcalan erreichte die nationalistische Stimmung in der Türkei Ende der 1990er Jahre einen Höhepunkt, wobei die MHP mit der Forderung nach der Todesstrafe für den PKK-Führer eine wichtige Rolle übernahm. An der Ecevit-Regierung (1999–2003) war sie als zweitstärkste Kraft im Parlament beteiligt. Seit 2007 konnte sie stets die 10%-Hürde überwinden (2007: 14%, 2011: 13%, Juni 2015: 16%). Bei den letzten Parlamentswahlen, den Neuwahlen im November 2015, erreichte sie noch 12%, der Verlust von rund 4% kann einem verschärften Rechtskurs Erdoğans zugeschrieben werden. Dennoch bildet die MHP eine wichtige Stütze bei der nationalistischen Positionierung der AKP-Regierung sowie der Fortsetzung des Krieges in den kurdischen Regionen.

Daneben fungiert auch die »Große Einheitspartei« (BBP), die eine Abspaltung der MHP von Mitte der 1990er ist und derzeit keine parlamentarische Kraft bildet, als Stoßtrupp für Erdoğan und seine AKP. In der Jugendorganisation der BBP, Alperen Ocakları, hat sich eine neue radikale Militanz ausgeprägt, denen die Morde an dem armenischen Journalisten Hrant Dink sowie an den christlichen Geistlichen in Trabzon und Malatya zugeschrieben werden.

Vielerorts erfuhren auch Vereinigungen wie die Osmanlı Ocakları (Heim der Osmanen) Auftrieb, die sich auf der neo-osmanischen Linie der AKP auf eine türkisch-nationalistische und islamische Tradition stützen. Sie besinnen sich vom Namen her auf die Tradition der extrem nationalistisch gesinnten »Türk Ocakları«. Bislang wurde dieser Name häufig im Umfeld der rechtsextremen MHP (z. B. Ülkü Ocakları) oder BBP (Alperen Ocakları) verwendet. Die Osmanlı Ocakları verstehen sich jedoch als Vorfeldorganisation der Regierungspartei AKP und sind nach deren zunehmend nationalistischem Kurs verstärkt in die Öffentlichkeit gerückt. Die Anhänger dieser Bewegung sind teilweise bewaffnet und treten extrem radikal auf. Auf ihrer Internetseite befinden sich Aussagen wie »Recep Tayyip Erdoğan ist unsere Ehre« oder »Wir sind die Soldaten von Recep Tayyip Erdoğan«.

Inwieweit sich diese neuen Fußtruppen auch ideologisch im Fahrwasser der MHP bewegen, mögen zwei Zitate von Parteigründer Türkeş zeigen: »Der Islam ist unsere Seele, das Türkentum unser Körper. Ein Körper ohne Seele ist eine Leiche.« Und: »Den Islam zu nehmen und das Türkentum zu leugnen, ist Verrat. Das Gegenteil ist gleichermaßen Unachtsamkeit und Verrat.«[124] Die Ideologie und Gesinnung der MHP und der Grauen Wölfe stützt sich als Ausgangspunkt auf einen »idealistischen Nationalismus« (Ülkücülük). Dieser beinhaltet einen ausgeprägten »Rassismus« gegenüber allen nicht-türkischen Bevölkerungsteilen. Zentral ist eine vielseitige Propaganda gegen Linke, Sozialisten und Gewerkschaften sowie eine antidemokratische Grundhaltung. Außerdem wird ein absoluter Gehorsam gegenüber Autoritäten propagiert.

Im Zentrum der Programmatik steht die »Neun-Lichter-Doktrin« von Alparslan Türkeş. Hierin stellte er dar, dass die türkische Nation ihre Zukunft nur nach einem nationalsozialistischen Modell pantürkistischer Prägung erfolgreich schaffen könne. Die Grundsätze der Doktrin, welche auch in ihrem Duktus an Hitlers »Mein Kampf« erinnert, stellte Türkeş in den Bereichen Nationalismus, Idealismus, Ethik, Sozietät, Wissenschaftlichkeit, Liberalismus und Individualismus, Agrarismus,

---

124   Vgl. Homepage der MHP, hier nach: wikipedia.org (Eintrag »Alparslan Türkeş«).

Fortschrittlichkeit und Populismus sowie Industrialismus dar. Türkeş übernahm die ideologischen Ausführungen insbesondere von Mürşit Altaylı und Nihal Atsız – beide fanatische Vertreter des Pantürkismus und türkischen Rassismus.

Im Laufe der Geschichte der MHP wurde die Frage der Religion in verschiedenen Phasen unterschiedlich betont. Hier kam es schnell zu einer Umorientierung, da dieser Punkt stets umstritten war und das schlechte Abschneiden der MHP bei den Wahlen den Erfolgen der islamischen Partei gegenüberstand. Einerseits stand der Nationalismus weiterhin im Vordergrund, andererseits gewann der Islam in der Propaganda immer mehr an Bedeutung.

1997 übernahm Devlet Bahçeli den Vorsitz der MHP. 2002, damals noch als Vize-Ministerpräsident, löste er durch einen Rückzug der MHP aus der Regierung Neuwahlen aus. In der Folge agierte Erdoğan mit seinem nationalistischen Kurs erfolgreich und gewann größere Teile des nationalistisch-konservativen Lagers für sich. Ausgerechnet die MHP, die die Neuwahlen ausgelöst hatte, scheiterte daraufhin an der Zehn-Prozent-Klausel. Bei den Wahlen im November 2015 lag die MHP knapp über 10 Prozent, so dass sie gegenwärtig als Oppositionspartei mit 40 Sitzen im Parlament vertreten ist. Inzwischen gibt es innerhalb der MHP-Reihen Widerstand gegen die Führungsrolle von Devlet Bahçeli. Dass gerade Bahçeli in dieser schwierigen innerparteilichen Krisensituation Erdoğan zu seinem Präsidialsystem verholfen hat, hat viel mit der parteiinternen Krise der MHP zu tun. Mit diesem Bündnis erhofft sich Bahçeli mehr Ansehen und Macht. Hinzu kommt, dass Bahçeli gerade im Zuge von Verhandlungen mit der AKP auch eine neue fanatisch-nationalistische Ausrichtung in innenpolitischen Fragen durchsetzen wollte. Eine entsprechende Stimmung heizt die MHP vor allem bei einer zunehmend repressiven Regierungspolitik in der kurdischen Frage mit an.

Inzwischen haben sich die Rivalen Bahçelis zusammengeschlossen, um eine Nachfolge für Bahçeli zu bestimmen. So hat sich Meral Akşener, die unter der konservativ-nationalistischen Regierung der DYP Innenministerin war, als mögliche Nachfolgerin ins Spiel gebracht. Nach ihrer Auffassung könnte allein eine erneuerte MHP-Führung der regierenden

AKP Wählerstimmen abnehmen und deren politische Dominanz brechen. Im Zuge des Referendums versuchte Akşener, gegen Erdoğan zu
mobilisieren, um sich somit als neue Kraft zu profilieren. Inzwischen hat
Akşener öffentlich gemacht, gemeinsam mit dem ehemaligen stellvertretenden Vorsitzenden der MHP, Ümit Özdağ, eine neue nationalistische
und rechtspopulistische Partei gründen zu wollen. Das Magazin *Politico*
bezeichnete Akşener bereits als die »türkische Marine Le Pen«.

Kritische Medien und Wissenschaft im Visier der Repression

Unter Erdoğan führte auch der Terrorbegriff zu neuen Diskussionen
im Land. Während die EU-Kommission für eine Mitgliedschaft der
Türkei eine Abschwächung der Anti-Terror-Gesetze verlangte, forderte
Erdoğan im März 2016 eine breiter angelegte »Terrorismus«-Definition
im türkischen Strafrecht. Sein Ziel bestand in erster Linie darin, unter
dem Dach einer weiter gefassten Definition auch explizit JournalistInnen, WissenschaftlerInnen, LehrerInnen, GewerkschafterInnen und
PolitikerInnen zu fassen. Ihnen wurde nunmehr »Propaganda für eine
Terrororganisation« vorgeworfen, was in der Türkei rechtlich so viel
wie eine tatsächliche Mitgliedschaft in einer Terrororganisation bedeutet. So erklärte Erdoğan gegenüber der staatlichen Nachrichtenagentur
Anadolu: »Zwischen Terroristen, die Waffen und Bomben tragen, und
jenen, die ihre Position, ihren Stift oder ihren Titel den Terroristen zur
Verfügung stellen, damit diese an ihr Ziel gelangen, besteht überhaupt
kein Unterschied.«[125] Entsprechende Verfolgungen und Festnahmen
unterstrichen die Ernsthaftigkeit auch dieser Aussage: »Nur weil jemand
einen Titel wie Abgeordneter, Akademiker, Autor, Journalist oder Leiter
einer Nichtregierungsorganisation trägt, ändert das nichts an der Tatsache, dass diese Person eigentlich ein Terrorist ist. … Wir können nicht
mehr dulden, dass jene, die von unseren Sicherheitskräften aufgegriffen
werden, weil sie Terrororganisationen unterstützen, durch die eine Tür

---

125 Frankfurter Rundschau, 15.3.2016.

des Gerichts hineingehen und durch die andere wieder hinaus. Hier geht es nicht um Meinungsfreiheit, Pressefreiheit oder Versammlungsfreiheit«[126] fügte Erdoğan hinzu. So begann unter dem Deckmantel der »Terrorismusbekämpfung« eine breite Hetzjagd gegen regierungskritische Medien, kritische JournalistInnen, WissenschaftlerInnen und PolitikerInnen.

Die inhaftierten JournalistInnen in der Türkei können in drei Arten von Gruppen aufgeteilt werden. Erstens: JournalistInnen, die für prokurdischen Medien (z. B. *Özgür Gündem, DIHA*) sowie linke Zeitungen und Zeitschriften tätig waren. Sie sind insbesondere seit den 1980er Jahren staatlicher Repressionen und Zensurpolitik ausgesetzt. Hierzu gehören auch MedienmacherInnen der inzwischen geschlossenen Fernsehanstalten wie *imc TV, Hayat TV, Yol TV* und *TV 10*. Zweitens: JournalistInnen der linkskemalistischen *Cumhuriyet*, die eine der ältesten Medien in der Türkei ist. Drittens (seit dem gescheiterten Putsch von 2016): JournalistInnen Gülen-naher Medien, vor allem der islamisch-konservativen Tageszeitung *Zaman*, die bis zu ihrem Verbot zu den auflagenstärksten Zeitungen der Türkei gehörte.

P 24, die türkische *Plattform für unabhängigen Journalismus*, deren Gründungspräsident Hasan Cemal ist, berichtete im März 2017 von 155 inhaftierten JournalistInnen[127] in der Türkei, unterschiedliche Medien sprechen sogar von mehr als 160.[128] Nach Angaben von »Reporter ohne Grenzen« wurden allein nach dem Putschversuch über 100 JournalisInnen verhaftet, rund 150 Medien geschlossen und mehr als 700 Presseausweise annulliert. Demnach belegt die Türkei in der internationalen Rangliste der Pressefreiheit Platz 155 von 180.[129] Gerade kritische Medien stehen unter Generalverdacht und arbeiten unter schwierigen Bedingungen. Im Februar 2017 verleugnete jedoch der

---

126 Spiegel online, 15.3.2016.
127 Number of imprisoned journalists in Turkey reaches 155 with the latest arrest of journalist, In: P 24, 7.3.2017.
128 Vgl. Welt / N24 online, 12.5.2017.
129 Barometer der Pressefreiheit 2017 – Journalisten in Haft. In: Reporter ohne Grenzen (Stand: 4.3.2017).

türkische Außenminister Mevlüt Çavuşoğlu öffentlich die Inhaftierung
von JournalistInnen und erklärte, es gebe nicht »einen einzigen Journalisten, der für das Schreiben von Nachrichten in der Türkei gefangen
gehalten werde.«[130]

Die Regierung ließ beispielsweise den Chefredakteur der *Cumhuriyet*,
Can Dündar, und dessen Büroleiter in Ankara, Erdem Gül, verhaften,
weil sie darüber berichtet hatten, dass der türkische Geheimdienst bei
der Lieferung von Waffen an islamistische Milizen nach Syrien geholfen
habe. So berichtete die *Cumhuriyet* am 29. Mai 2015 unter der Titel-
meldung »İşte Erdoğan'ın yok dediği silahlar« (»Hier sind die Waffen,
die Erdoğan leugnet«) über Waffenlieferungen des türkischen Geheimdienstes MIT an islamistische Gruppen in Syrien. Als Reaktion darauf
stellte Erdoğan persönlich Strafanzeige gegen Dündar wegen Verdachts
auf Spionage sowie Beleidigung und übler Nachrede. Zudem erklärte
Erdoğan öffentlich, Dündar werde »einen hohen Preis« für seinen Bericht bezahlen und forderte dabei lebenslange Haft.[131] Kurze Zeit nach
dieser Drohung wurde Dündar im November 2015 gemeinsamen mit
seinem Kollegen Erdem Gül wegen Verdachts auf Spionage und Mitgliedschaft in einer terroristischen Vereinigung festgenommen.

Ende Februar 2016 wurden Dündar und Gül vom türkischen Verfassungsgericht vorerst entlassen. Doch Erdoğan kritisierte die Entscheidung mit den Worten: »Ich sage es offen und klar: Ich akzeptiere das
nicht und füge mich der Entscheidung nicht. Ich respektiere sie auch
nicht.«[132] Während Dündar am 6. Mai 2016 auf die Urteilsverkündung
wartete, wurde er Opfer eines Schusswaffenattentats, konnte den Attentäter aber mit Unterstützung seiner Frau und des Rechtsanwalts überwäl-
tigen. Gegen Dündar begann eine Hetzjagd, so dass er Anfang Juli 2016
die Türkei verließ und nach Deutschland flüchtete. In seiner Abwesenheit wurde er zu knapp sechs Jahren Haft verurteilt und sein Attentäter
im Oktober 2016 aus der Untersuchungshaft entlassen. In Deutschland

130 Lennart Pfahler: Diese Worte des türkischen Außenministers sind eine Beleidigung
     für jeden Demokraten. In: Huffington Post, 11.2.2017.
131 Der Spiegel, 3.6.2015.
132 Neue Zürcher Zeitung, 6.5.2016.

erklärte Dündar, dass er sich vorerst nicht der türkischen Justiz stellen, aber auch kein politisches Asyl beantragen möchte. In Berlin gründete er gemeinsam mit dem türkisch-armenischen Journalisten Hayko Bağdat die Plattform *Özgürüz* (»Wir sind frei«), die seit Januar 2017 online ist und sich kritisch mit den aktuellen Entwicklungen in der Türkei auseinandersetzt. Kurz nach Start der Plattform blockierte die türkische Behörde für Informationstechnologie den Zugang in der Türkei.

Am 14. Februar 2017 wurde auch der deutsch-türkische Journalist Deniz Yücel, der in der Türkei Korrespondent der *Welt* war, verhaftet. Trotz aller juristischer und diplomatischer Bemühungen sowie internationalen Drucks bewegte sich mit Blick auf eine mögliche Freilassung nur wenig. Das juristische Verfahren gegen Yücel wurde vorerst nicht eröffnet, obwohl er wegen angeblichem Terrorverdachts festgenommen worden war. Bereits im Juni 2015 war Yücel zusammen mit der *Zeit*-Korrespondentin Özlem Topçu sowie den türkischen Journalisten Pınar Öğünç von der *Cumhuriyet* und Hasan Akbaş von der *Evrensel* auf Anordnung des Gouverneurs der türkischen Provinz Şanlıurfa festgenommen worden, weil sie auf einer Pressekonferenz am türkisch-syrischen Grenzübergang Akçakale kritische Fragen gestellt haben sollen. Neben zahlreichen aus der Türkei stammenden JournalistInnen wurden noch weitere mit ausschließlich deutscher bzw. deutscher und türkischer Staatsbürgerschaft festgenommen und ohne Anklage in Haft behalten. So wurde am 30. April 2017 die aus Ulm stammende Journalistin Meşale Tolu festgenommen. Am 6. Mai 2017 wurde offiziell Haftbefehl gegen sie erlassen.

Die Legitimation für die willkürlichen Repressionen und Festnahmen von JournalistInnen und die Verbote gegen kritische Medien sieht Erdoğan im Putschversuch vom Juli 2016. Seitdem gilt in der Türkei der Notstand, der ihm erlaubt, per Dekret zu regieren. Durch die Zustimmung zur Verfassungsänderung vom März 2016 ist dies auch ohne die Zustimmung der Regierung möglich.

Auch die kritische Wissenschaft in der Türkei steht im Visier staatlicher Repressionen. Gerade nach den Parlamentswahlen im Juni 2015, bei denen die AKP die absolute Mehrheit verfehlte und die HDP den

Einzug ins Parlament schaffte, heizte die Regierung den Krieg in den kurdischen Regionen erneut an. Nach den herbeigeführten Neuwahlen im November 2015 wurden über 2.200 WissenschaftlerInnen kriminalisiert, die sich mit einer Friedenspetition unter dem Motto »Academics for Peace« für eine friedliche Lösung in den kurdischen Gebieten eingesetzt haben. Spätestens seit dem Putschversuch im Juli 2016 wurden WissenschaftlerInnen verfolgt, denen eine Unterstützung von Terrororganisationen oder der Gülen-Bewegung unterstellt wird. Bis Ende 2016 stieg die Zahl der entlassenen WissenschaftlerInnen auf über 5.000 an. Dazu zählen auch viele der gut 2.000 UnterzeichnerInnen der Friedenspetition vom Januar 2016. Unter den Festgenommenen ist auch Esra Mungan, Professorin für Psychologie an der Bosporus-Universität in Istanbul, die die Friedenspetition verlesen hatte und ins Istanbuler Frauengefängnis verbracht wurde. Opfer dieser »Säuberungswelle« ist auch der prominente Verfassungsrechtler Ibrahim Kaboğlu von der Marmara-Universität in Istanbul. Er gehörte zu jenen WissenschaftlerInnen, die im Dezember 2016 auch den von Erdoğan geforderten Übergang zu einem Präsidialsystem kritisierten. Der renommierten 82-jährigen Neuropsychologin Oget Oktem Tanor, Mitunterzeichnerin der Peace-Petition, wurde die Professur an der Bilim-Universität in Istanbul entzogen. Vorgesetzte drohten angeblich auch damit, ihr die Pension zu entziehen.

In der Friedenspetition vom Januar 2016 erklären die WissenschaftlerInnen: »Wir fordern, dass in den Kurden-Provinzen die diskriminierende, rassistische Vernichtungspolitik ein Ende findet.« Sie nennen die Operationen der türkischen Armee ein »Massaker« und ein »Verbrechen« und werfen der türkischen Regierung vor, nicht nur PKK-Kämpfer, sondern auch die eigene Bevölkerung mit schweren Waffen anzugreifen. Auf diese Weise aber werde die Regierung niemals das sogenannte Kurden-Problem lösen: »Den Konflikt mit Gewalt zu lösen, das kann doch auch nicht im Interesse des Staates sein. Wir wollen, dass man zumindest wieder zum Vorherigen zurückkehrt, dass also der Friedensprozess wieder aufgenommen wird.«[133]

---

133 Deutschlandfunk, 22.4.2016.

Für große Aufmerksamkeit sorgte auch der Widerstand der Literaturdozentin Nuriye Gülmen und des Grundschullehrers Semih Özakça, die mit einem Hungerstreik in der Hauptstadt Ankara gegen ihre Entlassung aus dem Staatsdienst protestierten. Damit wurden sie zu einem wichtigen Symbol gegen die Repressionspolitik der Erdoğan-Regierung. Die türkische Polizei hatte am 75. Tag des Hungerstreiks beide AkademikerInnen in ihren Wohnungen in Ankara festgenommen. »Nieder mit dem Faschismus! Lang lebe unser Hungerstreik-Widerstand! Wir wollen unsere Jobs zurück! Wir haben uns nicht ergeben und werden uns nicht ergeben«[134], schrieb Gülmen auf Twitter und bestätigte ihre Festnahme. Dem Fernsehsender NTV zufolge versuchten die Anwälte der beiden sowie Özakças Ehefrau Esra, die Festnahme zu verhindern. Am Ende seien jedoch auch sie selbst festgenommen worden.

Gewalt an Frauen in der AKP-Ära

Am 8. März 2017, dem Weltfrauentag, gingen in Istanbul, Ankara, Izmir, Diyarbakır und in anderen türkischen Städten Tausende von Frauen gegen Frauendiskriminierung und Chauvinismus auf die Straße. Sie lachten, tanzten und sendeten Bilder in die Welt, die man schon fast nicht mehr für möglich gehalten hatte: Bilder einer progressiven Frauenbewegung, die trotz Repression und Unterdrückung für Gleichberechtigung und Demokratie in der Türkei kämpft.

Das Bild der Frauen in der gegenwärtigen Türkei ist jedoch weiterhin durch Ehrenmorde, Unterdrückung, Benachteiligung und gesetzliche Restriktionen geprägt. Nach einem Bericht des Weltwirtschaftsforums über die gesellschaftliche Stellung und Gleichberechtigung von Frauen in 134 Ländern nahm die Türkei 2010 Platz 126 ein.[135] So hat

---

134 Zeit online, 22.5.2017.
135 Friedrich-Ebert-Stiftung: Türkei Information Nr. 19, Dezember 2010: Demokratiedefizite.

sich zwischen 2002 und 2010 die Zahl der ermordeten Frauen drastisch erhöht. Dies ist zweifelsohne auch ein Resultat der AKP-Politik.
Allein 2016 wurden in der Türkei 397 Frauen ermordet.[136] Zuletzt hat
die AKP-Regierung im November 2016 versucht, ein Gesetz zur Le-
galisierung von Sex mit Kindern durchzusetzen, was aber mit dem gesellschaftlichen Widerstand der Frauenorganisationen und sozialen Bewegungen verhindert wurde.

Die gegenwärtige türkische Kultur unter Erdoğan ist stark durch
islamische Werte und Normen geprägt, an denen sich viele Familien
ausrichten. So wird gerade die Individualität in den traditionellen islamischen Familien stärker negiert und verurteilt, zumal im Zuge der Islamisierung durch die AKP das Familienleben und das kulturelle Leben
große Änderungen erfahren haben. Die Ehre der Familie wird oftmals
an der Frau gemessen, das Gedankengerüst der Ehre – oder wie man im
Türkischen sagt:»namus« – spielt in den türkischen Familien gegenwärtig weiterhin eine sehr dominante Rolle.

Das unter Erdoğan geförderte Familienbild speist sich aus altherge-
brachten Vorstellungen. Das Osmanische Reich wird nicht nur seitens
Erdoğans hoch geachtet und verabsolutiert; auch seine Ehefrau Emine definierte beispielsweise den Harem des Sultans als »Schule für die
Mitglieder der osmanischen Dynastie«. Im Oktober 2009 brachte sich
Erdoğan in die familienpolitische Debatte ein, indem er die Frauen aufforderte, mindestens drei Kinder auf die Welt zu bringen: »Ohne lange
Zeit zu verlieren, muss jede Familie mindestens drei Kinder haben. Je
mehr unsere Bevölkerungszahl zunimmt, desto stärker werden wir. Davon könnt ihr sicher ausgehen.«

2012 nahm Erdoğan zur Abtreibungsdebatte Stellung. Frauen sollte
nach seinem Willen fortan nicht mehr die Möglichkeit zur Selbstbestimmung gelassen werden. Mehr noch: Erdoğan verglich Abreibungen
mit dem Uludere-Massaker vom 28. Dezember 2011, bei dem durch
einen Angriff der türkischen Luftwaffe junge kurdische Zivilisten ums
Leben kamen. Man rede stets von Uludere, obgleich Morde durch Ab-

---

136   Vgl. Spiegel online, 17.3.2017: Frauen gegen Erdoğan.

treibungen täglich passierten. Gegen diese doppelte Verhöhnung protestierten zahlreiche Frauen weltweit, auch islamische Frauenverbände
waren mit Erdoğans Intervention nicht einverstanden. Die Aufhebung
des Abtreibungsverbots erlebte die Türkei bereits 1983. Zurecht wird
davon ausgegangen, dass durch Abtreibungen auch sogenannte Ehrenmorde verhindert werden. Unbestreitbar ist das ethische Thema der Ab-
treibung sehr kontrovers, die Analogie zu den Uludere-Morden gerade-
zu beschämend.

Ein im November 2016 vorgelegter Gesetzentwurf der AKP (§ 231)
lässt an die Zeiten der Haremssklaverei zurückdenken: »…nicht straf-
bar, wenn der Vergewaltiger das Opfer heiratet.« Im Fall einer Geset-
zesverabschiedung hätte dies erhebliche Folgen für den Stellenwert der
Frau insgesamt gehabt. Zwangs- bzw. Kinderheirat wäre zwar nichts
grundsätzlich Neues gewesen, jedoch hätte die Regierung den Akt der
Vergewaltigung förmlich abgesegnet. Männer hätten fortan gewaltsam
ihren Gelüsten nachgehen können – bei »pflichtgemäßer« Bezahlung
durch den Akt der Eheschließung. Der Entwurf wurde jedoch aufgrund
breiten gesellschaftlichen Widerstands vor allem von Frauenorganisationen und sozialen Bewegungen zurückgezogen.

In der Abtreibungsdebatte gab es neben islamischen Vertretern, die
ohnehin nicht hinter der bestehenden Gesetzeslage stehen, auch andere
konservative Befürworter Erdoğans. Während man mit dem Gesetzentwurf die sexualisierte Gewalt von Männern an Frauen noch verfestigen
wollte, gab man vor, Frauen als die Opfer einer Vergewaltigung mittels
einer Eheschließung mit ihren Peinigern »retten« zu wollen. Macht-
strukturen unter den Geschlechtern sind in der heutigen Türkei kein
Fremdwort, aber durch dieses Gesetz hätte man Männern die absolute
Macht übergeben. Es wäre eine doppelte Verwirklichung des Macht-
gefühls gewesen: zum einen durch den Akt einer Vergewaltigung, zum
anderen durch die Unterwerfung der Frauen unter die Täter. Neben der
körperlichen Versehrtheit würde eine Eheschließung zweifelsohne die
psychische Verletzung die Frauen lebenslang begleiten. Auch von daher erlebt die Türkei unter der AKP einen neo-osmanischen Richtungswechsel.

Der lange Arm von Erdoğan:
Die Türkische Lobby in Deutschland

Die Tatsache, dass Deutschland von den innenpolitischen Konflikten
der Türkei stark berührt wird und die dort ausgetragenen Auseinandersetzungen auch hierzulande zu Zerklüftungen führen, zeigt sich insbesondere im Kontext der Kurdenpolitik, der Armenier-Thematik und
ähnlichen Fragen. Je mehr sich die innen- und außenpolitischen Kon-
fliktlinien in der Türkei zuspitzen, desto mehr kommt es auch innerhalb
der türkeistämmigen Community in Deutschland zu Verwerfungen, die
zum Teil gewalttätig eskalieren.[137]

Die Dynamik dieser Selbstethnisierung und Selbstisolation hat ihre
Ursachen einerseits in der Aufnahmegesellschaft. Die Ausgrenzungs- und
Diskriminierungserfahrungen haben gerade bei vielen Türkeistämmigen
einen Rückzug ausgelöst und die Suche nach einer türkisch-nationalen
und islamischen Identität verstärkt. Die Kehrseite der Medaille ist aber
auch ein Import von ethnisch-religiösen Konflikten nach Deutschland.
Als Konflikt- und Spaltungslinien treten hier Polarisierungen zutage,
entlang derer »politische Lager« entstehen. Gerade durch den Import
von innen- und außenpolitischen Konflikten erhalten AKP-nahe und
ultranationalistische Strömungen auch in Deutschland neuen Aufwind,
durch den sie ermutigt sind, das »europäische Türkentum« hierzulande
zu mobilisieren. Dadurch verursachen die Spannungen im Herkunfts-
land ebenso Re-Ethnisierungsprozesse im Aufnahmeland.

Folge dieser Entwicklung ist ein »Import« sowie eine gewaltförmi-
ge Vitalisierung des ethnisch-religiösen Konflikts von der Herkunfts- in
die Aufnahmegesellschaft. Daher ist die Bedeutung von Dachverbänden, Lobbyorganisationen und Netzwerken, die Einfluss auf das soziale Leben der türkeistämmigen MigrantInnen nehmen, in den letzten
Jahren enorm gestiegen. Deren Erfolg liegt vor allem darin begründet,
dass sie sich häufig als türkische Selbsthilfeorganisationen und religiöse

---

137   Vgl. Kemal Bozay: Unter Wölfen, in: Kemal Bozay / Dierk Borstel (Hg.): Ungleich-
      wertigkeitsideologien in der Einwanderungsgesellschaft. Wiesbaden 2017, S. 169.

Gemeinschaften inszenieren und etablieren konnten. Sie haben dementsprechend Einfluss auf Kultur- und Elternvereine, Unternehmerverbände, Fußballclubs und Moscheen.

Gerade nach dem Putschversuch von 2016 gingen in Köln zehntausende Erdoğan-Anhänger auf die Straße, in Gelsenkirchen belagerten sie einen Jugendtreff der Organisation Hizmet, die zur Gülen-Bewegung gehört, und schlugen mit Pflastersteinen die Scheiben ein. In Deutschland leben rund zwei Millionen Menschen mit türkischem Pass und viele Deutsche mit türkischen Wurzeln. Türkeistämmige Abgeordnete wurden bedroht, sofern sie der Armenien-Resolution im Bundestag zugestimmt hatten. Der Einfluss solcher AKP-naher und islamisch-nationalistischer Organisationen lässt sich dennoch nicht allein mit den bundesdeutschen Rahmenbedingungen erklären. Diese Strukturen sind zugleich von einer politischen Linie und Ideologie geprägt, die in der Türkei bestimmt werden.

Türkisch-nationale Lobby-Organisationen und religiöse Dachverbände bilden hierbei eine wichtige Stütze. Unter ihnen nimmt die AKP-nahe Union Europäisch-Türkischer Demokraten (UETD), die 2004 in Köln gegründet wurde, einen wichtigen Platz ein. Inzwischen hat die UETD in fast ganz Europa Zweigstellen. Die meisten Niederlassungen befinden sich mit ca. 400 Ortsvereinen in Deutschland. Alle Vereinsaktivitäten der europäischen Länder werden vom Hauptsitz in Köln aus koordiniert. Laut der UETD selbst ist sie eine gemeinnützige Nichtregierungsorganisation, die die Interessen aller in Europa lebenden türkeistämmigen Migranten in Europa vertrete. Laut Verfassungsschutz ist die UETD eine Lobbyorganisation der AKP, die aus der Spaltung der islamischen Saadet Partisi hervorging. Zugleich gilt sie als Interessenvertretung des türkischen Staatspräsidenten Erdoğan. So organisierte die UETD den Auftritt Erdoğans 2008 in Köln. Mithilfe der UETD sollen also in Europa die Interessen der türkischen Regierungspartei AKP durchgesetzt werden.

Zeitlich parallel zum Beginn der Gezi-Proteste 2013 ist der politisch-organisatorische Einfluss der türkischen Regierungspartei AKP auch in Deutschland gestiegen. Nicht zuletzt hat die UETD hierzu einen wichtigen Beitrag geleistet. In dem Kontext weisen Kritiker darauf hin, dass die AKP-Lobbyisten der UETD in Deutschland immer mehr Solidaritätskundgebungen für die türkische Regierung organisieren und eine große Nähe zu rechtsnationalistischen Verbänden zeigen.

Dabei entstehen auch Bündnisse wie AYTK (Europäisches Neue-Türken-Komitee), das als Zusammenschluss verschiedener konservativ-nationalistischer und islamischer Organisationen agiert und der AKP nahesteht. Auch Organisationen aus dem Spektrum der Grauen Wölfe sind in diesem Bündnis aktiv. In Erscheinung trat AYTK mit dem »Friedensmarsch für die Türkei und die EU« oder dem »Marsch gegen den Terror«. Immer wieder geht es um Initiativen, Kampagnen und Demonstrationen bezüglich der Armenien-Resolution der Bundesregierung und um Provokationen gegen KurdInnen und AlevitInnen. Auf der Facebook-Präsenz von AYTK befinden sich Organisationsnamen wie UETD, ADD, TGB, DITIB, ATIB, OSMANIEN, TURCOS, TURAN, TDA, TAD, ALPERENLER, IGMT. Daran ist die Breite dieses Mobilisierungsnetzwerkes zu erkennen. Gegenüber *report-K* distanzierte sich die Religionsinstitution DITIB von dieser Bündnisorganisation.

Im Zuge der Reorganisation der Lobbyorganisationen in Deutschland ist auch die kleine Partei »Bündnis für Innovation und Gerechtigkeit« (BIG), die 2010 in Köln gegründet wurde, verstärkt in Erscheinung getreten. Der Name weist starke Ähnlichkeit mit der AKP (Partei für Gerechtigkeit und Entwicklung) auf. Die Erdoğan-nahe BIG wird seit ihrer Gründung als ein Ableger der AKP bewertet.

Die BIG ist vor allem in NRW kommunalpolitisch aufgetreten, insbesondere mit dem Ziel, die Interessen von Muslimen und ihre gesellschaftliche Integration in Deutschland zu fördern. Bestimmend für die AKP-nahe politische Orientierung ist auch die Zusammensetzung der BIG-Funktionäre. So war der Hamburger BIG-Vorsitzende Yaşar Erdoğan zugleich Vorsitzender der Hamburger Niederlassung der UETD, der Bremer BIG-Vorsitzende Şahin Salbars war bis 2010 Generalsekretär der UETD in Bremen, der baden-württembergische BIG-Vorsitzende Yaşar Mertist war in der UETD in Baden-Württemberg aktiv.

Unmittelbar nach der Bundestagsresolution zur Verurteilung des Völkermordes an den Armeniern gründete sich 2016 in Deutschland auch die »Allianz Deutscher Demokraten« (ADD), die erstmals bei der Landtagswahl in NRW 2017 um muslimische Wählerstimmen warb. Gründungsmitglieder der ADD sind Remzi Aru, Ramazan Akbas und Halil Ertem. Aru tritt in Fernsehtalkshows gerne als Verfechter der Politik Erdoğans auf. Die ADD versucht vor allem auf Basis der AKP-Anhängerschaft in Deutschland eine neue Partei aufzubauen, die derzeit aber eine schmale Basis hat.

Eine wichtige Grundlage für die AKP-nahe Politik in Europa und besonders in Deutschland bildet die DITIB, die 1985 in Köln als Institution des Ministeriums für Religiöse Angelegenheiten der Türkei gegründet wurde. Dieses Ministerium wurde 1924 in Ankara als eine dem Ministerpräsidenten unterstellte Einrichtung geschaffen, »die über die Lehre der islamischen Religion und ihren Kultus entscheiden, die diesbezüglichen Amtsgeschäfte versehen und religiöse Einrichtungen führen« sollte. Sie ist auch heute als Teil der staatlichen Verwaltung der Türkei unmittelbar dem Ministerpräsidenten unterstellt und verfügt als verfassungsmäßiges Organ auch über einen Titel im Staatshaushalt.

Unter den religiösen Vereinigungen, die auf die türkische Bevölkerung in Deutschland Einfluss zu nehmen versuchen, trat die DITIB als letzte auf den Plan, genau 25 Jahre nach dem Eintreffen der ersten türkischen und kurdischen »Gastarbeiter« und ihrer Familien. Die Gründung der DITIB rief zunächst Auseinandersetzungen mit den anderen religiösen Vereinigungen hervor, denn die DITIB entzog diesen mit ihrer staatlichen Anerkennung einen großen Teil ihrer Basis. Sie gewann etwa 70 % der islamischen Gläubigen für sich. Die DITIB verfügt über 150.000 Mitglieder.[138] Ihre Zentrale und ihre Moscheegemeinden sind personell gut bestückt. Es arbeiten dort mehrere Hodschas als Kursleiter, die ihr Gehalt von türkischen Stellen beziehen. Die DITIB ist die zahlenmäßig stärkste der türkisch-islamischen Vereinigungen in der

---

138 Vgl. REMID – Regionalwissenschaftlicher Medien- und Informationsdienst e.V., 28.9.2016.

Bundesrepublik; die Zahl der von ihr geführten Gemeinden liegt nach eigenen Angaben bei ca. 900. Sie ist eine staatlich geprägte sunnitisch-islamische Institution und wird gegenwärtig politisch von der staatlich-islamischen Linie der AKP gelenkt.

Sie geriet 2017 zunehmend in den Fokus der öffentlichen Auseinandersetzung, weil sie im Zuge der nationalen Mobilisierung durch die AKP zu Pro-Erdoğan-Demonstrationen aufrief. Nach dem Putsch vom 15. Juli 2016 übernahm die DITIB mit ihren Imamen als außenpolitische Schaltstelle der türkischen Regierung eine wichtige Rolle. Hierüber wurde die Verfolgung von Anhängern der Gülen-Bewegung nach Deutschland getragen. Beispielsweise fungierten DITIB-Imame als Spitzel der türkischen Regierung, was einen öffentlichen Eklat auslöste.

Ende 2016 berichtete der in der Türkei inhaftierte deutsch-türkische Journalist Deniz Yücel in der *Welt* (8.12.2016) über Spionageaktivitäten von Imamen aus DITIB-Moscheen im Auftrage der türkischen Religionsbehörde Diyanet. Im Zuge des Vorgehens gegen Funktionäre und Anhänger der Gülen-Bewegung auch in Deutschland rief die Diyanet über die türkischen Botschaften und Generalkonsulate dazu auf, Informationen über die Gülen-Bewegung, deren Mitglieder, Anhänger und Organisationen weiterzuleiten. In zahlreichen Ländern Europas kamen die Imame der DITIB und anderer türkisch-islamischer Vereine und die Religionsbeauftragten der Konsulate der Aufforderung nach. Nach Offenlegung dieser Informationen sprach die DITIB-Zentrale von einer angeblichen Panne, räumte aber die Aktivitäten ein. Nach Angaben des NRW-Verfassungsschutzpräsidenten Burkhard Freier haben mindestens 13 Imame der DITIB aus NRW 33 Gülen-Anhänger an Ankara denunziert. Auch Imame aus drei rheinland-pfälzischen DITIB-Moscheegemeinden seien an diesen Bespitzelungsaktivitäten beteiligt gewesen. Die den türkischen Behörden bekannt gewordenen Personen seien verschiedenen Repressalien ausgesetzt.

Bei dieser Spionageaktivität handelt es sich nicht um eine alleinige Operation des türkischen Geheimdienstes MIT, sondern mehr um eine eigenständige geheimdienstliche Vernetzung zwischen Diyanet, Konsulaten und DITIB, die unmittelbar Berichte an den türkischen Minister-

präsidenten weiterleitet. Durch den öffentlichen und medialen Druck
musste die DITIB schließlich einräumen, dass die Spionage-Weisung
der Diyanet auch von in Deutschland ansässigem türkischem diploma-
tischem Personal und Imamen der DITIB befolgt wurde. Dies erklärte
die DITIB in einer Stellungnahme von Februar 2017. Diese Maßnahmen waren auch Gegenstand eines Gesprächs zwischen Bundeskanzlerin Angela Merkel und dem damaligen türkischen Ministerpräsidenten
Binali Yıldırım. Türkische Medien berichteten darüber, dass die Diyanet
in Absprache mit der Bundesregierung nach dem Besuch der Kanzlerin
in der Türkei die Tatverdächtigen aus Deutschland abzog.

Im März 2017 problematisierten Die Grünen im Bundestag dieses
Thema im Rahmen einer Kleinen Anfrage. Die Fraktion forderte die
Bundesregierung dazu auf klarzustellen, mit welchen Mechanismen
(Vermögen, Finanzen, Satzung, Personal) die Türkische Republik ihren
Einfluss auf die Gemeinden und den Verband der DITIB ausübt. Zu-
dem wurde die Frage gestellt, ob die Bundesregierung die Auffassung
teilt, »dass es sich bei der DITIB um einen religiösen Verein mit aus-
ländischer staatlicher und politischer Prägung handelt«.

Mit diesem Thema beschäftigte sich auch die Linksfraktion in ihrer
Kleinen Anfrage. Die Abgeordneten Sevim Dağdelen, Ulla Jelpke und
Annette Groth stellten der Bundesregierung die Frage, inwieweit »öffentliche Stellen der Türkei in Moscheegemeinden der DITIB aktiv
[sind] ... bzw. deren Strukturen zur Anwerbung von und Einflussnahme auf Gemeindemitglieder« nutzen. Die Bundesregierung stellte in
ihrer Antwort dar, dass durch das Präsidium für Religionsangelegenhei-
ten (DIB / Diyanet) und die Entsendung von Imamen in die DITIB-
Gemeinden auch eine unmittelbare Einflussnahme stattfindet. So sei
die »Ausspähung mutmaßlicher Gülen-Anhänger durch bei der DITIB
eingesetzte Imame« ein Indiz hierfür. Da die gesandten Imame Beamte
oder Angestellte des türkischen Staates und gegenüber den Religions-
attachés der türkischen Generalkonsulate weisungsgebunden sind, betont die türkische Regierung das grundsätzliche Recht, die Imame für
ihre Interessen zu instrumentalisieren und jederzeit den Zeitpunkt ihrer
Rückkehr in die Türkei zu bestimmen.

Sevim Dağdelen hatte bereits in ihrer Bundestagsrede vom 25. Januar 2017 erklärt, dass die DITIB als »politische Vertretung Ankaras« fungiert. Sie kritisierte, dass die Bundesregierung über Jahre hinweg diese institutionelle Einflussnahme auf die DITIB-Gemeinden protegiert und somit auch zum Erstarken der Erdoğan-Anhänger in Deutschland beigetragen habe. Dağdelen forderte die Bundesregierung auf, die bestehenden Staatsverträge zwischen den Bundesländern und der DITIB aufzukündigen, ihr die Gemeinnützigkeit abzuerkennen und ein Vereinsverbot zu prüfen.

Angesichts der Repressionen gegen Regierungskritiker in der Türkei forderten auch Abgeordnete von Union und SPD, dass sich der islamische Dachverband DITIB von der Politik des Präsidenten Recep Tayyip Erdoğan distanzieren muss. Eine Zusammenarbeit könne nur dann fortgesetzt werden, wenn sich die DITIB samt ihrer Moscheegemeinden nicht von Erdoğan »als unkritisches Sprachrohr instrumentalisieren lässt«, so der Stephan Mayer (CSU). Mayer forderte, dass die DITIB ihre Eigenständigkeit unter Beweis stellen müsse, »bevor weitere Kooperationsgespräche« geführt würden. Kerstin Griese sagte als religionspolitische Sprecherin der SPD-Bundestagsfraktion, sie erwarte von der DITIB, dass der Verband »die Verhaftungswelle sowie die Einschränkungen von Demokratie und Meinungsfreiheit in der Türkei nicht rechtfertigt oder gar unterstützt«.

Einfluss hat die AKP auch auf die konservativ-religiöse Basis der Islamischen Gemeinschaft Milli Görüş (IGMG) und den Verband der Islamischen Kulturzentren (VIKZ), die zu den ältesten islamischen Dachverbänden in Deutschland gehören. Große Teile der AKP stammen traditionell aus der Bewegung der Milli Görüş, unter anderem auch Staatspräsident Erdoğan.

Die politische Linie der IGMG entspricht jener der Saadet Partisi in der Türkei, die in den 1990er Jahren mit dem Necmettin Erbakan den ersten islamisch orientierten Ministerpräsidenten in der türkischen Geschichte stellte. Die IGMG stützt sich bei einem antidemokratischen Weltbild auf ein pan-islamistisches Gedankengut und kämpft für die Errichtung einer entsprechenden Weltordnung. Andere Religionen wie die jüdische oder christliche werden demnach ebenso abgelehnt wie der türkische Laizismus.

Der VIKZ wurde 1973 gegründet und gehört der türkischen Süley-mancılar-Sekte an. Sie gibt sich nach außen hin unpolitisch, doch eine große Zahl ihrer Mitglieder fühlt sich von Parteien wie der AKP und MHP repräsentiert.

Eine neuere türkisch-religiöse und nationalistische Gruppe, die in Deutschland der organisierten Kriminalität zuzuordnen ist, ist der erwähnte Boxclub »Osmanen Germania«. Der Name beinhaltet die Assoziation zwischen Nation und Macht. In den Botschaften des seit 2015 bundes- und europaweit organisierten Rockerclubs geht es größtenteils um Macht, Blut, Nation, Ehre und Gewalt. Nach eigenen Angaben hat er in Deutschland 2.500 Mitglieder (weltweit 3.500). Die Osmanen-Germania-Anhänger traten wiederholt als Ordner auf Veranstaltungen der Grauen Wölfe auf, aber auch auf Pro-Erdoğan-Demonstrationen. Vom Muster her lehnt sich diese Gruppe an die Tradition der »Osmanlı Ocakları« (Heim der Osmanen) in der Türkei an. Die Osmanlı Ocakları treten in der Türkei seit einigen Jahren verstärkt als radikaler Jugendflügel der AKP in Erscheinung. Bei einer Razzia gegen die Osmanen Germania nahm die Polizei im April 2016 in NRW sieben Personen vorläufig fest. Weitere Durchsuchungen fanden in Essen, Dinslaken, Düsseldorf, Solingen und Kerpen statt. Im August 2016 nahm die Polizei im Saarland den wegen Drogenhandels gesuchten »Vizepräsidenten« der »Rockergruppe« fest.

Der Flüchtlingsdeal

Seit März 2011 musste mehr als die Hälfte der Bevölkerung Syriens ihr Heimatland verlassen. Die geflüchteten Menschen suchten zunächst in den benachbarten Ländern Syriens Schutz (vor allem in Jordanien und in der Türkei) und später auch in europäischen Ländern. Monatelang kam insbesondere 2015 und Anfang 2016 eine hohe Zahl von Geflüchteten von der Türkei aus nach Europa. Mit Booten wagten zahlreiche

von ihnen – darunter ältere Menschen, Frauen, Kinder – die gefährliche
Überfahrt nach Griechenland und marschierten über die Balkanroute
nach Westeuropa. Viele bezahlten den Fluchtweg übers Mittelmeer mit
ihrem Leben. Erschüttert wurde die internationale Öffentlichkeit im
September 2015 von einem Foto des kleinen Jungen Ailan aus Syrien:
Er ertrank vor der türkischen Küste, am Strand von Bodrum.

Gegenüber dem staatlichen Sender TRT erklärte Erdoğan bereits im
Juni 2011, dass die Türkei die Syrienfrage »nicht als ein außenpolitisches, sondern als innenpolitisches Thema« betrachte. Auch wenn der
damalige Außenminister Ahmet Davutoğlu als Leitmotiv türkischer
Außenpolitik die Wendung »Null Probleme mit Nachbarn« prägte, so
wollte Erdoğan im Zuge des Arabischen Frühlings die gesamte Region
neu ordnen. Noch kurze Zeit vor der Syrien-Krise pflegten Erdoğan
und Baschar al-Assad freundschaftliche Beziehungen und verbrachten
sogar einen gemeinsamen Urlaub an der ägäischen Küste im türkischen
Bodrum. Doch als 2011 in Syrien Proteste ausbrachen, drängte die
Erdoğan-Regierung Assad vergeblich, die Muslimbrüder in die Regierung aufzunehmen. Es entstand ein Bruch mit Syrien, und Erdoğan
wandte sich von seinem Partner Assad ab.

Sehr früh erkannte Erdoğan im Zuge der Flüchtlingsbewegungen
aus Syrien ein neues Potenzial, das er als Druckmittel gegenüber der
EU nutzen konnte. So öffnete die Türkei ihre Grenzen zu Syrien. Für
die neuen Flüchtlingsbewegungen pflegte das Land keine konstrukti-
ve Einwanderungspolitik, sondern verstand sich größtenteils als Tran-
sitland für jene, die weiter Richtung Westeuropa zogen. Die türkische
Regierung errichtete zwar in der Grenzregion einige Zeltstädte, aber die
größte Unterstützung ging von zivilen Initiativen und Sozialbewegun-
gen aus. Viele Geflüchtete zogen weiter in die ägäische Region (bei Izmir) oder nach Istanbul, um von hier aus nach Europa zu gelangen.
In der Türkei entstand auf dem Rücken der syrischen Geflüchteten ein
Tagelöhner- und Billiglohnsektor. Viele lebten und leben in verschiedenen Teilen der Türkei unter elenden Bedingungen.

2014 stellten rund 626.000 vor Krieg und Verfolgung geflohene
Menschen einen Asylantrag in der EU. 2015 stieg die Zahl, allein in

Deutschland stellten 890.000 Geflüchtete einen Asylantrag. Die Flüchtlingsbewegungen wandelten sich in der öffentlichen Wahrnehmung
zu einer Flüchtlingskrise, deren politische Auswirkungen sich schnell
zeigten. In zahlreichen europäischen Ländern kam es zu neuen rechts-
populistischen Mobilmachungen. Auf staatlicher Ebene setzte sich eine
Reglementierung und Begrenzung von Zuwanderung durch, auch wenn
eine einheitliche EU-weite Flüchtlingspolitik scheiterte. Im März 2016
einigten sich die EU-Staaten auf ein Flüchtlingsabkommen mit der Türkei, um die Zahl der ankommenden Menschen zu verringern.

Nach diesem Deal konnte die EU all jene, die seit dem 20. März
2016 illegal von der Türkei aus auf bzw. über griechische Inseln gekommen waren, in die Türkei zurückschicken. Ausgenommen davon waren
vor allem Geflüchtete, die nachweisen konnten, dass sie in der Türkei
verfolgt werden. Als Gegenleistung sollte die Türkei drei Milliarden
Euro erhalten, um damit – dem Papier nach – die Lebensbedingungen
von geflüchteten Syrern im eigenen Land zu verbessern. Darüber hinaus
wurden weitere drei Milliarden Euro Unterstützung in Aussicht gestellt.
Zudem forderte die Türkei von der EU, dass türkische Staatsangehörige
ab Juni 2016 ohne ein Visum in die EU einreisen können sollten. Während ein Teil der finanziellen Unterstützung ausgezahlt wurde, trat die
Visa-Liberalisierung, die Teil des Flüchtlingsdeals war, niemals in Kraft.
In diesem Zusammenhang warf die EU der türkischen Regierung vor,
die beschlossenen Vereinbarungen größtenteils nicht einzuhalten.

Laut Angaben der EU-Kommission wurden ab April 2016 rund
900 Menschen aus Griechenland in die Türkei zurückgebracht, während knapp 3.800 Syrer aus der Türkei in EU-Ländern unterkamen, die
meisten davon in Deutschland, den Niederlanden und Frankreich.[139]

Die politische Konsequenz war, dass die türkische Regierung von
Anfang an den Flüchtlingsdeal als Druckmittel gegen die EU einzuset-
zen versuchte. Bisher ist es bei Drohungen geblieben, das Abkommen
ganz oder teilweise auszusetzen. Hinzu kommt, dass die Türkei in der
Grenzregion zu Syrien eine Mauer gebaut hat und Soldaten teilweise

---

139   Spiegel online, 18.3.2017.

auf Geflüchtete schießen. Bundeskanzlerin Angela Merkel wie auch die
EU nehmen dies teilnahmslos hin. Gerade Merkel ging es bei dem Deal
mit Erdoğan nie darum, den Schutz von Flüchtlingen zu stärken und
den Demokratisierungsprozess in der Türkei zu unterstützen, sondern
vor allem darum, Flüchtlinge von Europa fernzuhalten. Allein vor diesem Hintergrund reiste Merkel eine Woche vor den türkischen Wahlen
im November 2015 in die Türkei, um Erdoğan politischen Rückhalt
zu geben. Auch die Tatsache, dass der Bericht der EU-Menschenrechts-
kommission zur Entwicklung in der Türkei bis zu diesen Wahlen nicht
öffentlich gemacht wurde, zeigt, welche Wirkungen die Drohpolitik von
Erdoğan hatte.

Deutsch-türkische Beziehungen in der Sackgasse?

Die Krise in den deutsch-türkischen Beziehungen hatte in der Geschichte immer wieder neue Höhepunkte erreicht. Nach der Regierungsübernahme durch die AKP von Erdoğan wurde in Deutschland und anderen
EU-Staaten das Bild eines demokratischen Umbruchs in der Türkei vermittelt. Dieses Bild bekam mit der Zeit immer mehr und mehr Risse.

Eine erste größere Krise löste Erdoğan durch einen Auftritt in der
Kölnarena am 10. Februar 2008 aus. In seiner Rede stellte sich Erdoğan
gegen die sogenannte Assimilierung der Türkeistämmigen in Deutschland: »Ich verstehe die Sensibilität, die Sie gegenüber Assimilation zeigen, sehr gut. Niemand kann von Ihnen verlangen, dass Sie sich einer
Assimilation unterwerfen. Denn Assimilation ist ein Verbrechen gegen
die Menschlichkeit.« In seiner Rede bezeichnete Erdoğan die in Deutschland lebenden türkeistämmigen MigrantInnen als »Geiseln ihrer Ab-
stammung«. Dadurch versuchte er, die Identitäten der Türkeistämmigen politisch zu instrumentalisieren. Vor allem ging es ihm darum, den
Erhalt von türkischer Sprache und Kultur zu betonen. Dahinter verbarg
sich zudem das Ziel, die türkeistämmige Gemeinschaft in Deutschland
zu einer neuen starken türkischen Lobby zu vereinen, damit die Interessen der Türkei im Ausland stärker im Sinne eines Nationalismus reli-

giöser Prägung vertreten werden. Diese Rede löste medial und politisch Diskussionen aus. Bundeskanzlerin Merkel kritisierte Erdoğan in der *Welt* (11.2.2008) für eine falsche Vorstellung von Integration.

Nach einigen unaufgeregteren Jahren löste die Böhmermann-Affäre eine weitere unmittelbare Krise in den deutsch-türkischen Beziehungen aus. Am 31. März 2016 strahlte die ZDF-Sendung *Neo Magazine Royale* eine sogenannte Schmähkritik mit verschiedenen sexuell konnotierten Beleidigungen aus, die Jan Böhmermann an Erdoğan richtete. Als Reaktion darauf erstatteten sowohl die türkische Regierung als auch Erdoğan selbst eine Strafanzeige gegen Böhmermann. Die Einstellung des Ermittlungsverfahrens durch die Staatsanwaltschaft löste auf türkischer Regierungsseite heftige Kritik aus. Als Bundeskanzlerin Merkel im Zuge des Flüchtlingsdeals gegenüber dem damaligen türkischen Ministerpräsidenten Ahmet Davutoğlu äußerte, dass der Böhmermann-Beitrag nach ihrer Meinung »bewusst verletzend« sei, erntete sie Kritik. Basierend auf § 103 StGB (Beleidigung von Organen und Vertretern ausländischer Staaten) verlangte die türkische Seite einen Prozess gegen Böhmermann, der schließlich am 15. April 2016 durch Merkel zugelassen wurde. Am 4. Oktober 2016 gab die Staatsanwaltschaft Mainz bekannt, dass das Strafverfahren eingestellt werde, weil in dem »Schmähgedicht« angeblich keinerlei »strafbare Handlungen« zu erkennen waren.

Zu größerer Anspannung zwischen Berlin und Ankara führte die Festnahme des deutsch-türkischen Journalisten Deniz Yücel am 27. Februar 2017. Er war von 2007 bis 2015 Redakteur der *taz* und seit 2015 Türkei-Korrespondent der *Welt*. Yücel wurde unter unklaren Umständen festgenommen und blieb vorerst in Untersuchungshaft. Yücel wird angebliche »Propaganda für eine terroristische Vereinigung und Aufwiegelung der Bevölkerung« vorgeworfen. Begründet wurde dies unter anderem mit einem von Yücel im Herbst 2015 geführten Interview mit dem PKK-Kommandanten Cemil Bayık sowie einem Artikel, in dem er die Verantwortung der Gülen-Bewegung für den Putschversuch vom 15. Juli 2016 in Frage stellte. Die Festnahme von Yücel löste in Deutschland Proteste und Solidaritätsaktionen aus, Kanzlerin Merkel forderte die Freilassung von Yücel und die Einhaltung der Pressefreiheit.

Einen weiteren Eklat in den deutsch-türkischen Beziehungen löste die erwähnte Armenien-Resolution des Bundestages aus, die ungeachtet der deutlichen Kritik der türkischen Regierung am 25. Juni 2016 verabschiedet wurde. Tage und Wochen vorher hatten türkische Politiker und Lobbyorganisationen (UETD, DITIB u. a.) an die Abgeordneten appelliert, diese Resolution zurückzuziehen. Darin wird die Ermordung von bis zu 1,5 Millionen Armeniern während des Ersten Weltkrieges als Völkermord bezeichnet. Zudem heißt es: »Der Deutsche Bundestag verneigt sich vor den Opfern der Vertreibungen und Massaker an den Armeniern und anderen christlichen Minderheiten des Osmanischen Reichs, die vor über hundert Jahren ihren Anfang nahmen. Er beklagt die Taten der damaligen jungtürkischen Regierung, die zur fast vollständigen Vernichtung der Armenier im Osmanischen Reich geführt haben. Ebenso waren Angehörige anderer christlicher Volksgruppen, insbesondere aramäisch/assyrische und chaldäische Christen von Deportationen und Massakern betroffen.« Der gemeinsam von Union, SPD und Grünen eingebrachte Antrag wurde schließlich mit einer Gegenstimme und einer Enthaltung angenommen. Kanzlerin Angela Merkel, Vizekanzler Sigmar Gabriel sowie der damalige Außenminister Frank-Walter Steinmeier nahmen aus vermeintlichen Termingründen nicht an der Abstimmung teil. Der damalige Bundestagspräsident Norbert Lammert sprach anschließend von einer »bemerkenswerten Mehrheit«.

Zu einem Disput in den deutsch-türkischen Beziehungen führten auch die teilweise abgesagten Wahlkampfauftritte türkischer Politiker, die im Vorfeld des Referendums vom 16. April 2017 Deutschland als Wahlkampfarena nutzen wollten. So sollten Abgeordnete der AKP bei den in Deutschland lebenden Türkeistämmigen für die Einführung des Präsidialsystems werben. Nach der Absage der geplanten Auftritte griff Erdoğan wiederholt zu Nazi-Vergleichen. Die regierungsnahe türkische Boulevardzeitung *Güneş* druckte am 10. März 2017 auf der Titelseite eine Fotomontage von Angela Merkel ab, in der diese mit Hitlerbart und Nazi-Gruß zu sehen ist. In anderen Zeitungen wurde Merkel eine Verbindung zur PKK vorgeworfen. Die Ergebnisse des Referendums unter den wahlberechtigten Türkeistämmigen in Deutschland waren eindeutig: Bei 50-prozentiger Wahlbeteiligung stimmten in Deutschland rund 63 Prozent für die Einführung eines Präsidialsystems (in der Türkei hatten 51 Prozent mit Ja gestimmt). Dies löste eine neue Integrationsdiskussion aus.

Zu einer weiteren Verstimmung kam es, als die Bundesregierung den Abzug der Bundeswehr aus dem türkischen Stützpunkt Incirlik auf den Weg brachte. Es wurde beschlossen, die dort stationierten Soldaten samt Tornado-Jets und einem Tankflugzeug nach Jordanien zu verlegen. Ausgelöst wurde der Rückzug aus Incirlik durch die wiederholte Weigerung der türkischen Regierung, Bundestagsabgeordneten Besuche auf dem Luftwaffenstützpunkt zu erlauben. Das letzte Besuchsverbot vor dem Abzug erfolgte, nachdem Deutschland türkischen Soldaten Asyl gewährt hatte.[140] Letztlich spielt sich der Konflikt indes auf der diplomatischen Ebene ab, die militärische Zusammenarbeit mit dem NATO-Partner Türkei wird nicht grundsätzlich in Frage gestellt. Vielmehr meldete der *stern* im März 2017: »Recherchen des *stern* zeigen, wie der Rüstungskonzern Rheinmetall die Türkei aufrüsten will. Die Bundesregierung ist angeblich informiert, dementiert das aber halbherzig. Auf Fragen zu dem Thema reagiert die Bundesregierung überaus verdruckst. Ihr sei ›der Vorgang gar nicht bekannt‹, behauptete Vize-Regierungssprecherin Ulrike Demmer … – zwei Tage, nachdem der *stern* zusammen mit *Correctiv* und der türkischen Exilredaktion *Özgürüz* die Geschichte enthüllt hatte. … Der Rüstungskonzern Rheinmetall will in der Türkei des Recep Tayyip Erdoğan mit einheimischen Partnern Panzer produzieren und treibt gerade jetzt die Vorbereitungen voran. … Soll man wirklich einen Präsident aufrüsten, der reihenweise Journalisten verhaften lässt und die Deutschen als Nazis beschimpft? Am Freitag meldete sich dann auch noch der Hochkommissar der Vereinten Nationen für Menschenrechte, der Jordanier Seid al-Hussein. Seine Behörde beklagte die ›exzessive Gewalt‹, mit der die türkische Armee in den kurdischen Gebieten in der südöstlichen Türkei vorgehe. Und die UN prangerte ausdrücklich Panzerattacken in dicht besiedelten Gebieten an. Selbst das Auswärtige

---

140   Zeit online, 7.6.2017.

Amt in Berlin hat nach eigenen Angaben ›seine Zweifel‹, dass der Bericht die Fakten ›zutreffend‹ darstellt.« (stern.de, 14.3.2017)

Die gegenwärtigen Entwicklungen in der Türkei zeigen, dass die durch die AKP-Regierung von Erdoğan geschaffene Politik der Aggression und Polarisierung das Land immer mehr in eine gesellschaftliche Spaltung drängt. Der Sieg über den gescheiterten Putsch vom Juli 2016 signalisiert keinen demokratischen Aufbruch, sondern forciert mehr denn je eine islamisch-nationalistische Gegenrevolution, die die Spaltung und Abgrenzung zu Demokraten, Linken, Liberalen, Kurden, Aleviten, »Europäern« und dem kemalistischen Establishment weiter vertieft. So bewegt sich die heutige Gesellschaft in der Türkei zwischen Repression und Widerstand, was auch die nächsten Jahre die Türkei stark begleiten wird. Umso mehr ist es die Pflicht der demokratischen Öffentlichkeit, auf die Türkei einzuwirken und die Solidarität mit den demokratischen Kräften in der Türkei zu stärken.

V.
Perspektiven von Widerstand

Die Gezi-Proteste und die Rebellion der Anderen

Die Gezi-Park-Proteste von 2013 bilden einen Höhepunkt in der politischen Widerstandskultur der Türkei. Deniz Yücel schildert in seinem engagierten und humorvollen Band »Taksim ist überall«[141] auf beeindruckende Weise den »Widerstand der Anderen«, der sich aus der Gezi-Bewegung entwickelte und die politische Kultur der Türkei mit prägte. Plötzlich wurden auch außerhalb der Türkei die linken und fortschrittlichen Organisationen, Initiativen, Gewerkschaften, Jugendverbände der Türkei sichtbar.

»Überall ist Taksim – Überall ist Widerstand« (»Her yer Tasksim – Her yer Direniş«) war im Zuge der Gezi-Proteste die zentrale Parole für die Protestwelle gegen die Regierung Erdoğan. Deren Auslöser war zunächst das gewaltsame Vorgehen der Polizei gegen Demonstrierende, die sich in unmittelbarer Nähe des Istanbuler Taksim-Platzes gegen ein geplantes Bauprojekt auf dem Gelände des Gezi-Parks einsetzten. Die Protestierenden waren zunächst eine relativ kleine Gruppe von überwiegend jungen Menschen, UmweltschützerInnen und kommunalen AktivistInnen, die auch für mehr Bürgerbeteiligung als Instrument zur Bekämpfung von Korruption und zunehmender Gentrifizierung stritten.

Die Ursache der landesweiten Protestbewegung und des zivilen Ungehorsams lag vor allem in der zunehmend autoritären Regierungsfüh-

---

141   Deniz Yücel: Taksim ist überall. Hamburg 2014.

rung unter dem damaligen Ministerpräsidenten Erdoğan. Zu der Zeit verfolgte er konsequent das Ziel, unter Umbau des politischen Systems Staatspräsident zu werden.

Auch infolge des gewaltsamen Vorgehens der Staatsmacht gegen die Demonstrierenden weitete sich die Protestwelle aus und erfasste Hunderttausende in zahlreichen Städten der Türkei. Die Regierung hatte sich der großen historischen Chance zur zivilgesellschaftlichen Demokratisierung der Türkei verweigert, stattdessen setzte der Ministerpräsident auf Eskalation und Kriminalisierung. In diesem Kontext bezeichnet Erdoğan die Demonstrierenden, wenn nicht gleich als Terroristen, so als einen Haufen »Çapulcu« (Lumpen bzw. Plünderer) – ein Begriff, der für die Betroffenen, positiv gewendet, auch zur Selbstbezeichnung wurde. Bei den heterogenen Strömungen innerhalb der Protestbewegung spielte die Occupy-Gezi-Bewegung eine zentrale Rolle. Diese war, zeitweilig unterstützt von Fußballfans (Ultras) des Istanbuler Vereins Beşiktaş, für die Besetzung des symbolträchtigen Taksim-Platzes verantwortlich, die am 12. Juni von der Polizei gewaltsam aufgelöst wurde.

Mit der gewaltsamen Räumung wurden die Proteste in den internationalen sowie in den deutschen Medien in Anlehnung an den Arabischen Frühling zunächst fälschlicherweise als Türkischer Frühling bezeichnet und in der Berichterstattung nicht ohne Sympathie begleitet. Deutsche Bundestagsabgeordnete wie Cem Özdemir, Claudia Roth und Sevim Dağdelen reisten nach Istanbul, um sich mit dieser Protestbewegung zu solidarisieren. Die UnterstützerInnen wurden seitens der AKP als AgentInnen, UnruhestifterInnen und als »dunkle Mächte« stigmatisiert, die die Türkei »schwächen« und »spalten« wollten.

Schließlich wurde die Protestbewegung nach Wochen zunehmender Polarisierung gewaltsam niedergeschlagen und die legitime Forderung nach mehr gesellschaftlicher Öffnung unterdrückt. Für Erdoğan waren die Gezi-Proteste ein tiefsitzender Schock, da zum ersten Mal in seiner Regierungszeit seine Machtposition von Teilen der Bevölkerung in Frage gestellt wurde. Umso mehr nahm die staatliche Repression gegen die eigene Bevölkerung und das Vorgehen gegen Grundrechte wie Presse- und Meinungsfreiheit zu.

Bei den mehrere Monate andauernden Protesten kamen insgesamt fünf Menschen ums Leben, mehr als 8.100 wurden verletzt. Die Niederschlagung der Proteste bedeutete eine tiefgreifende negative Zäsur für die Demokratiegeschichte der Türkei. Während die Proteste seitens großer Teile der Bevölkerung als ein Zeichen des Widerstandes gegen die zunehmende Autoritarisierung des Staates wahrgenommen wurde, wird sie seitens der AKP-Regierung bis heute verunglimpft, kriminalisiert und als eine Intervention »ausländischer Mächte« dargestellt.

Gewerkschaften und linke Bewegungen in der Türkei

Die Gezi-Proteste setzten innerhalb von Gewerkschaften und vielfältigen linken Bewegungen, die in den Protesten selbst einen wichtigen Platz einnahmen, eine neue Dynamik in Gang. Dabei sind die heutigen linken Gruppierungen teils in Kontinuität, teils in Abgrenzung zu jenen Organisationen zu verstehen, die sich vor allem ab den 1960er Jahren herausbildeten. Damals entstanden zahlreiche Organisationen, die innerhalb der Arbeiter-, Bauern- und Jugendbewegung eine wichtige Rolle spielten. Die linken Gewerkschaften DISK und TÖS (später TÖB-DER, Lehrergewerkschaft der Türkei) gewannen in den 1970er Jahren großen Einfluss auf die gesamte Gesellschaft, so dass es zeitweilig zu Massenprotesten kam. Insbesondere die DISK übte bis zum Militärputsch von 1980 eine zentrale Rolle bei der Mobilisierung der Arbeiterklasse aus. 1978 waren mehr als eine Million Arbeiter, Angestellte, Bauern und StudentInnen in den Massenorganisationen organisiert. Hinzu kamen auch größere Gruppierungen wie der »Polizei-Solidaritäts-Verband« (POL-DER) mit 40 Branchen und 15.000 Mitgliedern, der sich selbst als demokratische Massenorganisation bezeichnete. Die linke Bewegung war in den Betrieben und an Hochschulen präsent, in der Provinz und in den Städten, insbesondere auch in den Armenvierteln, den »über Nacht gebauten« Gecekondu-Vierteln der großen Metropolen.

Ab Mitte der 1970er reorganisierten sich die Bewegungen, nachdem es vor allem innerhalb der Studentenbewegung zu neuen Spaltungen gekommen war. Von der ideologischen Tendenz her entwickelten sich zwischen den 1970er und 80er Jahren fünf Hauptströmungen mit jeweils unterschiedlichem politischen Gewicht: linke Gewerkschafts- und Berufsvereinigungen, an Moskau orientierte Organisationen, maoistische Strömungen, albaniennahe Gruppierungen sowie die unabhängigen Linken. Letztere übten mit Organisationen wie Dev-Yol, Dev-Sol oder Kurtuluş nachhaltigen Einfluss aus.

Im Zuge des Militärputsches vom 12. September 1980 war die linke Bewegung in der Türkei den schwersten Angriffen in ihrer Geschichte ausgesetzt. Eines der wichtigsten Ziele der Militärjunta unter General Kenan Evren bestand darin, die erstarkende Arbeiter-, Studenten- und Jugendbewegung zu zerschlagen. So wurden demokratische Verbände, Gewerkschaften, Organisationen, Parteien, Medien u. ä. verboten, nach Angaben des Menschenrechtsvereins der Türkei (IHD) wurden 650.000 Menschen festgenommen und teilweise mehrere Jahre lang inhaftiert. Mehr als 1,6 Millionen Menschen wurden aus dem öffentlichen Dienst suspendiert, 50 (darunter auch der 17-jährige Jugendliche Erdal Eren) hingerichtet und 171 unter Folter ermordet.[142] Die repressiven Auswirkungen des Militärputsches führten bei vielen zu Resignation. Unter diesen Bedingungen gab es zunächst keinen nennenswerten Widerstand gegen den Militärputsch. Nach rund zweijähriger Schockstarre bildeten verschiedene linke Organisationen 1982 die »Widerstandsfront gegen den Faschismus« (FKBDC). Es war das erste Projekt, mit dem eine gemeinsame antifaschistische Plattform gegen die Militärjunta organisiert wurde. Jedoch führten sowohl die ideologischen Auseinandersetzungen als auch schwere Niederlagen der Organisationen im Zuge von Militäroperationen zum Scheitern des Bündnisses. Zeitnah gründeten an Moskau orientierte Parteien die »Linke Einheit« (Sol Birlik), die aber keinen nennenswerten Einfluss entfalten konnte.

Erst Ende 1980er/Anfang der 1990er Jahre konnte die linke Bewegung im Zuge von Arbeiterprotesten unter anderem in Kazlıçeşme,

---

142   Hasan Cömert: Rakamlarla 12 Eylül darbesi [Der 12. September-Putsch in Zahlen]. In: www.ntv.com.tr, 11. September 2009, abgerufen: 15.3.2017.

Netaş, Zonguldak Maden, Paşabahçe, Sümerbank, Seka, Ünaldi erneut Widerstand organisieren und nach dem Militärputsch verhängte Verbote überwinden. Zugleich bildete sich an den Hochschulen eine neue linke Bewegung, die Tausende von Studierenden vereinte. Für die linken Organisationen startete eine Phase mit legalen politischen Zeitschriften und Zeitungen, Aktionsgruppen und Diskussionszirkel wurden wieder aktiv. Viele Organisationen begannen sich wieder zu reorganisieren. Mitunter entstanden auch militante Aktionsbündnisse zwischen der türkischen und kurdischen Linken. Nacheinander bildeten sich Bündnisse wie »Revolutionäre Einheit« oder »Revolutionäre Demokratische Einheitskraft«, deren jeweilige »Einheit« indes nicht lange anhielt. In solcher Tradition wurde zuletzt 2016, in der Hoffnung auf längere Dauer, das Bündnis »Vereinigte Revolutionsbewegung der Völker« (HBDH) gegründet.

Wie große Teile der Linken, so ist auch die gegenwärtige Gewerkschaftslandschaft in der Türkei in verschiedene politische Lager gespalten. Durch diese Spaltung nehmen ideologische Auseinandersetzungen sowohl zwischen Gewerkschaften derselben Branche als auch zwischen den Gewerkschaftsdachverbänden insgesamt weiter zu. Der Organisationsgrad von Beschäftigten lag 2013 bei ca. 9,2 Prozent.[143] Auch hier zeigen sich noch heute die Folgen des Militärputsches von 1980, durch den die Rechte der Gewerkschaften eingegrenzt und die Mitgliedschaft in ihnen wesentlich erschwert wurde. Die rechtlichen Änderungen unter der AKP-Regierung sichern weiterhin kaum Schutz und demokratische Freiheiten für gewerkschaftliche Organisation und Betätigung. Im Gegenteil, die prekären Beschäftigungsverhältnisse wurden weiter ausgeweitet und der Arbeitsschutz kaum gesichert. Daher müssen die Gewerkschaften in der Türkei weiterhin mit restriktiven rechtlichen Rahmenbedingungen, prekären Arbeitsverhältnissen, Leiharbeitersystem sowie Einschüchterungs- und Behinderungsversuchen seitens der Unternehmen rechnen. So bleibt gegenwärtig der politische Einfluss der

---

143   Vgl. Demet Şahende Dinler: Gewerkschaften in der Türkei. Interessenvertretung unter schwersten Bedingungen. Studie der Friedrich-Ebert-Stiftung, Berlin, Juni 2013.

Gewerkschaften in der Türkei trotz vielfältiger Bemühungen begrenzt. Problematisch wurde es im Mai 2015, als in der Industriestadt Bursa, bekannt auch für ihre Automobilindustrie, für das Recht gestreikt wurde, aus einer regierungsnahen Gewerkschaft auszutreten. Für die AKP waren diese Streiks gerade auch wegen der damals anstehenden Wahlen im Juni 2015 unwillkommen. Daher hat der Wirtschafts- und Arbeitsminister Ali Babacan (AKP) diesen Streik auflösen lassen.

Der größte Gewerkschaftsdachverband in der Türkei ist heute die Türk-İş (Konföderation der Arbeitergewerkschaften der Türkei), die 33 Einzelgewerkschaften mehrheitlich aus dem Industriebereich vereint und über mehr als 712.000 Mitglieder verfügt (Stand: 2/2012). Gegründet wurde die Türk-İş mit Hilfe US-amerikanischer Gewerkschaften im September 1952 in Izmir. Türk-İş war der erste offizielle Gewerkschaftsbund in der Türkei und vertrat bis 1967 als alleiniger Dachverband die Rechte der Beschäftigten. Türk-İş agierte bis Mitte der 1980er Jahre unter staatlicher Kontrolle, so dass sie von zahlreichen linken Organisationen als »gelbe« Gewerkschaft angesehen wurde.

Im Widerspruch zur staatstragenden Politik der Türk-İş gründete sich 1967 die links orientierte DISK. Sie hat derzeit 350.000 Mitglieder, organisiert in 26 Wirtschaftszweigen, und gehört dem Internationalen Gewerkschaftsbund (ICFTU) und dem Europäischen Gewerkschaftsbund (ETUC) an. Die DISK ist seit den 1970er Jahren vielfältigen staatlichen Repressionen ausgesetzt. Hinzu kamen Attentate gegen DISK-Funktionäre und -Mitglieder. Besonders einschneidend war der Attentat auf die 1.-Mai-Kundgebung 1977 auf dem Istanbuler Taksim-Platz, bei dem 36 Menschen getötet wurden. Die Hintergründe dieses Attentats, das augenscheinlich auf das Konto des türkischen Staates ging, wurden bis heute nicht offengelegt. Zudem wurde im Juli 1980 der erste DISK-Vorsitzende, Kemal Türkler, vor seinem Haus erschossen. Am 12. September 1980 wurde die DISK als eine der ersten Organisationen verboten. Angeklagt wurden 1.477 ihrer Mitglieder, gegen 78 von ihnen stellte die Staatsanwaltschaft einen Antrag auf Todesstrafe. Vor dem Militärgericht in Istanbul wurden 264 Gewerkschafter und Gewerkschaftssekretäre zu Haftstrafen zwischen 5½ und 15 Jahren verurteilt. Erst 1991 wurden sie nachträglich freigesprochen. Nach einem außerordentlichen Kongress im Dezember 1991 nahm der Gewerkschaftsverband seine Arbeit wieder auf. Die DISK ist heute eine wichtige gewerkschaftliche Organisation, die in der Türkei auch mit einem klaren politischen Profil auftritt und gleichermaßen für soziale Belange wie für Demokratie und Frieden eintritt.

Als Verbündeter der DISK agiert die politisch ähnlich ausgerichtete KESK (Konföderation der Gewerkschaften der im öffentlichen Dienst beschäftigten Arbeiter), der gegenwärtig elf Einzelgewerkschaften aus dem öffentlichen Dienst angehören, darunter etwa die Lehrergewerkschaft Eğitim-Sen. Die im Februar 1995 gegründete KESK hat mehr als 240.000 Mitglieder und gehört ebenfalls dem Internationalen Gewerkschaftsbund sowie dem Europäischen Gewerkschaftsbund an. Die KESK wurde mehrmals zur Zielscheibe von staatlicher Repression, so wurden zahlreiche Mitglieder in Şanlıurfa, Diyarbakır, Istanbul, Ağrı, Bitlis, Siirt, Adana und Eskişehir festgenommen und wegen angeblicher »terroristischer Aktivitäten« verurteilt.

Einen anderen Typus von Gewerkschaft bildet die Hak-İş (Konföderation der Arbeitergewerkschaften für den Bereich Recht), die mit 20 Einzelgewerkschaften die zweitgrößte Gewerkschaft der Türkei bildet. Hak-İş wurde 1976 auf Veranlassung der damaligen islamistischen MSP gegründet, um innerhalb der Arbeiterschaft islamische Ziele zu verbreiten. Sie sollte ein Verhältnis zwischen Arbeitnehmern und Arbeitgebern auf der Grundlage muslimischer Brüderlichkeit propagieren. In den 1990er Jahren stand die Hak-İş der Wohlfahrtspartei von Necmettin Erbakan und heute der AKP nahe. Auch sie ist Mitglied im Internationalen Gewerkschaftsbund und dem Europäischen Gewerkschaftsbund. Aufgrund ihrer ideologischen Nähe fungiert die Hak-İş gegenwärtig als bevorzugter Verhandlungspartner der AKP-Regierung.

Im August 2016 wurde auf Einladung der Gewerkschaften DISK und KESK ein »Bündnis für Arbeit und Demokratie« gebildet, dem mehr als 20 demokratische Gewerkschaften, Berufsverbände, Parteien und Initiativen angehören. Dieses Bündnis rief alle demokratischen Kräfte dazu auf, sich »gegen Faschismus, Putsch und Notstandsverordnung« zu vereinen. Es organisierte türkeiweit Aktionen gegen die repressive Politik der AKP.[144] In einem Neun-Punkte-Katalog heißt es:

1. Gegen die prekären Arbeitsverhältnisse, Leiharbeit, Verarmungspolitik und für die Sicherung der Organisationsfreiheit von Arbeitern und Angestellten, Tarifrecht, politische Rechte und Freiheiten, Arbeitssicherheit und menschliches Leben.

2. Gegen die Notstandsverordnungen (OHAL) und das Regieren per Dekret, gegen die Demontage von demokratischen Rechten und Freiheiten, für die Verteidigung der wahren Demokratie.

3. Widerstand gegen die reaktionäre, autoritäre, religiöse Ideologisierung der Gesellschaft durch den Staat, für Religionsfreiheit und einen tatsächlichen Laizismus.

4. Die sofortige Beendigung der Kriegspolitik im In- und Ausland, die politische Lösung der kurdischen Frage auf friedlicher und demokratischer Grundlage eines gemeinsamen Lebens.

5. Gemeinsamer Kampf gegen die imperialistischen Interventionen in der Region und in der Türkei, gegen Faschismus und Diktaturen.

6. Gegen die faschistische und reaktionäre Politik gegenüber Frauen, für die Stärkung des Kampfes für Freiheit und Gleichheit.

7. Gemeinsamer Kampf gegen die restriktive und selektive Politik der Regierung gegenüber den Aleviten und anderen religiösen und kulturellen Gruppen.

8. Für die Verteidigung unserer Städte, unserer Umwelt und unserer Lebensräume.

9. Gemeinsamer Kampf gegen alle Formen von Unterdrückung, gegen Angriffe des Staates auf alle Unterdrückten, Beschäftigten, Jugendlichen und Stigmatisierten, egal welcher politischen Meinung, Identität und Religion sie angehören; für Arbeit, Frieden und Demokratie.

Am 10. Oktober 2015 explodierten in der Nähe der erwähnten Großkundgebung »Für Frieden und Demokratie« in Ankara hintereinander zwei Bomben, wozu sich der »Islamische Staat« bekannte. 102 Personen

---

144   Evrensel, 11.8.2016.

verloren dabei ihr Leben. Zu der Friedenskundgebung hatte ein breites Bündnis mit der Forderung aufgerufen, den Bürgerkrieg in den kurdischen Provinzen und Städten zu beenden. Verantwortlich für diesen
Anschlag wurde auch die Regierung samt einer Politik der Spannung
gemacht, bei der dem IS eine Bühne geboten worden sei. Erdoğan habe,
so eine verbreitete Kritik, längere Zeit den IS und radikal-islamistische
Gruppen als Verbündete im Kampf gegen die in Syrien agierende kurdische PYD/YPG und gegen die syrische Regierung geduldet. So gab
es im Vorfeld Berichte darüber, dass der türkische Geheimdienst MIT
den IS und andere bewaffnete islamistische Gruppen mit Waffen und
logistischen Mitteln unterstützt habe – siehe das erwähnte Video, das
die *Cumhuriyet* veröffentlichte. Anstatt Stellungen des IS ins Visier zu
nehmen, griffen türkische Kampfjets tagelang Stützpunkte der YPG an,
die ihrerseits gegen den IS kämpfte.

In einem tiefen politischen Dilemma befindet sich gegenwärtig die
CHP, die im Gegensatz zu westeuropäischen sozialdemokratischen Partei-
en nicht aus der Geschichte der Arbeiterbewegung entstand, sondern als
kemalistisch-nationalistisch orientierte Staatspartei. Bis in die 1990er Jahre hinein bestand ihre soziale Zusammensetzung aus Militärs, der Staats-
bürokratie und der Intelligenz. Unmittelbare Staatspartei war die CHP
in den ersten Jahrzehnten nach der Republikgründung: Bis zu den ersten
Wahlen von 1950 hatte man das Land ununterbrochen regiert. Erst Anfang der 1970er Jahre erfolgte eine Wende der CHP hin zu sozialdemo-
kratischem Ideengut: Um sich eine Massenbasis zu verschaffen, nahm die
Partei auch verstärkt die Vertretung sozialer Interessen in ihr Programm
auf und gewann gegen Ende der 1970er Jahre zunehmend Einfluss in
der Arbeiter- und Bauernbewegung. Der Sozialdemokratie ist heute ihre
Massenbasis größtenteils weggebrochen. Der Grund dafür lag insbesondere in der Koalition mit konservativ-nationalistischen Parteien (DYP
und ANAP), aber auch in einer nationalistischen Kriegspolitik. Unter
Führung von Deniz Baykal driftete die CHP immer mehr nach rechts, so
dass Themen wie Minderheitenrechte, gewerkschaftliche Freiheiten, Meinungsfreiheit und demokratische Mitbestimmung in den politischen Forderungen ausgeblendet wurden. Mit dem 2010 gewählten neuen Vorsit-

zenden Kemal Kılıçdaroğlu vollzog die CHP einen Richtungswechsel und öffnete sich mehr für soziale und linke Themen, ohne damit – in Zeiten einer breit verankerten AKP – einen Durchbruch erreicht zu haben. Während die CHP 2011 auf 25,9 % kam, stagnierte sie bei den letzten Parlamentswahlen im November 2015 bei 25,3 % der Stimmen. Die CHP führt heute im Parlament die Opposition an, kann aber in der politischen Breitenwirkung keine schlagkräftige oppositionelle Kraft entfalten.

Eine wichtige außerparlamentarische Bewegung in der Türkei bildet die »Vereinigte Juni-Bewegung« (BHH). Die Bezeichnung »Haziran« (Juni) bezieht sich auf die Juni-Proteste der Gezi-Bewegung von 2013. Im August 2014 trafen sich zahlreiche AkademikerInnen, VertreterInnen von politischen Parteien und Organisationen sowie AktivistInnen der Bewegung an der Technischen Universität des Nahen Ostens (ODTÜ) in Ankara, um eine anti-kapitalistische, anti-imperialistische und anti-faschistische Plattform gegen die Politik der AKP-Regierung zu bilden. Daran beteiligten sich VertreterInnen kleinerer Parteien wie der ÖDP, der HTKP, der TKP und der EHP, verschiedene linke Zeitschriften wie *Devrimci Hareket* (Revolutionäre Bewegung), *Red* (Nein) und *Sosyalist Demokrasi için Yeni Yol* (Neuer Weg für eine sozialistische Demokratie), VertreterInnen der Sozialdemokratischen Stiftung (SODEV), der Türkische Ärztebund (TTB), die Kammer für Ingenieure und Architekten (TMMOB), die Gewerkschaften DISK, Sosyal-İş und Birleşik Metal-İş sowie einige Abgeordneten der CHP. Im Dezember 2014 kamen zur Gründung der Haziran-Bewegung in Ankara 1.500 Delegierte aus 46 Provinzen zusammen.

Linke Positionen zum gescheiterten Putsch und zum »Präsidialputsch«

Über den gescheiterten Putsch vom 15. Juli 2016 in der Türkei wurde sowohl auf nationaler als auch auf internationaler Ebene viel diskutiert und gestritten. Die offizielle Version, die die türkische Regierung über die Verantwortlichkeiten für den Putschversuch verlautbaren ließ, wurde bis hinein in an sich verbündete westliche Nachrichtendienste ernsthaft in Zweifel gezogen.

Tatsache ist, dass seit dem gescheiterten Putsch bislang mehr als 41.000 Menschen festgenommen und mehr als 140.000 weitere aus dem Staatsdienst entlassen wurden. Zudem verhängte die Regierung unmittelbar nach dem 15. Juli den Ausnahmezustand, der seitdem immer wieder verlängert wurde. Regiert wird seitdem per Dekret 686, mit dem nahezu alle demokratischen Kontrollinstanzen außer Kraft gesetzt werden. Ein symptomatisches Beispiel: Mit dem Dekret wurde Anfang Februar 2017 auch der Verfassungsrechtler Prof. Dr. İbrahim Kaboğlu als Abteilungsleiter für Verfassungsrecht an der Istanbuler Marmara-Universität entlassen. Der in der Türkei als fortschrittlicher Verfassungsrechtler bekannte Kaboğlu sieht in der Ausnahmezustandsregelung die Logik einer Säuberungswelle, die sich gegen nahezu alle demokratischen Einrichtungen richtet und auch – unter Missachtung der Freiheit der Wissenschaften – die Universitäten erfasste. Kaboğlu sieht in dem Ausnahmezustand einen Widerspruch zur Verfassung und zur Europäischen Menschenrechtsdeklaration.[145]

Auch wenn Erdoğan den gescheiterten Putsch öffentlich als »Geschenk Gottes« bezeichnete, bleibt die Rolle und Verflechtung des türkischen Geheimdienstes MIT, des Militärs und entscheidender politischer Instanzen bislang nicht transparent. So hat der Vorsitzende der sozialdemokratischen Oppositionspartei CHP, Kemal Kılıçdaroğlu, mit seiner These von einem »kontrollierten Putsch« für Aufmerksamkeit gesorgt. Er unterstellte damit der Regierung, schon im Vorfeld informiert gewesen zu sein.[146] Der Politikwissenschaftler Prof. Dr. Hasan Bülent Kahraman von der Kadir-Has-Universität sah in dem gescheiterten Putsch auch das Ergebnis eines grundlegenden Demokratiedefizits in der Türkei. Die Auffassung eines fehlenden Demokratiebewusstseins in der politischen Kultur der Türkei teilen auch größtenteils die Oppositionspartei HDP und andere linke Parteien, Organisationen und Bewegungen.

---

145 Gazete Duvar (Online-Zeitung), 8.2.2017.
146 Vgl. Zeit online, 3.4.2017.

Mehr noch: Sie alle stellen sich gemäß ihrer Einschätzung sowohl gegen den gescheiterten Militärputsch als auch gegen den als solchen kritisierten Präsidialputsch von Erdoğan samt dem weiterhin andauernden Ausnahmezustand. Die gesellschaftliche Spaltung der Türkei drückt sich im Wesentlichen durch zwei Blöcke aus, die einander unvereinbar gegenüberstehen: Auf der einen Seite diejenigen, die eine Überwindung der politischen Krise durch die Vereinigung aller demokratischen Kräften suchen; auf der anderen Seiten jene, die demokratische Werte und Institutionen außer Kraft setzen und dabei sind, das politische System noch weiter zu einem autoritären, geschlossenen, macht- und sicherheitszentrierten Apparat zu verwandeln. Fakt ist, dass das Land infolge der Abwehr des Putsches keineswegs weiter demokratisiert wurde, sondern im Gegenteil unter Reklamierung der nationalen Einheit immer mehr in ein autoritäres und machtzentristisches Regime verwandelt wurde. Schließlich stimmte bei dem Referendum vom 16. April 2017 nach offiziellen Angaben eine knappe Mehrheit von 51,4 Prozent für die Einführung eines Präsidialsystems. Viele linke Parteien und Organisationen vereinten sich unmittelbar nach dem gescheiterten Putsch unter der Forderung »Weder Militärputsch noch zivile Diktatur« und machten auf die Gefahr einer Präsidialdiktatur aufmerksam. So würden demokratische Werte, Institutionen und Strukturen zugunsten der Machtausweitung von Erdoğan demontiert und mit Füßen getreten.

Aus der politischen Analyse der HDP, also eines Sammelbeckens von pro-kurdischen und linken bzw. sozialistischen Bewegungen, lässt sich ableiten, dass eigentlich seit den Wahlen vom 7. Juni 2015, die eigentlich eine Niederlage für die AKP bedeuteten, eine permanente »Putsch-Stimmung« entstanden sei. So sieht die HDP in der seitdem permanent forcierten Konfrontations- und Kriegspolitik insbesondere in den kurdischen Gebieten einen der Hauptfaktoren für den Putschversuch und den darauffolgenden Systemumbau.

Die sozialdemokratische Oppositionspartei CHP erkannte erst mit der Ausrufung des Ausnahmezustandes die Gefahr eines Präsidialputsches. Damit stellte sie sich – auch durch den Druck der linken Bewegungen – hinter die Forderung »Weder Militärputsch noch zivile Diktatur«. Das verlangte der CHP-Vorsitzende Kılıçdaroğlu auch in seiner Rede auf der Großkundgebung der Regierung zur Verurteilung des Militärputsches am 7. August 2016 auf dem Istanbuler Yenikapı-Platz. Die HDP wurde zu dieser Kundgebung nicht eingeladen.

Die größte politische Gefahr sehen die oppositionellen Bewegungen in der Ausrufung des faktisch permanenten Ausnahmezustandes. Gerade hier wurde auf die Gefahr einer Verbotswelle gegen linke und demokratische Vereinigungen, Zeitungen und Versammlungen u. ä. aufmerksam gemacht. Gewerkschaften, Berufsverbände, demokratische Vereinigungen und linke Parteien starteten unter dem Motto »Demokratie jetzt« einen gemeinsamen Aufruf gegen den Militärputsch und den Ausnahmezustand. Darin wird die Forderung aufgestellt, zur Beendigung der Putschbedingungen die antidemokratischen Praktiken zu beenden und den Ausnahmezustand schnellstens aufzuheben. Zudem wird in diesem Aufruf deutlich hervorgehoben, dass durch das entsprechende Dekret alle Rechte und Bestimmungen an Erdoğan als Staatspräsident übertragen wurden.[147]

Eine selbstkritische Haltung zeigten verschiedene linke Parteien und Bewegungen bezüglich der Teilnahme am Widerstand gegen den Putschversuch. Die linken Kräfte konnten keinen eigenständigen Widerstand gegen die Putschisten auf die Straße tragen und blieben größtenteils unsichtbar. Somit konzentrierte sich die Mobilisierung gegen den Putschversuch ganz bei der AKP.

Aus linker Perspektive sorgte auch die Rolle des Westens bei dem Putsch für Diskussionen. Bislang war in der Türkei bekannt, dass die militärischen Putsche und Interventionen meist von der NATO unterstützt oder gar gesteuert wurden. So zeigte beispielsweise die Erfahrung aus dem Militärputsch vom 12. September 1980, dass die NATO bei der Vorbereitung, Umsetzung und Steuerung größtenteils mitgewirkt hat, um den Einfluss linker Bewegungen zu verhindern. Mit Blick auf die Ereignisse von 2016 stellt Alper Taş, Vorsitzender der »Partei für

147 Vgl. Birgün, 23.7.2016.

Freiheit und Demokratie« (ÖDP) dar, dass dieser Putschversuch zwar nicht getrennt von den Interessen des internationalen Kapitals betrachtet werden könne, aber nicht unmittelbar von einem durch den US-Imperialismus inszenierten Putschversuch gesprochen werden kann. Aydın Çubukçu, Schriftsteller und Funktionär der »Partei für Arbeit« (EMEP), sieht ebenfalls keine Beteiligung der NATO an dem Putschversuch. Im Gegenteil: deren aktive Mitwirkung hätte nach Aussagen von Çubukçu sicherlich zu einem erfolgreichen Putsch führen können. Die TKP spricht dagegen von einem »Chaos-Putsch der NATO«, den die islamische Gülen-Bewegung im Auftrag der USA durchführen wollte. Ferner sei es auch ein bewaffneter Angriff auf die Türkei, der im Rahmen des »imperialistischen Projekts eines Großen Nahen und Mittleren Ostens« (Greater Middle East Project) stattgefunden habe.[148]

Ungeachtet der konkreten Einschätzungen zeigen sich in linken und sozialistischen Kreisen der Türkei vielseitige Diskussionen um ein breites Bündnis gegen die AKP-Politik.

Adalet – Gerechtigkeit!
Der lange Gerechtigkeitsmarsch des Kemal Kılıçdaroğlu

Die CHP bildet im türkischen Abgeordnetenhaus gegenwärtig vor der pro-kurdischen HDP die stärkste Oppositionskraft.[149] Wie bereits im historischen Teil dargestellt, wurde die CHP 1923 von Mustafa Kemal, dem späteren »Atatürk«, als Staatspartei gegründet und stützt sich seitdem auf die Grundlagen des Kemalismus. Im Laufe ihrer Geschichte bezeichnete sich die CHP als sozialdemokratische Partei und ist Mitglied in der Sozialistischen Internationale. Trotz dessen nahm die Partei unter Führung von Deniz Baykal (1992–2010) einen zunehmend na-

---

148   Vgl. Özgür Mutlu Ulus: 15 Temmuz darbe girişimi ve sol siyaset [Der Putschversuch vom 15. Juli und die linke Politik]. In: Birikim, Juli 2017, S. 88.

149   Die MHP erhielt bei den Wahlen von November 2015 zwar mehr Stimmen (11,9 %) als die HDP (10,8 %), doch durch die weit höhere Anzahl an Direktmandaten verfügt die HDP über mehr Sitze (59) als die MHP (40). Die CHP hat 134 Sitze.

tionalistischen Kurs an und verabschiedete sich immer mehr von sozial-demokratischen Werten und Vorstellungen. Während sie gerade in der kurdischen Frage eine militärische Lösung anstrebte, wurden in der Ära ihrer Regierungsbeteiligung demokratische Grundrechte und gewerk-schaftliche Rechte weiter eingeschränkt. Somit zeigte sich in der Politik der CHP unter Baykal eine verstärkt nationalistische und strukturkon-servative Form des Kemalismus, der auch heute noch einen wichtigen Flügel in der CHP ausmacht. Schließlich musste Baykal im Mai 2010 vom Parteivorsitz zurücktreten, nachdem zuvor im Internet heimlich gedrehte Videos kursierten, auf denen er mit seiner unbekleideten Ge-liebten zu sehen war.[150]

Nach dem Rücktritt von Baykal übernahm Kemal Kılıçdaroğlu die CHP-Führung. In seiner Ära bekam die Partei ein neues Profil, mit dem deutlich mehr sozialdemokratische Positionen in Erscheinung traten. In ihrer neuen Ausrichtung war die CHP zudem bemüht, insbeson-dere jene Wähler zu mobilisieren, die bislang Verlierer der neoliberalen Wirtschaftspolitik der AKP-Regierung waren. Aus einer kemalistischen Perspektive trat sie gegen die neo-osmanische und islamische Politik von Erdoğan auf und stellte auch Forderungen nach »sozialer Gerech-tigkeit«. Obwohl sie mit einem gemäßigt linken Profil auftrat und ihr Wahlergebnis zwar verbessern konnte, konzentrierte sie sich weiterhin auf ihre Wählerschaft aus dem bürgerlich-säkularen Milieu insbesonde-re in den westlichen Teilen der Türkei. Wegen ihrer vorherigen natio-nalistischen Ausrichtung verlor die CHP in den kurdischen Gebieten weiterhin an Bedeutung und konnte von dort keine Abgeordneten ent-senden. Kemal Kılıçdaroğlu, wegen seiner Ausstrahlung von Ruhe und wegen seiner äußerlichen Ähnlichkeit auch gerne als Gandhi-Kemal be-zeichnet, drückte der CHP bei ihrem Richtungswechsel hin zu einer neuen sozial- und wirtschaftspolitischen Ausrichtung auch persönlich den Stempel auf.

Nach dem gescheiterten Militärputsch stellte sich die CHP zunächst hinter die AKP-Regierung. Im Rahmen der Debatten um Politikverbote

---

150 Vgl. Spiegel online, 10.5.2010.

für HDP-Abgeordnete stimmte sie gemeinsam mit der AKP und der MHP für eine Verfassungsänderung zur Aufhebung der Immunität von Parlamentariern. Kurze Zeit später wurden elf Abgeordnete der HDP, darunter die Co-Vorsitzenden Selahattin Demirtaş und Figen Yüksekdağ, festgenommen. Ihnen wurde die Mitgliedschaft in einer »terroristischen Vereinigung« vorgeworfen. Als jedoch auch die Strafregister von CHP-Abgeordneten anwuchsen, machte sich bei der größten Oppositionspartei Sorge breit. Öffentlich kursierten Äußerungen, wonach auch die CHP an der Reihe wäre, so sollte auch der Vorsitzende Kılıçdaroğlu selbst festgenommen werden.

Am 13. Juni 2017 war es soweit: Der CHP-Abgeordnete Enis Berberoğlu, der zwischen 2009 und 2014 Chefredakteur der Tageszeitung *Hürriyet* war, wurde zu einer Haftstrafe von 25 Jahren verurteilt. Ihm wurde Spionage vorgeworfen, weil er im Mai 2015 der *Cumhuriyet* geheime Informationen über Waffenlieferungen des türkischen Nachrichtendienstes MIT an islamistische Gruppen in Syrien zugespielt haben soll. In diesem Zusammenhang wurde bereits im Mai 2015 der ehemalige *Cumhuriyet*-Chefredakteur Can Dündar und der Büroleiter der *Cumhuriyet*, Erdem Gül, wegen Geheimnisverrats zu fünf Jahren Haft verurteilt. Die Ironie der Geschichte: Der CHP-Abgeordnete Berberoğlu gehörte zu jenen Abgeordneten, deren Immunität nicht zuletzt durch jene Verfassungsänderung aufgehoben wurde, die mit den Stimmen der CHP verabschiedet worden war.

Nach der Festnahme Berberoğlus organisierte Kılıçdaroğlu einen öffentlichen »Gerechtigkeitsmarsch« (Adalet Yürüyüşü) von Ankara bis nach Istanbul. Unter dem Motto »Recht, Gesetz, Gerechtigkeit« (Hak, Hukuk, Adalet) marschierte er, begleitet von tausenden Anhängern, über 450 Kilometer bis nach Istanbul-Maltepe, jenem Ort, an dem Berberoğlu in Haft sitzt. Nach der 23-tägigen Aktion erreichte Kılıçdaroğlu am 7. Juli 2017 Istanbul. Im Laufe des langen Marsches, der in den Medien auch gerne mit dem von Mahatma Gandhi 1930 initiierten Salz-Marsch gegen die britische Vorherrschaft verglichen wurde, erhielt Kılıçdaroğlu auch Unterstützung von Gewerkschaften und anderen demokratischen Organisationen, darunter auch von der HDP und kleineren Organisationen wie ÖDP, EMEP, Halkevleri. Auch Abgeordnete der HDP beteiligten sich an dem Marsch.

In Istanbul versammelten sich am 9. Juli 2017 rund 2 Millionen Menschen unter dem Motto »Adalet« (Gerechtigkeit) zu einer der größten Kundgebungen in der Geschichte des Landes. Kılıçdaroğlu forderte dort die Freilassung aller inhaftierten Abgeordneten, JournalistInnen und WissenschaftlerInnen und betonte: »Der 9. Juli ist nicht das Ende des Marsches, sondern der Anfang der Freiheit … Alle Hindernisse für die Meinungsfreiheit müssen beseitigt werden. … Wir werden die Mauern der Angst niederreißen. Der letzte Tag unseres Marsches für Gerechtigkeit ist ein neuer Anfang.«[151] Zudem verkündete Kılıçdaroğlu am Ende seiner Rede ein Manifest mit zehn Forderungen:

1. Wir verurteilen öffentlich den Putschversuch vom 15. Juli. Der politische Flügel der FETÖ [Fethullah-Gülen-Terrororganisation] muss entlarvt und die wahren Putschisten müssen zur Rechenschaft gezogen werden.

2. Mit dem Ausnahmezustandsgesetz vom 20. Juli hat die Regierung einen zivilen Putsch realisiert und die Legislative, Exekutive und Judikative in einer Hand zentralisiert. Der Ausnahmezustand muss sofort aufgehoben werden.

3. Die Justiz dem Diktat der Politik zu unterstellen, ist ein Verrat an der Demokratie. Alle Strafverfahren, die den Menschenrechten widersprechen, müssen aufgehoben werden.

4. Alle Methoden, die den Opfern des Ausnahmezustandes rechtliche Mittel nehmen und soziale Sicherheiten einschränken, müssen beendet werden.

5. Die Akademiker, die in keiner Weise in Kontakt zur FETÖ stehen, aber allein wegen ihrer oppositionellen Haltung gegenüber der Regierung vom Dienst suspendiert wurden, müssen wieder eingestellt werden. Die festgenommenen Abgeordneten müssen freigelassen werden.

6. Die Journalisten, die wegen ihres Berufes in Haft sind, müssen freigelassen werden.

---

151 Vgl. Zeit online, 9.7.2017.

7. Alle Verfassungsänderungen, die im Zuge des Ausnahmezustandes vorgenommen wurden, sind nicht legitim. Das ist eine Wahl ohne amtlichen Stempel. Die Türkei kann und darf nicht von einer nicht-offiziellen Verfassung regiert werden.

8. Alle Formen des Diktats gegenüber dem demokratisch-parlamentarischen System müssen aufgehoben werden. Die Aushöhlung des Laizismus-Prinzips in der Bildung muss beendet werden.

9. Nicht nur im juristischen System, sondern in allen gesellschaftlichen Bereichen wird Ungerechtigkeit praktiziert. Daher muss zur Bekämpfung von Armut, extremer Gewalt und Terror eine gemeinsame Basis geschaffen werden. Frauenrechte, die einer der wichtigsten Realitäten der gesellschaftlichen Gleichheit widerspiegeln, müssen gesichert werden.

10. Die gegenwärtige aggressive Außenpolitik hat die Probleme in unserem Land weiter verschärft. Daher wird eine Rückkehr zu einer gerechten Außenpolitik benötigt, die die gesamten Völker der Türkei brüderlich behandelt.[152]

Mit diesen Forderungen klagte Kılıçdaroğlu konsequent die Repressionspolitik der AKP-Regierung an. Im Zuge des Gerechtigkeitsmarsches, der sowohl landesweit als auch weltweit für große Aufmerksamkeit sorgte, drohte Erdoğan damit, dass Kılıçdaroğlus Verhalten Konsequenzen haben würde. Zugleich beschuldigte Erdoğan die Teilnehmenden des Gerechtigkeitsmarsches der angeblichen Unterstützung terroristischer Organisationen. Der CHP warf er vor, die Befugnisse der politischen Opposition überschritten und sich mit »terroristischen Organisationen und Kräften, die zur Gewalt gegen unser Land anstiften«, verbündet zu haben.

Kılıçdaroğlu erwiderte, dass die Festnahmen von Politikern, Journalisten und Wissenschaftlern sowie der von Erdoğan ausgerufene Ausnahmezustand einem »zweiten Putsch« gleichkämen. Zuvor hatte er von einem »kontrollierten Putsch« gesprochen und der AKP-Regierung

---

152 Birgün online, 9.7.2017.

vorgeworfen, sie habe die Putschisten gewähren lassen. Weiterhin kritisierte Kılıçdaroğlu, dass die AKP-Regierung Mitglieder und Funktionäre aus den eigenen Reihen decken würde, die mit den Putschisten in Verbindung stehen. Angeblich habe der türkische Geheimdienst MIT eine Liste mit 180 Mitgliedern: »Wenn diese Liste geheim gehalten wird, zeigt das, dass der 15. Juli ein kontrollierter Putsch war«, so Kılıçdaroğlu.[153]

Umso wichtiger war es, dass die Opposition mit dem Gerechtigkeitsmarsch ein Zeichen setzte. Gewerkschaften, linke Parteien und Organisationen sehen in dieser Gerechtigkeitsbewegung eine neue Kraft, um die Resignation der letzten Jahre zu überwinden und die Repressionswelle der AKP-Regierung zurückzudrängen. In den politischen Analysen linker Bewegungen wurde darauf hingewiesen, dass mit der Gerechtigkeitsbewegung erstmals auch der Schritt getan wurde, gemeinsam mit der CHP ein breites gesellschaftliches Bündnis gegen die Islamisierung des Landes ins Leben zu rufen.

Als Fortsetzung dieser Aktivitäten organisierte die CHP Ende August 2017 in Çanakkale einen »Gerechtigkeitskongress«, der sich unter Beteiligung von zahlreichen Gewerkschaftern, WissenschaftlerInnen und politischen AktivistInnen mit verschiedenen politischen Fragen bezüglich der gegenwärtigen Türkei auseinandersetzte.

Zeitgleich rief die HDP in Istanbul, Diyarbakır, Van und Izmir zu einer »Mahnwache für Gewissen und Gerechtigkeit« auf. Die Regierung griff sofort ein und versuchte, die Mahnwache unter Rückgriff auf das Ausnahmezustandsgesetz zu verhindern. Die Zugänge zu den Mahnwachen wurden größtenteils versperrt und nur einer kleinen Menge der Durchlass zum Veranstaltungsort ermöglicht.

Verhindern will die Regierung insbesondere, dass es zu breiterem gesellschaftlichen Widerstand kommt, wie ihn bereits die Gezi-Proteste aufgezeigt haben. Zudem wäre ihr ein strategisches Bündnis zwischen CHP und HDP ein Dorn im Auge. Dazu äußerte sich der Co-Vorsitzende der HDP, Selahattin Demirtaş, aus seiner Haft in Edirne: »Noch wichtiger

---

153 Zeit online, 3.4.2017.

als ein Bündnis zwischen politischen Parteien ist es, Übereinstimmung und Einheit verschiedener gesellschaftlicher Spektren zu schaffen. Die CHP und HDP haben gegenseitige Kritikpunkte. Aber in dieser Zeit muss die Kritik zurückgestellt werden. ... Mit Angst kann man keine Politik machen. ... Vor allem müssen wir konsequent sein und gemeinsam den Kampf um Demokratie stärken, ohne der Resignation einen Platz zu bieten.«[154]

---

154   Cumhuriyet, 12.9.2017.

Anhang

Abkürzungsverzeichnis

AA	Anadolu Ajansı [Agentur Anatolien]
AABK	Avrupa Alevi Birlikleri Konfederasyonu [Konföderation der Aleviten in Europa]
ABF	Alevi Bektaşi Federasyonu [Förderation der Alevitischen Bektaschi]
AI	Amnesty International
AKP	Adalet ve Kalkınma Partisi [Gerechtigkeits- und Entwicklungspartei]
ANAP	Anavatan Partisi [Mutterlandspartei]
AP	Adalet Partisi [Gerechtigkeitspartei]
ATIK	Avrupa Türkiyeli İşçiler Konfederasyonu [Konföderation der Arbeiter aus der Türkei in Europa]
AYTK	Avrupa Yeni Türkler Komitesi [Europäisches Neue-Türken-Komitee]
BBP	Büyük Birlik Partisi [Große Einheitspartei]
BDP	Barış ve Demokrasi Parisi [Partei für Frieden und Demokratie]
BHH	Birleşik Haziran Hareketi [Vereinigte Juni-Bewegung]
CHP	Cumhuriyet Halk Partisi [Republikanische Volkspartei]
CKMP	Cumhuriyetçi Köylü Millet Partisi [Republikanische Nationale Bauernpartei]
DDKO	Devrimci Doğu Kültür Ocakları [Revolutionäre Kulturvereinigungen des Ostens]
Dev-Sol	Devrimci Sol [Revolutionäre Linke]
Dev-Yol	Devrimci Yol [Revolutionärer Weg]
DIB	Diyanet işleri başkanlığı [Präsidium für Religionsangelegenheiten]
DISK	Devrimci İşçi Sendikaları Konfederasyonu [Konföderation der Revolutionären Arbeitergewerkschaften]
DITIB	Diyanet İşleri Türk İslam Birliği [Türkisch-Islamische Union der Anstalt für Religion]
DP	Demokrat Parti [Demokratische Partei]
DSP	Demokratik Sol Parti [Demokratische Linkspartei]
DTK	Demokratik Toplum Kongresi [Demokratischer Gesellschaftskongress]
DTP	Demokratik Toplum Partisi [Partei für eine demokratische Gesellschaft]
DYP	Doğru Yol Partisi [Partei des Rechten Weges]
EHP	Emekçi Hareket Partisi [Partei der Bewegung der Werktätigen]
EMEP	Emek Partisi [Partei der Arbeit]
ESP	Ezilenlerin Sosyalist Partisi [Sozialistische Partei der Unterdrückten]
EU	Europäische Union
FETÖ	Fethullahçı Terör Örgütü [Fethullahistische Terrororganisation / Fethulla-Gülen-Terrororganisation; *inoffizieller Begriff zur Bezeichnung der Gülen-Organisation*]
FKBDC	Faşizme Karşı Birleşik Direniş Cephesi [Widerstandsfront gegen den Faschismus]
FP	Fazilet Partisi [Tugendpartei]
Hak-İş	Hak İşçi Sendikaları Konfederasyonu [Konföderation der Arbeitergewerkschaften für (den Bereich) Recht]
HBDH	Halkların Birleşik Devrim Hareketi [Vereinigte Revolutionsbewegung der Völker]
HDP	Halkların Demokrasi Partisi [Demokratiepartei der Völker]
HTKP	Halkın Türkiye Komünist Partisi [Kommunistische Volkspartei der Türkei]
IHD	Insan Hakları Derneği [Menschenrechtsverein]

IP	İşçi Partisi [Arbeiterpartei]
IS	Islam devleti [Islamischer Staat]
ITC	Ittihat ve Teraki Cemiyeti [Komitee für Einheit und Fortschritt]
JITEM	Jandarma Istihbarat Teşkilatı [Geheimdienst der Gendarmerie]
KESK	Kamu Emekçileri Sendikaları Konfederasyonu [Konföderation der Gewerkschaften im Öffentlichen Dienst]
MGK	Milli Güvenlik Kurulu [Nationaler Sicherheitsrat]
MHP	Milliyetçi Hareket Partisi [Partei der Nationalistischen Bewegung]
MIT	Milli İstikbarat Teşkilatı [Nationaler Sicherheitsdienst]
MNP	Milli Nizam Partisi [Partei der Nationalen Ordnung]
MSP	Milli Selamet Partisi [Nationale Heilspartei]
NATO	North Atlantic Treaty Organisation
OYAK	Ordu yardımlaşma ve dayanışma Kasası [Militärischer Pensionsfonds]
ÖDP	Özgürlük ve Dayanışma Partisi [Partei für Freiheit und Solidarität]
PKK	Partiya Karkeren Kurdistan [Arbeiterpartei Kurdistans]
PSAKD	Pir Sultan Abdal Kültür Dernekleri [Pir Sultan Abdal Kulturvereine]
RP	Refah Partisi [Wohlfahrtspartei]
SDHP	Sosyal Demokrat Hınçak Partisi [Sozialdemokratische Hınçak Partei]
SGDF	Sosyalist Gençlik Dernekleri Federasyonu [Föderation der Sozialistischen Jugendvereine]
SODEV	Sosyal Demokrasi Vakfı [Sozialdemokratische Stiftung]
SOZ	Shanghaier Organisation für Zusammenarbeit
SP	Saadet Partisi [Partei der Glückseligkeit]
THKO	Volksbefreiungsfront der Türkei [Türkiye Halk Kurtuluş Ordusu]
TIP	Türkiye İşçi Partisi [Sozialistische Arbeiterpartei der Türkei]
TKP	Türkiye Komünist Partisi [Kommunistische Partei der Türkei]
TKP/ML	Türkiye Komünist Partisi/Marxist-Leninist [Kommunistische Partei der Türkei/ Marxistisch-Leninistisch]
TMMOB	Türkiye Mimar ve Mühendis Odaları Birliği [Ingenieur- und Architektenkammer der Türkei]
TOBB	Türkiye Odalar ve Borsalar Birliği [Die Türkische Union der Börsen und Kammern]
TÖS	Türkiye Öğretmenler Sendikası [Lehrergewerkschaft der Türkei]
Türk-İş	Türkiye İşçi Sendikaları Konfederasyonu [Konföderation der Arbeitergewerkschaften der Türkei]
TRT	Türkiye Radyo ve Televizyonu [Staatliche Rundfunk- und Fernsehanstalt]
TÜSIAD	Türkiye İşverenler Sendikası [Verband türkischer Industrieller und Unternehmer]
TTB	Türk Tabipler Birliği [Ärztebund der Türkei]
UETD	Union Europäisch-Türkischer Demokraten

Literaturverzeichnis

Ackermann, Josef: Der begehrte Mann am Bosporus. Europäische Interessenkollision in der Türkei, 1938–1941. In: M. Funke (Hrsg.): Hitler, Deutschland und die Mächte, Düsseldorf 1976.

Agai, Bekim: Zwischen Netzwerk und Diskurs – Das Bildungsnetzwerk um Fethullah Gülen (geb. 1938): Die flexible Umsetzung modernen islamischen Gedankenguts. Bonn 2008.

Akyol, Çiğdem: Erdoğan: Die Biografie. Freiburg 2016.

Amman, Birgit: Kurden in Europa. Ethnizität und Diaspora. Münster 2000.

Aslan, Fikret / Bozay, Kemal: Graue Wölfe heulen wieder. Türkische Faschisten und ihre Vernetzung in Deutschland. 3., aktualisierte Auflage. Münster 2010.

Avcı, Hanefi: Haliçte yaşıyan Simonlar. Dün Devlet, bugün Cemaat (Gestern Staat, heute Gemeinde). Istanbul 2010.

Avcı, Hanefi: Cemaatin İflası. Hocanın ayağının kaydığı yer (Der Niedergang der Gemeinde). Istanbul 2015.

Avcioğlu, Doğan: Millini Kurtuluş Tarihi. Bd. 4, Istanbul 1983.

Beşikçi, İsmail: Wir wollen frei und Kurden sein. Frankfurt a. M. 1987.

Beşikçi, İsmail: Kurdistan. Internationale Kolonie. Frankfurt a. M. 1991.

Bozay, Kemal: Exil Türkei. Ein Forschungsbeitrag zur deutschsprachigen Emigration in die Türkei (1933–1945). Münster 2001.

Bozay, Kemal: Unter Wölfen, in: Kemal Bozay / Dierk Borstel (Hg.): Ungleichweritgkeitsideologien in der Einwanderungsgesellschaft. Wiesbaden 2017, S. 165-186.

Bozkurt, Aşkım: Außenpolitische Dimensionen des Kurdenproblems in der Türkei. Hamburg 1997.

Brauns, Nick: Die Dritte Kraft in der Türkei. In: junge Welt, 19.6.2009, S. 10.

Buhbe, Matthes: Türkei – Politik und Zeitgeschichte. Studien zu Politik und Gesellschaft des Vorderen Orients. Opladen 1996.

Bulut, Faik: Ordu ve Din (Militär und Religion). Istanbul 2008.

Bulut, Faik: Kim Bu Fethullah Gülen. Dünü, Bugünü, Hedefi (Wer ist dieser Fethullah Gülen. Gestern, Heute, Ziele). Istanbul 1999.

Bürgel, Rudolf u. a. (Hrsg.): Die deutsche Türkeipolitik und ihre Auswirkungen auf Kurdistan. Quellentexte von 1837 bis 1996. Stuttgart 1997.

Cemal, Hasan: Kürtler (Kurden). Istanbul 2003.

Dağdelen, Sevim: Der Fall Erdoğan. Wie uns Merkel an einen Autokraten verkauft. Frankfurt a. M. 2016.

Dietrich, Anne: Deutschsein in Istanbul. Nationalisierung und Orientierung in der deutschsprachigen Community von 1843 bis 1956. Opladen 1998.

Dinler, Demet Şahende: Gewerkschaften in der Türkei. Interessenvertretung unter schwersten Bedingungen. Studie der Friedrich-Ebert-Stiftung, Berlin, Juni 2013.

Dreßler, Markus: Erdoğan und die »fromme Generation« Religion und Politik in der Türkei. In: Aus Politik und Zeitgeschichte (APuZ). Nr. 9-10/2017, S. 23-29.

Dündar, Can: Lebenslang für die Wahrheit. Aufzeichnungen aus dem Gefängnis. Hamburg 2016.

Erdoğan, Aslı: Nicht einmal das Schweigen gehört noch uns. Essays. München 2017.

Ersanlı, Büşra / Özdoğan, Günay Göksu / Uçarlar, Nesrin: Türkiye Siyasetinde Kürtler. Direniş, Hak arayışı, Katılım (Die Kurden in der Politik der Türkei – Widerstand, Suche nach Recht, Partizipation). Istanbul 2014.

Feldgen, Willi: Kanzler gibt der Türkei sein Wort. Für Beitritt in EU geworben – Gemeinsame Kammer in Köln. In: Kölner Stadt-Anzeiger vom 28.4.2004, S. 1.

Fernandes, Desmondes / Ofteringer, Ronald: Verfolgung, Krieg und Zerstörung der ethnischen Identität: Genozid an den Kurden in der Türkei? Medico-Report 22. Frankfurt a. M. 2001.

Ganser, Daniele: NATO-Geheimarmeen in Europa. Inszenierter Terror und verdeckte Kriegsführung. 6. Auflage. Zürich 2014.

Gerger, Haluk: ABD – Ortadogu – Türkiye (USA – Naher Osten – Türkei). Istanbul 2006.

Glasneck, Johannes: Methoden der Deutsch-Faschistischen Propagandatätigkeit in der Türkei vor und während des Zweiten Weltkriegs. Halle (Saale) 1966.

Glasneck, Johannes / Kircheisen, Inge: Türkei und Afghanistan – Brennpunkte der Orientpolitik im Zweiten Weltkrieg. Berlin (DDR) 1968.

Gottschlich, Jürgen: Beihilfe zum Völkermord. Deutschlands Rolle bei der Vernichtung der Armenier. Berlin 2015.

Gürbey, Gülistan: Außenpolitik in defekten Demokratien. Gesellschaftliche Anforderungen und Entscheidungsprozesse in der Türkei 1983 – 1993. Frankfurt a. M. 2005.

Gürbey, Gülistan: Erneute Gewalteskalation im türkisch-kurdischen Konflikt. In: Aus Politik und Zeitgeschichte (APuZ). Nr. 9-10/2017, S. 10-17.

Güsten, Susanne / Seibert, Thomas: Was stimmt? Türkei. Die wichtigsten Antworten. Bundeszentrale für politische Bildung (Hrsg.). Bonn 2008.

Hermann, Rainer: Wohin geht die türkische Gesellschaft? Kulturkampf in der Türkei. München 2008.

Hoffmann, B. / Opperskalski, M. / Solmaz E.: Graue Wölfe, Koranschulen, Idealistenvereine. Köln 1981.

Höhler, Gerd: Nadelstiche gegen Bürgerrechtler. Während sich die Türkei für Europa bewirbt, agieren intern die Bremser. In: Kölner Stadt-Anzeiger vom 19.10.2004, S. 5.

Hostler, Charles Warren: Türken und Sowjets. Die historische Lage und diplomatische Bedeutung der Türkei und der Turkvölker in der heutigen Welt. Frankfurt a. M. / Berlin 1960.

Human Rights Watch: Time for Justice. Ending Impunity for Killings and Disappearances in 1990s Turkey. USA 2012.

Human Rights Watch: Turkey's Human Rights Rollback. Recommendations for Reform. USA 2014.

Jung, Dietrich: Das politische Leben: Institutionen, Organisationen und politische Kultur. In: Steinbach, Udo (Hrsg.): Länderbericht Türkei. Bundeszentrale für politische Bildung (Hrsg.). Band 1282. Bonn 2012, S. 86-120.

Kaygısız, Hasan: Menschenrechte in der Türkei. Eine Analyse der Beziehungen zwischen der Türkei und der Europäischen Union von 1990 – 2005. Frankfurt a. M. 2010.

Kelek, Necla: Türkischer Islamismus. Die Anhänger des Fethullah Gülen. In: FAZ vom 21.7.2008.

Koçak, Cemil: Türkiye'de Milli Şef dönemi (1938 – 1945) (Nationale Führerperiode in der Türkei). Istanbul 1996.

Kramer, Heinz: Türkei. In: Informationen zur politischen Bildung (izpb). Bundeszentrale für politische Bildung (Hrsg.). Nr. 313. Bonn 2011.

Kramer, Heinz: Demokratieverständnis und Demokratisierungsprozesse in der Türkei. In: Stiftung Wissenschaft und Politik. Deutsches Institut für Internationale Politik und Sicherheit: SWP/Berlin. Januar 2004, S. 1–15. Unter: www.swp-berlin.org

Krecker, Lothar: Deutschland und die Türkei im Zweiten Weltkrieg. Frankfurt a. M. 1964.

Kreiser, Klaus/Neumann, Christoph K.: Kleine Geschichte der Türkei. Bundeszentrale für politische Bildung (Hrsg.). Band 529. Bonn 2005.

Kreiser, Klaus: Geschichte der Türkei. Von Atatürk bis zur Gegenwart. München 2012.

Leggewie, Claus (Hrsg.): Die Türkei und Europa. Die Positionen. Frankfurt a. M. 2004.

Leverkuehn, Paul: Der geheime Nachrichtendienst der Wehrmacht im Kriege. Frankfurt a. M./Bonn 1964.

Martens, Michael: Der gescheiterte Putsch und seine Folgen. In: Aus Politik und Zeitgeschichte (APuZ). Nr. 9-10/2017, S. 4-7.

Merkel, Wolfgang: »Eingebettete« und defekte Demokratien: Theorie und Empirie. In: Offe, Claus (Hrsg.): Demokratisierung der Demokratie. Diagnosen und Reformvorschläge. Frankfurt a. M. 2003.

Nestmann, Liesa: Die ethnische Differenzierung der Bevölkerung in der Osttürkei in ihren sozialen Bezügen. In: P. Andrews/R. Benninghaus: Ethnic Groups in the Republic of Turkey. Wiesbaden 1989.

Neumann-Adrian, M./Neumann, Christoph K.: Die Türkei. Ein Land und 9000 Jahre Geschichte. München 1990.

Nissen, Rudolf: Helle Blätter – dunkle Blätter. Erinnerungen eines Chirurgen. Stuttgart 1969.

Öcalan, Abdullah: Jenseits von Staat, Macht und Gewalt. Köln 2010.

Önder, Zehra: Die türkische Außenpolitik im Zweiten Weltkrieg. In: Südosteuropäische Arbeiten 73. München 1977.

Oran, Baskın (Hrsg.): Türk dış Politikası. Kurtuluş savaşından bugüne olgular, belgeler, yorumlar (Die türkische Außenpolitik. Vom Befreiungskrieg bis heute – Tatsachen und Interpretationen). Cilt II: 1980–2001. Istanbul 2001.

San, Çoşkun: Sind Demokratie und Menschenrechtsprobleme in der Türkei wirklich das einzige Hindernis für den Beitritt zur Europäischen Union? In: E. Kürsat-Ahlers/D. Tan/H.-P. Waldhoff: Türkei und Europa – Facetten einer Beziehung in Vergangenheit und Gegenwart. Frankfurt a. M. 2001.

Schweizer, Gerhard: Die Türkei – Zerreißprobe zwischen Islam und Nationalismus. Stuttgart 2008.

Schweizer, Gerhard: Türkei verstehen. Von Atatürk bis Erdoğan. Stuttgart 2016.

Scurla, Herbert: Die Tätigkeit deutscher Hochschullehrer an türkischen wissenschaftlichen Hochschulen. In: Klaus-Detlev Grothusen: Der Scurla-Bericht. Frankfurt a. M. 1987.

Seufert, Günter/Kubaseck, Christopher: Die Türkei. Politik, Geschichte, Kultur. Schriftenreihe der Bundeszentrale für Politische Bildung (Hrsg.). Band 556. Bonn 2006.

Seufert, Günter: Ethnien und Ethnizität: Die Kurden und andere Minderheiten. In: Steinbach, Udo (Hrsg.): Länderbericht Türkei. Bundeszentrale für politische Bildung (Hrsg.). Band 1282. Bonn 2012, S. 232-263.

Siedel, Peter: »Die Türkei ist Bereits privilegierter Partner.« Verheugen für verlässliche Anbindung. In: Kölner Stadt-Anzeiger vom 23.4.2004, S. 3.

Steinbach, Udo: Die Türkei im 20. Jahrhundert. Schwieriger Partner Europas. Bergisch Gladbach 1996.

Steinbach, Udo: Geschichte der Türkei. München 2000.

Steinbach, Udo: Türkei. Informationen zur politischen Bildung (izpb). Bundeszentrale für politische Bildung (Hrsg.), Nr. 277. Bonn 2002.

Steinbach, Udo: Vom Osmanischen Reich zum EU-Kandidaten: ein historischer Bogen. In: Steinbach, Udo (Hrsg.): Länderbericht Türkei. Bundeszentrale für politische Bildung (Hrsg.). Band 1282. Bonn 2012, S. 14-84.

Tan, Altan: Kürt sorunu (Das kurdische Problem). Istanbul 2011.

Thelen, Sibylle: Die Armenierfrage in der Türkei. Bundeszentrale für politische Bildung (Hrsg.). Band 1130. Bonn 2011.

Tibi, Bassam: Aufbruch am Bosporus. Die Türkei zwischen Europa und dem Islamismus. München/Zürich 1998.

Tibi, Bassam: Mit dem Kopftuch nach Europa? Die Türkei auf dem Weg in die Europäische Union. Darmstadt 2005.

Tuğal, Cihan: Das Scheitern des türkischen Modells. Wie der Arabische Frühling den islamischen Liberalismus zu Fall brachte. München 2017.

Thumann, Michael: Was Europa alles vermag. Die Türkei lenkt in der Kurdenfrage ein. Sie will in die EU. In: Die Zeit, Nr. 26 vom 17.6.2004, S. 8.

Thumann, Michael: Die zwei Gesichter der Türkei. In: Die Zeit, Nr. 41 vom 30.9.2004(a), S. 3.

Yavuz, M. Hakan: Towards an Islamic Liberalism? The Nurcu Movement and Fethullah Gülen. In: Middle East Journal, 53, 4/1999, S. 584-605.

Yücel, Deniz: Taksim ist überall. Die Gezi-Bewegung und die Zukunft der Türkei. Hamburg 2014.

Yüksel, Nuh Mete: İddianame (Anklage), Kapitel III.1 (Übersetzung durch Bekim Agai: Zwischen Netzwerk und Diskurs. Das Bildungsnetzwerk um Fethullah Gülen (geb. 1938): Die flexible Umsetzung modernen islamischen Gedankenguts. Bonn 2008.

Wehling, Hans-Georg (Hrsg.): Türkei. Politik – Gesellschaft – Wirtschaft. Der Bürger im Staat. Opladen 2002.

Werle, Reiner / Kreile, Renate: Renaissance des Islam. Das Beispiel Türkei. Hamburg 1987.

Zülich, Tilman (Hrsg.): Völkermord an den Kurden. Eine Dokumentation der Gesellschaft für bedrohte Völker. Frankfurt a. M. 1991.